U0954666

景仰賢達
同心同德
科學民主
繼武前行

壬辰夏 韓啓德

徐僖 20 岁时留影

徐僖院士

徐僖与夫人瞿光楣晚年合影

徐僖（后排左起第 2）赴美留学时母亲、父亲、岳父、姐夫等到码头送行（1947 年 上海）

徐僖在李海大学校园留影（1948 年）

徐僖指导研究生做实验（1978 年 3 月）

徐僖（右起第 6）和研究生在一起（1985 年 成都）

徐僖（前排右 4）与上海交通大学高分子材料学科的教师们（1989 年 上海）

徐僖在办公室聚精会神地工作（20 世纪 90 年代 成都）

徐僖在四川大学和上海交通大学共同承办的第 16 届国际聚合物加工学会年会（PPS–16）开幕式上致辞（2000 年 上海）

徐僖（左起第 2）在重庆大学原五梧子中试基地纪念碑前与重庆大学校友合影（2004 年 重庆）

在祝贺徐僖院士归国六十年暨九十寿辰座谈会上（2010 年 成都）

徐僖（前排左起第 8）参加中国科学院第十六次院士大会化学部院士合影（2012 年 北京）

徐僖（前排居中）在兰州石化公司生产车间（2006 年 兰州）

沉痛悼念徐僖院士（遗体告别仪式现场左起戴晓雁、杨泉明、谢和平等）

九三学社人物丛书

徐僖传

李勇先　著

學苑出版社

图书在版编目（CIP）数据

徐信传 / 李勇先著 . -- 北京 ：学苑出版社 ,2014.5

ISBN 978-7-5077-4511-5

Ⅰ. ①徐… Ⅱ. ①李… Ⅲ. ①徐信 (1921 ~2013)-传记
Ⅳ. ①K826.13

中国版本图书馆 CIP 数据核字 (2014) 第 090612 号

出 版 人：孟　白
责任编辑：刘　丰
出版发行：学苑出版社
社　　址：北京市丰台区南方庄 2 号院 1 号楼
邮政编码：100079
网　　址：www.book001.com
电子邮箱：xueyuan@public.bta.net.cn
销售电话：010-67675512、67678944、67601101（邮购）
印 刷 厂：河北省高碑店市鑫宏源印刷包装有限责任公司
开本尺寸：880×1230　　1/32
印　　张：11.25 印张
字　　数：190 千字
插　　页：8
版　　次：2014 年 6 月第 1 版
印　　次：2014 年 6 月第 1 次印刷
定　　价：35.00 元

丛书编委会

主　　任：韩启德

副 主 任：邵　鸿

委　　员：徐国权　穆建民　孙伟林

　　　　　岳庆平　孟　白

总　序

九三学社是在中共抗日民族统一战线政策影响和感召下，于抗日战争后期成立的，她参与新中国的建立，成为在中国共产党领导下爱国统一战线中八个民主党派之一。在共和国成立以来的60多年里，九三学社始终弘扬爱国、民主、科学的传统，与中国共产党风雨同舟，共同探索中国特色社会主义政治发展道路，在国家建设、改革、发展征途上留下了闪光的足迹。在此历史进程中，九三学社发展成为拥有13万多名社员、组织比较健全、有较强参政能力和较高社会地位的政党。

九三学社走过的历程，是一部无数优秀人物引领广大同仁一往无前、执著追求的奋斗史。抗日战争时期，面对国破家亡、山河破碎，九三学社创始人或多方奔走，参与抗日，或介绍新知，宣传救国。解放战争时期，面对独裁专制、民不聊生，九三学社同仁或大声疾呼民主，反对暴政，或积极主张科学，倡导革新。新中国成立后，面对百废待兴的局面，九三学社同仁和全国人民一起殚精竭虑、奋斗不止。九三学社各个时期旗帜性人物身上体现出的崇高风范和优秀品质，是我社最宝贵的精神财富。回顾九三学社的历史，我们有勇往直前、舍生取义的革命家和社会活动家，有淡泊名利、刻苦钻研的科学家，有不畏权势、追求真理的人文学者，有忍辱负重、甘为人梯的教育工作者……他们共同铸就了九三学社一以贯之的灵魂——爱国、民主、科学，九三学社的优良传统在他们身上得到最好的诠释。

九三学社中央一直重视整理保存社史、发挥社史资政育人的作用，2007年又启动了以史料抢救和整理为重点、包括七个方面内容的社史工程。几年来，社史工程取得了显著成绩，《社史研究通讯》的编辑出版、社史专题片的拍摄、口述史工作的启动、社史文物收集等各个方面都有不同进展。“九三学社人物丛书”作为社史工程的一项重要内容，经过各方面辛勤的努力，也结出了丰硕的成果，第一批图书已完成了撰写、编辑，即将出版。这套丛书选取九三学社重要创始人、早期著名社员、历任社中央领导，以及在本人所从事领域里取得突出成就的旗帜性人物，力图以翔实的史料和平实的语言再现前辈先哲们曲折丰富的人生历程和绚丽夺目的光辉业绩。我相信，丛书的出版必将激发我社成员和广大读者继承他们的优良传统，体会他们忧国忧民的赤子情怀，感受他们坚毅从容的人格风范，学习他们精益求精的科学精神，为巩固、完善和发展中国共产党领导的多党合作和政治协商基本政治制度，为中华民族的伟大复兴，做出更大贡献。

是为序。

韩启德
2012年8月

目　录

第一章　童年回忆

一、生逢乱世　多难兴邦

20 世纪初的中国，带着 19 世纪西方列强用坚船利炮破门而入的伤痛走来，不甘屈辱的中国人民仍在艰难中寻觅着民族的希望。无数仁人志士不惜抛头颅，洒热血，前仆后继，英勇斗争，他们用鲜血和智慧照亮着中国人民前进的方向。

1919 年，以北京大学学生为先锋而发起的轰轰烈烈的“五四”运动代表了所有爱国志士的心声，由此揭开了中国新民主主义革命的序幕，有力地推动了中国民主革命运动进入到一个崭新的阶段。虽然此时中国的悲剧命运还没有任何改变，但民族自强的意识却在猛烈地觉醒，中国人民冲破这沉重枷锁的意志和决心如滚滚洪流，势不可挡。20 世纪 20 年代的南京，就是在这样的历史背景下与祖国同呼吸、共命运，……

徐僖（1921.1-2013.2）祖籍山东，祖父原为农民，后来经商，几经周折，最后到南京定居。徐父徐芷薌，又名徐沅，年少时由于家境贫寒，没有上过几年学校。在他十几岁的时候，由其姐夫介绍到浙江宁波一家钱庄当学徒。后来一个偶然的机会，他到了上海一家由广东人开设的耀华相馆里打杂。这家相馆的主人施德之先生是一位善于理财的商人，不但精通照相技艺，而且通晓中华传统医术，远近闻名，除经营照相业务外，还兼做中医，为人治病。他独创了一种名叫“济庆水”的消暑药出售，深受消费者欢迎。施老板的言传身教对徐父以后的人生经历产生了重要影响。徐父对施老板十分钦佩，不仅从他那里学会了照相技术，而且还学到了许多为人处事的道理，并暗自发誓，自己长大以后，一定要做一个像施老板那样有责任心和有良知的商人。

徐芷薌在耀华相馆工作几年后，靠他的勤劳和朴实有了一点积蓄，便打算到南京自己创业。当时的南京城，凋零颓败的气氛笼罩着城市上空，但徐芷薌并没有被残酷的现实所吓倒，而是发挥所长，充分利用自己的手艺在商界打拼。徐父与他的二哥商量，决定开一家照相馆，兄弟俩相中了南京城内贡院街的一家铺面，取名为“庐山照相馆”。后来又开了一家惟肖照相馆。兄弟二人分工明确，各司其职：徐父正直，手艺好，做事踏实、认真，负责出外拍照工作，哥哥徐醴泉善于经营，负责管理店内临时聘用的五六个职员，并联系照相生意。慢慢地，庐山照相馆有了名气，徐家也开始步入小康之家。庐山相馆出名后，由于徐父技术好，相馆档次高，许多达官贵人、社会名流都以在此照相为荣，因此，徐父相馆经常高朋满座。孙中山北上时，就在庐山相馆照过像[①]。同时，徐芷薌还与之前结识的广东朋友合伙开办了相馆和饭店，没用几年时间，徐芷薌的相馆不仅在南京站稳了脚跟，而且在上海也开设了分店，生意做得红红火火，十分兴隆。

此时对徐芷薌来说，事业上已有所成就，也有了一定的经济基础，便想到成家的事了。经人介绍，徐芷薌认识了后来成为徐僖母亲的家住南京城北马家桥一位李姓绸缎工人的女儿。由于李家十分贫穷，无力抚养女儿成人，就在徐母出生后不久，便忍痛将其抱送给一位姓张的绸缎工人家里。张家也仅仅能够维持最基本的生活，无力供养徐母念书识字，所以徐母从小就没有在学

① 蒋介石1927年打进南京后，请徐父去总司令府照了许多相。可是，还没等相片取出来，蒋介石又被打了出去。徐父急了，照了那么多相，成本不小，若是不来取，收不到钱，就亏大了。好在，不久蒋介石又打了回来，派人来取走了全部照片，徐父也收回了成本。

校里接受过正规教育。但徐母心地善良，懂得生活的艰辛，同情下层劳动人民的生活，从小贤良淑惠，感恩知报。后经人介绍，认识了徐芷薌，他们一见倾心，情投意合，俩人喜结连理，成为终身伴侣。

徐芷薌与徐母结婚以后，先后生育了四子二女。大姐早夭，二姐按旧时惯例不在徐家后裔中排名，徐僖本为第六子，老幺，但按男性兄弟排名，列第四位。1921年1月16日，即农历庚申年12月8日，这一天，是中国传统节日“腊八节”，又称“佛成道节”。传说释迦牟尼修行时，每日仅食一麻一米，经过六年才在菩提树下悟道成佛。后人为了纪念他所受的苦难，便在他成道的腊月八日诵经礼佛，煮粥祭拜，并将粥等送给门徒和善男信女们，同时祭祀祖先，以求平安。因此在这一天，民间就有吃腊八粥的习俗。就是这样一个不同寻常的日子，对于居住在南京夫子庙姚家巷里弄里一户普通商人家庭徐家来说，更是一个让人格外激动的日子，因为在佛祖释迦牟尼悟道成佛的这一天，伴随着清脆的哭声，他们家的第四个儿子徐僖降临到这个世上。早已等候在外面的亲戚们获知徐家再添一丁时，都按捺不住内心的喜悦，奔走相告。虽说孩子生在这个多灾多难的年代，不知是福还是祸，但孩子的出生毕竟让全家多了一份对美好生活的寄托和对未来的希冀，夫妻俩便又情不自禁

如今的南京夫子庙

地开怀大笑起来。从此以后，“徐僖”这个名字便伴随着他的人生历程，一步步走向事业的辉煌，最终成为我国高分子材料学科的开拓者和奠基人，为祖国的繁荣富强做出了杰出贡献。

二、母爱无疆　情深似海

在兵荒马乱之世，徐父和徐母组建了一个患难与共的家庭。新婚伊始，徐父在外面继续打理照相生意，徐母则负责料理家务，过着一个中国传统妇女的生活。在婚后五六年中，夫妻俩人恩爱有加，感情笃厚，徐家的女儿徐慧茹、大儿徐伲、二儿徐仲侃、三儿徐伟如相继出世，第四个儿子徐僖的降生，更为这个普通的商人家庭增添了几分天伦之乐。

在以后的数年里，徐父的相馆生意红红火火，十分繁忙，无暇顾及对孩子的教育和关怀。徐母尽管自己没有进过学校读书，但她深知只有上学堂读书才会有出路，因而将更多的精力放在对孩子的教育上。当她看到别人家的孩子早已进了学校读书，而自家的孩子一天天长大，却闲在家里玩耍，心里十分着急。每当她向丈夫提及此事时，徐父总是以生意繁忙为由将孩子学习的事儿搁置一边，其实他内心的真实想法是想让孩子们将来继承自己的事业，认为读不读书并不重要。自己没有读过多少书，做生意不是照样取得成功了吗？这样一来，夫妻俩难免发生一些口角。徐僖从小就和母亲特别亲近，他不喜欢父亲倔强的性格，看到母亲经常受委屈，于是从小就将感情的天平偏向了母亲一方。徐僖在上小学前，身体孱弱多病，曾经一场严重的肾病差点夺去了徐僖幼小的生命，徐母对徐僖更是呵护有加。当时由于物质匮乏，食品供应短缺，每逢中秋佳节，母亲总是将最好吃的月饼留给徐僖和哥哥姐姐们吃，自己则舍不得尝一口。后来母亲生病时，徐僖因读书求学不能经常陪伴左右；1943 年徐母在重庆病逝，享年 54 岁。当时徐偣正在浙大读书，无法回家为母亲送终，他深深自责没能尽到孝心。从此，中秋节就成了徐偣深切缅怀母亲的日子，月饼也成为他思念母亲的深情寄托。

徐偣年幼时，经常随母亲回外祖父家，每当徐母看到她贫穷年迈的父母而忍不住潸然泪下时，徐偣心里也特别难过。每当母亲讲述自己苦难的身世和外祖父的不幸遭遇时，徐偣的眼泪也会忍不住夺眶而出。在徐偣心里，母亲的形象是那样高大，又是那样和蔼可亲。正是在母亲的感染和熏陶下，徐偣继承了母亲善良的美德，从小就了解社会最底层人民的痛苦，他一生坚持济贫助困，帮助弱势群体。

由于徐父在孩子教育问题上没有给予足够的重视，所以徐偣的姐姐徐慧茹、次兄徐仲侃读到初中便中途辍学了；大哥徐俨虽然多读了几年书，然而也仅仅读到大学一年级便离开学校，回家随父经商了。

三、天资聪颖　卓尔不群

1926 年，徐偣已满 5 岁，到了启蒙识字的年龄，母亲再也不敢耽误孩子的学习，于是，她迫不及待地将徐偣送到附近一所私塾学校读书。徐偣在这里接受的是中国传统国学教育，当时私塾老师主要教孩子读《三字经》、《百家姓》、《千字文》、《童蒙须知》等启蒙读物。徐僖聪颖好学，记忆力特别好，对所学的内容过目不忘，一开始就表现出与众不同的才能，再加上他聪明伶俐，活泼可爱，深受老师喜爱。经过三年私塾学习，徐僖不仅奠定了很好的国学基础，还从中懂得了许多为人处世的道理。就这样，徐僖的私塾学习在老师的关爱和小伙伴们的嬉笑声中快乐地结束了，而在这一时期积淀起来的中国传统文化知识却让徐僖终生受益。

1929 年，徐僖 8 岁，已经到了上小学的年龄，徐母又开始忙于给徐僖联系学校。那时南京夫子庙附近有好几所小学，有些小学是男女分校读书。徐母不太了解这种情况，考虑到离家比较近，既不影响她接送孩子、又能照料家务，于是就将徐僖送到离家最近的一所女子小学——崇淑小学读书。就这样，年幼的徐僖在女子小学上了一年学，这段童年的经历让徐僖至今记忆犹新。1930 年后，徐僖又先后在南京夫子庙小学（1930 ～ 1931 年）、金陵中学附属小学（1931 年 2 月～ 1933 年 2 月）读书，学习上刻苦用功，成绩一直名列前茅。

第二章　辗转求学

一、开阔眼界　爱国薰染

20 世纪 20 年代末，国共两党实现了第一次合作，国民革命军开始了浩浩荡荡的北伐战争。虽然北洋军阀的腐败统治被推翻了，但中国的前途和命运又操纵在国民党新军阀手中，外国列强仍虎视眈眈地觊觎着中国的领土，内忧外患，中华民族依旧处于水深火热之中。

1931 年“九一八”事变后，日本帝国主义强占我国东北，又在天津、塘沽、厦门、青岛、福州等地肆无忌惮地进行挑衅，还企图用武力侵占上海。1932 年 1 月 18 日，日本特务唆使日本僧人向中国军人挑衅。1 月 28 日，日军以武力进攻上海北火车站等地，驻防上海的国民党第 19 路军在军长蔡廷锴、总指挥蒋光鼐的指挥和领导下，不顾国民党中央不准抵抗的命令，奋起反击，并通电全国："为救国保种而抵抗，虽牺牲至一人一弹，决不退缩！"爆发了闻名中外的"淞沪抗战"。19路军将士英勇抗击敌人侵略，苦战33天，激战100多次，给日寇以沉重打击。"淞沪抗战"是中华民族抗击日本侵略者的一次伟大壮举，它延缓了日本企图侵占中国的步伐，激发了全国军民卫国御敌的斗志，开创了中国军队局部抗日的新局面，在我国抗日战争史上具有非常重要的意义。

"淞沪抗战"期间，上海的局势非常紧张，徐母对出嫁到上海的女儿徐慧茹一家的人身安全非常担心。1933年初春，她带着12岁的徐僖来到上海，看望女儿徐慧茹和女婿张祖培。尽管"一·二八"淞沪抗战已经过去一年多了，但上海的硝烟还没有完全散尽，依旧残留着战争的记忆。初到姐姐、姐夫家，徐僖的眼界顿时开阔了不少，也接触到许多新鲜事物，尤其是姐夫张祖培渊博的学识和炽热的爱国热情在徐僖心中烙下了深深的印记，播下了强烈的爱国种子，姐夫成为改变徐僖人生航向的关键人物。

张祖培，字荫之，1903年4月出生于安徽桐城，自幼家庭贫寒。俗话说穷人的孩子早当家，张祖培从小就懂得生活的艰辛，是个懂事听话的孩子，从小学到中学，他一直刻苦用功学习，在家人的帮助和自己的努力

民国时期上海圣约翰大学校门

下顺利考上了上海圣约翰大学，学费和生活费开始主要靠亲戚朋友资助。由于家里穷，据说他上大学时还穿不起一件长袍。为了减轻家里负担，张祖培在学校一边读书一边打工挣点学费和生活费。他平时生活节俭，饮食简单，衣着朴素，从不乱花一分钱。张祖培以半工半读的形式完成学业后，便通过他家一位亲戚李伯伯做媒，与相邻而居、青梅竹马一起长大的徐僖姐姐徐慧茹订了婚。当时李伯伯在徐僖父亲店铺里工作了将近 20 年，是徐父最得力的助手。徐父并没有嫌弃出身贫寒的张祖培，爽快地同意了这门婚事。

轰轰烈烈的上海五卅运动

张祖培是旧中国先进知识分子的优秀代表，是一位具有强烈爱国心的优秀学者。早在 20 世纪 20 年代，马克思主义在中国迅速传播，工农运动蓬勃开展，以国共两党合作为基础的统一战线的建立，推动了中国国民革命运动的迅速高涨。到 1925 年 5 月，遍及全国各地的爱国运动汇集成一股气势磅礴的反帝洪流，“五卅运动”的爆发就是这一轰轰烈烈反帝爱国运动的主要标志。

6 月 3 日，因五卅惨案而在圣约翰大学爆发了大规模的学生运动，张祖培参加了这场反帝爱国运动，并成为一名杰出的学生领袖。他亲自带领学生散发传单、组织群众，表现出大无畏的爱国精神。圣约翰大学非

民国时期上海光华大学校门

常不满张祖培参加反帝爱国行动，张祖培决定与许多同学一起脱离圣约翰这所洋人开办的学校，转入光华大学学习。

光华大学是20世纪中叶上海一所民办大学，1925年五卅惨案在上海爆发后，各界人士纷纷走上街头，美国教会学校圣约翰大学及附中师生组织罢课抗议，遭到校方百般阻挠。6月3日，数百名学生和全体华籍教师集体宣誓脱离圣约翰大学。他们的义举受到社会各界和学生家长们的大力支持，并出钱出地，在短短三个月时间里，成立光华大学。“光华”二字取自《尚书大传·虞夏传》里《卿云歌》：“旦兮复兮，日月光华。”该校以日月卿云为校旗，红白为校色，“格致诚正”四字为校训。建校 26 载，培养了大批有为人才。[①]

后来徐僖来到上海，住在姐姐家里，经常听姐夫讲“五卅”惨案、圣约翰大学“六三”离校事件和光华大学应运而生等革命运动和爱国故事，姐夫渊博的知识、豪爽的性格和坚定不移的革命意志无不潜移默化地影响着徐僖崇高人格的形成。深受五四新文化运动影响的姐夫不断地给徐僖灌输新思想、传授新文化，鼓励他要刻苦学习，用知识改变自己和国家的命运。姐夫的民主爱国思想和极强的事业心像春风细雨一样滋润着徐僖幼小的心灵，使徐僖富有了民族自尊心和正义感，他一生牢记姐夫的谆谆教诲。后来徐僖常说，姐夫张祖培对他一生影响很大。

转眼半个月过去了，徐母准备回南京料理家务，决定将徐僖留在上海读书，希望他在新的环境中好好学习，像他姐夫一样成为有知识、有文化的人，这是一个中国式母亲对孩子最朴实的殷切的期望。临别时，徐母

① 1951 年，光华大学除商、法和土木等系外，其文、理科与大夏大学等学校的科系合并成立华东师范大学，成为新中国创办的第一所师范大学。光华附中则和大夏附中合并成为华东师大附中。1938 年，上海光华大学在抗战烽火中内迁成都办学，设立光华大学成都分部，1946 年更名为私立成华大学，1952—1953 年并入西南地区 16 所财经院校、综合大学的财经系科，更名为四川财经学院（即西南财经大学）。

紧紧地握着徐僖的手，语重心长地对徐僖说：“孩子，你父亲很忙，娘要回南京料理家务，你在这里要听姐姐、姐夫的话，好好学习，娘不久会来看你的。”徐母一边说着，眼泪也不停地往下流，想起徐僖即将独自生活，心里总是放心不下。徐僖知道母亲的心思，懂事地擦着母亲脸上晶莹的泪珠，不住地点着头，眼泪也禁不住地夺眶而出。就这样，徐母依依不舍地告别了自己最疼爱的孩子，回到了南京。从这一年起，徐僖便离开了家乡，离开了父母温暖的怀抱，跟姐姐、姐夫在一起开始了新的生活。

1933 年 3 月，徐僖转学到上海时，即将小学毕业。当时姐夫张祖培在上海工部局华人教育家设立的上海工部局西区小学（后更名新闸路小学）担任校长，便将徐僖联系到这所学校读书。姐夫不够宽裕的工资是家里经济收入的主要来源，大家在一起相处融洽，过得十分开心。

在姐姐家，徐僖常常看到忙碌了一整天的姐夫刚一回到家中便又开始了紧张的学习。读书是姐夫最大的乐趣，徐僖经常看到姐夫拿出厚厚的书，专心致志地研读，直到深夜。平时姐夫除工作按时上下班以外，基本上都是在家里度过，尽情享受着家庭的温馨和学习的快乐。姐夫的言行举止深深地影响着徐僖，在徐僖眼里，

解放前上海工部局西区小学，如今是上海市静安区第一中心小学

姐夫是一位工作认真、学识渊博、有思想、有涵养的知识分子，是一个自力更生、靠本事吃饭的好男人。从那时起，徐僖便把姐夫当作自己学习的榜样，希望长大以后也做一个像姐夫那样靠本事吃饭的男人，姐夫在徐僖心中俨然成了他崇拜的偶像。

二、“日月光华” 励志成才

1934 年 2 月，徐僖从上海工部局西区小学毕业。3 月，在姐夫的帮助下，徐僖转入上海公共租界育才公学读书，这是一所美国教会创办的学校，校园绿树成荫，环境优雅。学校老师主要是外国人，中国老师很少。每周除上国文课以外，其他课程都是用英文原版教材教学。从这时起，徐僖开始接触英语，面对从来没有学习过的语言，徐僖并不畏难，聪颖的他在语言学习方面能力极强，进步很快，半学期刚过，他几乎能说出一口流利的英语了。在教会学校里他还有机会学习西方近代科学知识，这大大开阔了徐僖的眼界，使他对西方自然科学产生了浓厚的兴趣，为以后立志从事自然科学研究打下了重要基础。

然而，这所学校外籍教师对待中国人盛气凌人的态度和暴戾的教学方式让徐僖非常反感，打手心、扇耳光、罚站等等简直成了洋教师责罚学生的家常便饭。这些西方人不但对待学生如此横蛮，甚至连学生家长也不能幸免。第一学期结束，学校召开恳谈会，因为一件小事，洋校长哈伦走到学生黄根宝的家长面前，不由分说，当众将这位家长踢倒在地，并开除了黄根宝，所有华人学生对洋校长这种粗暴无礼的举动无不感到义愤填膺。徐僖年幼的心也被震怒了，他对一向标榜“公平公正”的教会学校感到十分失望，再也不想在这所学校读书了。第二天，徐僖便愤然退学，与这位受辱的同学一起义无反顾地走出了洋学堂，发誓宁愿转到离家 15 华里远的光华大学附中学习，也绝不在这里受“洋气”，

当年的光华大学附中，如今的上海市育才中学

从此以后，徐僖再也没有回到这所学校。后来徐僖在谈到这段经历时仍十分感慨地说："作为一个堂堂正正的中国人，我们的骨气绝不能丢！"

1934 年 9 月，徐僖在离开育才公学之后，姐夫张祖培将他安排到上海光华大学附属中学读书。光大附中是当时上海三大知名中学之一。徐僖姐夫从光华大学毕业后，当了一段时间小学校长，又回到这所大学任教。后来，徐僖也来到这所具有反帝爱国光荣传统的学校读书。回到由国人创办的学校，徐僖再也不用看洋校长的脸色，也不用忍受洋教师的欺辱，其高兴劲儿自不待言，自尊心和自信心都得以增强。

在光华附中的两年多时间里，徐僖一如既往地勤奋学习，深受老师和同学们的喜爱。由于徐僖不喜欢运动，对音乐和体育课也没有多少兴趣，整天只知道读书，常常被同学们戏称为“书呆子”，但徐僖并不介意，反而乐在其中。在教学方式上，光大附中对各年级成绩优秀的学生实行奖励制度，每学期结束评选一次，将获奖者接纳为该校励志社的成员，并给予一定的物质奖励。学习成绩优异的徐僖从初中二年级到初三上学期多次获得此项殊荣，成为学校里有名的好学生。刻苦用功，立志成才，是徐僖永不言弃的坚定信念。带着对姐夫的崇拜和对母亲的感恩，徐僖完全沉浸在学习之中。1937 年 2 月，徐僖在光华大学附中读完了初中，以优异成绩结束了在上海四年的学习生活。

三、“诚真勤仁”　以铸以陶

时光荏苒，光阴似箭，自从在沪上与母亲匆匆一别，转眼已过了四载。徐僖本来可以继续留在上海读高中，但他十分想念母亲，母亲也日夜思念着他。1937 年 2 月，他从光大附中毕业后，便迫不急待地回到阔别已久的南京。

在回家的路上，徐僖脑海里总是浮现出母亲慈祥的面容，在这几年中，家里发生了怎样的变化？父母的身

清末民初南京汇文书院全景

体还好吗？这一切的一切，他都想知道，一回到南京，见到父母和哥哥们，心里真有说不出的高兴。

此时的南京城依然弥漫着窒息的气氛，由于连年战乱，局势不稳，家里的处境变得异常艰难。父亲所经营的相馆受到战争的严重影响，生意低迷，经济收入每况愈下，生活难以为继，父亲和哥哥们不停地四处奔波，挣钱糊口，才勉强能够维持一家人的生活开销。

徐僖回到南京后，于 1937 年 3 月进入南京金陵大学附中开始了他的高中学习生活。

金大附中坐落于人杰地灵的南京，前身是 1888 年（清光绪十四年）美国基督教美以美会[①]创办的汇文书

① 美以美会（The Methodist Episcopal Church）是 1844 年～1939 年在美国北方的卫理公会所使用的宗派名称。该会属于基督新教的一个较大宗派—卫斯理宗。从清末到民国，美国基督教会在中国创办了 14 所大学，其中美以美会创办了南京汇文书院（1888 年）、北京崇内怀理书院（1889 年）等两所名校。

金大附中校训

院，历史悠久。1890 年，汇文书院设立中学部。1910 年，汇文书院与益智书院、基督书院合并，创建金陵大学（1952 年合并入南京大学），中学部更名为金陵大学附属中学，简称“金大附中”。

金大附中奉行“诚，真，勤，仁”的校训，即“以诚为本”，“唯真是求”，“勤勉执着”，“以仁为怀”。金大校训给徐僖留下了深刻的印象。学校要求每位学子都能如四字校训一样，诚信做人，求真务实，勤奋好学，仁爱友善。该校培养出众多英才学子，如著名人民教育家陶行知，诺贝尔文学奖得主高行健，建筑大师、中山陵设计者吕彦直，经济学家厉以宁等等，他们都是这所

金大附中钟楼

学校毕业的佼佼者。

尽管徐僖在南京金大附中只读了几个月时间，但他并没有忘记老师们的谆谆教诲。在2008年金大附中迎来120周年校庆之际，徐僖专门为母校发去贺辞：“一百二十年业绩辉煌，培养了万千爱祖国、爱人民、蓬勃向上、立志为祖国富强鞠躬尽瘁的后备人才。衷心祝愿母校再接再厉，蒸蒸日上，永铸辉煌。师门恩泽，终生难忘。我们将与母校师生共同努力，为早日把我们的祖国建成一个富强、和谐的创新型国家而奋斗。”深深地表达了一位学子对母校的感激之情。

第三章　漂泊的少年

一、山河破碎　南京遗恨

1937 年 7 月 7 日，日本侵略者向驻守在卢沟桥的中国军队发动进攻，全面侵华战争正式开始，中华民族已经到了生死存亡的危急关头。日本帝国主义者继占领平、津之后，于 8 月 13 日大举进攻上海，企图迅速攻陷南京，迫使国民政府投降，以实现 3 个月内灭亡中国的狂妄计划。

到 12 月上旬，除南京城外，江苏绝大部分城市均已被日寇占领。日本侵略者所到之处，实行极其野蛮的烧杀抢掠政策，奸淫妇女，工厂、商店、民居被焚烧殆尽，素有“天堂”之称的江浙地区，顿时百业凋敝，人民生活在水深火热之中。

1937年11月，日寇逼近国民政府首都南京。11月19日，国防最高会议决定国民政府内迁。20日，国民政府发表宣言，迁都重庆，继续抗战。12月1日，日本大本营发布第8号命令，正式宣布："华中方面军司令官须与海军协同，攻占敌国首都南京。"12月13日，南京在一片混乱之中被日本侵华日军野蛮占领，日寇在南京城内及郊区对中国平民和战俘进行了长达六个星期的大屠杀、抢掠和强奸，犯下了人类历史上最残暴的战争罪行。英国《孟却斯德导报》驻华记者田伯烈在《外人目睹中之日军暴行》一文中写道："日军在南京的暴行，毫无疑义的是现代史上最黑暗的一页。"在这场惨绝人寰的杀戮中，徐僖外公、外婆、舅舅、姨妈、表哥、表弟、表姐、表妹等20余人全部被日军杀害，无一幸免。在徐僖一生中，他把这常人都无法忍受的不幸和悲痛深深地埋在心底，进而转化成为振兴中华而忘我工作的强大精神动力。

二、颠沛流离　逃难重庆

日本鬼子要攻打南京，几个月前就人心惶惶。城里那些当官的、有钱的逃得最快，平头百姓则像没头苍蝇乱成一团。徐僖的父亲看看不对劲，决定带领全家10

余口人逃难。12 月 10 日，即在南京大屠杀的前三天，徐僖一家和伯伯徐醴泉一家大小共 14 口人，与其他金陵城的老百姓一样，不得不为未来的命运担忧，因为他们清楚地知道，如今生与死之间仅隔着一层薄纱，人的生命在此时甚至一文不值，逃难成了当下唯一的活路。于是他们关闭了照相馆，带着主要的照相器材和细软，匆忙收拾好需要带走的行李，哥嫂们也赶紧整理好自己的随行物品，而 16 岁的徐僖将装有书本的行李箱紧紧地抱在胸前，像爱惜自己生命一样时刻呵护着它，生怕失去。当兄嫂们看见徐僖装了这么多书，有些疑惑不解，而兄嫂们又怎能知道徐僖满怀的心事和远大抱负呢？

在父母的再三催促下，一家大小终于收拾好行李，准备出发，加入了逃离南京的难民大军。但往哪里逃？谁也不知道。他们首先想到的是坐轮船逃离，谁知与他们想法一致的人太多，长江边简直是人山人海。江上的轮船屈指可数，大家都往趸船上挤，那些溃逃的国民党官兵也拼命地往上挤。徐僖亲眼看见他们用子弹和刺刀开路的惨烈情景，一生难忘。

徐父见没办法上船，便扭头带领一家人往火车站跑。一路上，尽眼望去，到处都是拖着疲惫身体的人们，听到的全是沉重的脚步声和无助的叹息声。身体孱弱的徐僖淹没在逃难的人海中，父母突然发现徐僖不见了，焦急万分地到处找他："老四，你在哪里？"原来，徐僖在拥挤的人群中走错了路，朝火车站相反的方向去了，突然听到父母声嘶力竭地喊声，他才及时回到父母的身边。

从夫子庙一路赶来，终于到了南京火车站，这里已是人山人海。徐芷薌一家到了进站口，只见几辆火车停在站上，人们拼命地往火车上挤。在惶恐不安中，一家人终于上了火车。火车上所有的车厢都是黑压压的一片，几乎都是前往西南避难的人群。片刻之后，火车头冒出浓浓的黑烟，缓慢地朝前方移动——火车终于启程了。火车一刻不停地向前行驶，发出沉闷的声音，令人倍感凄凉。经过漫长的行程，火车到了汉口。下车后，伯伯徐醴泉一家无法再继续前行，决定留下，两家人为了逃命，只好各奔东西。12 月 12 日，徐僖到武汉后，打听到武汉有个"金大附中"收留处，他便寻去归了队，随金大附中一起行动，父母亲则带着哥嫂们乘轮船继续西行，到重庆避难。

第四章　命运的转折

一、追随母校　心忧民苦

徐信父母、哥嫂们拎着沉甸甸的行李走出重庆港。初次踏上这块陌生的地方，一切都要从头开始。父母匆匆地找到一个可以歇脚的地方暂时安顿了下来，作为一家人的临时避难所。他们来不及好好地休整，拖着疲惫的身子又开始寻觅着明天的希望。

时光如梭，转眼间，徐信父母在重庆已住了数月。1938 年，父亲利用手头积攒下的仅有的一点钱在重庆租了一家铺面，仍然经营自己的老本行——照相，以维持全家人的生活。小相馆依旧挂着当初“庐山照相馆”的招牌，徐信二哥徐仲侃、三哥徐伟如协助父亲管理业务。

此时的徐信，一直待在金大附中在武汉设的收留

抗日战争时期的重庆街头

处。当时学校准备在武汉继续办学，但不久武汉告急，金大附中又被迫内迁到四川万县沙河子，徐僖便一同前往。万县在先秦时属古巴子国，素有“川东门户”之称，是长江上游沿岸的重要城市和经济、文化中心。但自近代以来，西方列强用坚船利炮打开了中国的大门，强迫清政府签订了一系列不平等条约，长江沿岸的重要港口被迫对外开放，西方列强的军舰、商船在长江上肆无忌惮地航行，万县早已没了往日万家祥和的气氛。1926 年，英国军舰在江上横行霸道，不断肇事，撞沉木船，许多无辜民众罹难。他们还对万县城进行狂轰滥炸，“焚毁民房商店一千余家，死伤人民数以千计”，制造了骇人听闻的“万县惨案”。帝国主义者在万县的残暴行径，徐僖在中学历史老师那里早已知道。这次，他亲自来到这座曾经饱受西方列强蹂躏的城市，心中不由发出无限的感慨。

1937年11月，日军入侵南京，金大附中宣布停课。1938年3月，内迁到抗战大后方——四川万县沙河子复校，并在成都另设分校。当时迁入重庆万县的中学有11所，高等学校2所，巫山、奉节也均有内迁学校。其中私立安徽旅鄂中学、私立金陵大学附属中学、私立大公中学等规模较大，并聘请了一批流亡来川的名师执教，教学质量较高，师资力量雄厚，容纳学生数量众多。后来，山东省立医学专科学校、上海法学院商科相继迁到万县。这一时期，内迁学校云集万县，据不完全统计，全区公私立中学、师范、职校共有30所，在校学生14000余人。抗战时期虽然国家教育事业受到严重影响，但由于大量沿海学校内迁，万县地区中学教育出现了短暂的繁荣局面，在乱世中为国家培养了不少优秀人才。

万县沙河子是个小村庄，徐僖对于那里的一切既感到陌生又觉得新鲜。徐僖在万县求学的时候，住在农民家里。他经常帮助主人推磨，做家务，对石磨产生了浓厚的兴趣。他发现，这些石磨碾磨硬物的能力惊人，能

20世纪30年代万县金陵中学校门

将坚硬的黄谷、大米、小麦、黄豆磨成很细的粉末。这成为他后来在力化学研究领域科学发现的重要灵感。

徐僖对这里农民的质朴好客、待人诚恳留下了深刻、美好的印象。每当春节来临，家家户户都要来拉这些学生娃去家里过年。你答应了他，他会真诚地高兴，你要是谢绝了他，他会认真地生你的气，这是徐僖毕生热爱下层劳动人民的思想根源之一。万县地处山区，经济落后，农民生活相当艰苦。在万县读书时，他经常和当地农民在一起，深切地了解到西部地区劳动人民所遭受的饿腹之苦、冻馁之困。徐僖非常同情大山里“苦命”的农民，曾有“我成家立业后一定要去帮助他们”的想法。

二、允公允能　南开精神

从南京到武汉，一路向西；从万县到重庆，一路向西。青少年时代的颠沛流离，使徐僖亲身经历了国破山河碎、民不聊生的惨状，给他幼小的心灵留下了深深的伤痕和无法言状的痛苦。

1938 年 7 月，徐僖在万县金陵中学读了一学期后，由于念母心切，便离开万县沙河子回到重庆，回到日夜思念的父母身边。从此结束了在金大附中的学习生活，再次回到亲人的身边。回到重庆后，徐僖并没有放弃读书的念头，而是朝着更高的目标前进，他毅然选择了位于重庆沙坪坝的中国著名教育圣地——南开中学继续完成高中学业。1938 年 9 月，秋风送爽，徐僖在南开中学开始了他全新的学习生活。

重庆南开中学属于南开系列学校中重要的一所。南开系列学校包括南开大学、天津南开中学、天津第二南开中学（原南开女中）、重庆南开中学、重庆南开融侨中学、自贡蜀光中学、南开大学滨海学院、南开大学附属中学、南开大学泰达学院、南开翔宇学校、南开小学（被日军炸毁，后未复校）和重庆南开小学，这些学校都源自著名爱国教育家张伯苓和严修创办的私立南开学校。南开系列学校历经百年沧桑，积淀了深厚的人文底蕴，在中华教育史上谱写了辉煌的篇章！

重庆南开中学因抗战而生，因爱国而名。1936 年，张伯苓入川考察，决定在重庆筹建南开中学。入川时，张伯苓曾赋诗一首："大江东去我西来，北地愁云何日开。盼到蜀中寻乐土，为酬素志育英才。"这首意蕴深长的诗正是张伯苓先生培育人才、实现教育救国理想的真实写照。同年夏天，张伯苓便在重庆沙坪坝先后购地 800 余亩创建了重庆南开中学。

南开系列学校秉承"允公允能"的校训，荟萃天下英才。南开校友中既有柳亚子、周恩来等老一辈无产阶级革命家，也有像周光召、朱光亚、张存浩、徐僖等 30 余位两院院士，还有像邹家华、郑必坚、张皓若、阎明

张伯苓校长亲笔提写的南开中学校训

复等著名政治家，该校培养出来的爱国将军、文化名人、艺术家更是不胜枚举，可以说这里是人才的沃土，院士的摇篮。

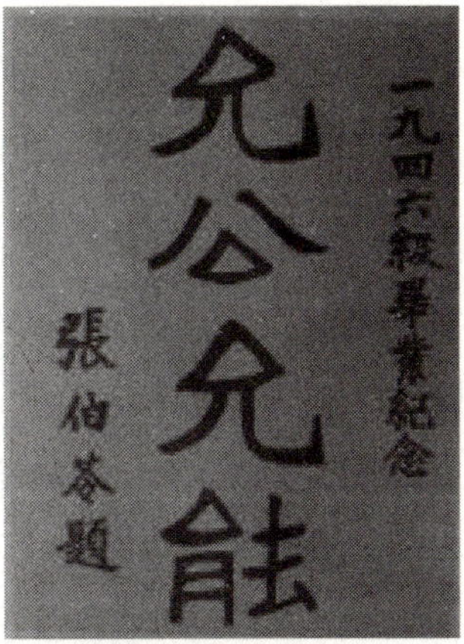

张伯苓校长亲笔提写的南开中学校训

徐信常说，一生中对他影响最大的两所学校中，其中一所就是重庆南开中学。可以说，徐信一辈子都在践行南开“允公允能”的校训。2011 年 7 月 18 日，在徐信写给南开中学《祝贺母校南开中学建校 75 周年大庆》的信中说：“‘允公允能，日新月异’确定了南开学子的人生方向，为我国教育事业的发展做出了卓越贡献，培养了万千无私无我、为祖国的富强鞠躬尽瘁的人才。师门恩泽和老校长张伯苓先生大师风范给我们留下了永恒的记忆，终生难忘。南开精神永铸辉煌。我们将与母校师生共同努力，为早日把我们的祖国建成为一个富强、和谐的创新型国家而奋斗。”

进入这所全新的学校，徐信强烈地感受到南开中学浓郁的文化氛围。在学习上，他努力使自己尽快适应新的学习环境和教学方式，在学习新课程的同时，还要把过去没有接触过的知识补上，努力赶上这里的教学进

20世纪30—40年代的重庆南开中学

度。由于徐僖天资聪颖，勤奋好学，上进心强，在很短的时间内就弥补上了原来所缺的课程，赶上了老师的教学进度。由于徐僖学习成绩优异，同学们一致推举他担任班级学生自治会主席。徐僖非常感激老师和同学们对他的信任，同时也感到自己肩负的责任更大了。

在南开中学，徐僖参加了学校组织的两次大规模的集中军训活动。第一次是在寒假，由四川军阀刘湘主办，大约受训了两三个星期。第二次是由蒋介石主持的名为"学生战时集中军训"活动，这次军训与上次不同，地点由以往的学校改在成渝公路旁边。军训期间，徐僖与其他同学们一起吃住都在路旁老百姓的家里。那时正值暑假，天气炎热，热浪扑面而来。徐僖顶着酷暑，刻苦训练，立正、稍息、卧倒，每一个动作都做得非常标准，很快整个暑假就在这样艰苦的训练中结束了。通过这次严格的军事训练，更加磨炼了徐僖坚忍不拔的意志。

三、确立航标　立志浙大

在南开中学读书时，学校的业余活动非常丰富，校园里经常举办许多演讲活动。当时一些国民政府要员经常来南开做演讲报告。南开中学校长张伯苓时任国民参政会会长，蒋介石时常来看望他，顺便向学生们发表演讲。还有许多著名学者也来南开讲学，如著名人口学家马寅初等也曾到学校做过演讲。但最令同学们终身难忘的是中国共产党卓越领导人周恩来同志来南开所做的报告，他在演讲中大力宣传中国共产党的抗日救国主张，号召全国人民团结起来，一致抗日，建立最广泛的抗日民族统一战线。他慷慨激昂的演讲，感染了在座的每一位同学，极大地激发了南开学子勤奋学习、报效祖国的热情，此刻的徐僖也听得热血沸腾……。

为了不辜负父母和老师们的殷切期望，徐僖如饥似渴地学习，平时很少参加课外活动，所以南开师生戏称他为“老夫子”，而徐僖一点也不在乎，仍然沉浸在学习之中。南开“允公允能”的校训塑造了徐僖无私无我、踏实苦干、追求真理、实事求是的鲜明个性。在徐僖求学的名校中，无论是上海育才公学、上海光华大学附中，还是南京金陵大学附中、重庆南开中学，这些学校都采用现代教育体制培养学生，使他不仅夯实了包括外文在内坚实的科学知识基础，而且还获得了独立生活和开拓创新的能力。同时，在具有爱国主义传统教育的上海光华大学附中、重庆南开中学读书，培养起了徐僖高尚的爱国情怀。

1940 年夏天，徐僖即将高中毕业，他与其他同学一样又开始面临人生的重要选择。最初，徐僖准备报考盐政学校，想尽早参加工作，挣钱赡养母亲，以尽孝心。后来他又打算在高中毕业后拜师学医，立志要像北宋政治家范仲淹那样“不为良相，便为良医”，解除百姓疾苦，救民于倒悬。在人生道路上，徐僖就这样不停地思考着，选择着。他亲眼目睹了日本鬼子占领南京时人们逃难的情景，回想起自己少年时代颠沛流离、辗转东西的经历，看到山河沦陷、民不聊生的凄惨景象，一想到这里，徐僖很快改变了原来打算学医的想法，决定走“实业救国”的道路，希望将来成为一个靠自己本事致富的实业家，再做一个慈善家，去救济天下受苦受难的穷人，于是他决定选择化工专业作为实现自己人生目标的起点。

专业方向选定了，但报考哪所大学又让徐僖犯了难。当时由于战乱，国内许多知名高校纷纷内迁，如由北京大学、清华大学、南开大学临时组建的西南联大以及浙江大学等高校都内迁到了大西南，重庆本地还有重庆大学等高校，“到底应该报考哪一所大学呢？”几天来，徐僖寝食未安，一直被这个问题困扰着。以他的成绩而言，报考任何一所大学都会被录取。但既然已经选定化工专业作为自己今后的研究方向，在比较了几所高校之后，认为只有浙江大学化工专业最有特色，当时浙江大学化工专业在国内高校中首屈一指，师资力量雄厚，科研实力最强，浙大又内迁到贵州，离重庆也不远，回家看望父母也方便，于是徐僖毫不犹豫地选择报考了浙江大学，并如愿以偿。

金色年华，在黑夜中绚烂绽放，痴心不悔；热血男儿，在荆棘中奋力前行，风雨无阻！

第五章　在“东方剑桥”的日子

一、“文军”长征　谱写传奇

就在徐僖一家逃离南京的同时，他未来的母校浙江大学也踏上了西迁的漫漫征途。

浙江大学有过辉煌的历史。它源于全国“六大高师”之一的浙江高等师范学堂，承袭杭绍平原上延续千年的儒雅之风，汲取着西子湖畔绵延不绝的文脉精髓。但是随着后来上海高等教育的兴盛，临近的浙江大学开始失去了原来的辉煌。到抗战爆发前，浙大在13所国立大学中，北不及北大、清华，南不敌武大、中山。在宁沪杭一带学生的眼中，不要说中央大学，就是交通大学、圣约翰大学地位也远在浙江大学之上。

到1936年4月，浙江大学迎来了一位新的校长竺可桢。竺可桢，字藕舫，浙江上虞东关人。是我国著名的地理气象学家、教育家，1910年公费赴美留学，1918年获哈佛大学博士学位，1936年任浙江大学校长。从此以后，浙江大学在竺可桢的领导下获得了新的发展。最初，浙大师生对竺可桢的印象仅仅是一位优秀的气象学家。但在以后的13年时间里，竺可桢已经成了浙江大学的灵魂，他坚持办学，倡导实事求是、严谨踏实的学风，为浙江大学以及中国高等教育事业的发展做出了卓越贡献，谱写了浙大历史上最辉煌的篇章。

1937年7月7日，卢沟桥的枪声拉开了中国人民八年抗战的序幕，战火很快烧到了浙江。11月5日，日军在距离杭州仅120公里的全公亭登陆，前锋直抵杭州。出于处理战时紧急情况的需要，国立浙江大学成立了“特种教育执行委员会”，由竺可桢校长担任主席。日军濒临城下，为保全教育资源，竺可桢决定举校西迁。竺可桢率领全校师生员工及部分家属，携带大批图书资料和仪器设备开始西迁办学。徐億逃难西行到达汉口的时候，浙江大学也从硝烟弥漫的杭州迁到了富春江上的建德县。在此后的几年中，竺可桢校长带领他的“文军”一路长征，跋山涉水，风雨兼程，先后辗转到浙江天目、建德，后迁江西吉安、泰和，再迁广西宜山，几经周折，历尽艰辛，忍饥挨饿，还时刻遭遇敌机轰炸。在途中，一些浙大师生失去了财物、亲人甚至宝贵的生命，竺可桢校长也失去了相依为命的妻子和一个可爱的孩子。在宜山最困难的日子里，许多师生患上了疟疾，即使在这样艰苦的条件下，浙江大学几乎没有失去一件实验仪器，更没有失去它的灵魂。这支西征“文军”坚持边搬迁边办学，在这个过程中确立了“求是”的校训，让每一位师生永志铭记。

在“七七事变”后不到三年的时间里，祖国的半壁河山相继沦陷。西南云、贵、川三省成了抗日大后方，不少高校纷纷内迁，重建院校，恢复上课。

1940 年，日军侵入广西，硝烟再次迫近浙江大学。中央政府通知浙大必要时可迁往贵州安顺。于是，竺可桢校长派人北上贵州考察。但是，安顺几家最大的绅商唯恐浙大来这里抢占房舍，影响他们的生意，表现出极不情愿的样子。于是考察队果断改变行程，来到黔北湄潭县，没想到的是，他们受到湄潭各界人士的热烈欢迎。县长热情洋溢地说：“如果浙大迁到湄潭，我将县里最好的房子提供给你们，还会把县政府送给浙大师生居住。”竺可桢校长为这位县长在那样困难的条件下全力支持浙江大学的诚心所感动，于是毅然决定，将浙大搬迁到湄潭，而湄潭县长也庄严地践履了自己的承诺。

改革开放后深山里的明珠——湄潭县

早在1939年年底，湄潭各界专门成立了“欢迎浙大迁校协助委员会”，拟拨让县城部分祠庙及公房、民宅300余间，迎接浙大迁往湄潭。尽管湄潭政府和人民将所有能提供的房舍全部都给了浙大，但湄潭毕竟是个小县城，房舍仍然有限，根本无法满足浙大的需要。因此，竺校长还得继续想办法，他又派人到遵义争取当地政府支持。经过多方努力，时任教育部长的陈立夫亲自出面，划拨遵义城内外19处房产给浙江大学用于办学。1940年秋，浙江大学校本部迁往遵义，湄潭设分校。当时校本部、工学院、文理学院文科部分、师范学院文科部分设在遵义，而文理学院理科部分、师范学院理科部分、农学院设在湄潭，各学院一年级新生都集中在湄潭近郊永兴镇上课。

1940年9月，当竺可桢校长到达湄潭时，湄潭老平桥头两岸如同欢度盛大的节日，当时仅有两三万人的小县城就聚集了数千人，他们兴高采烈地迎接竺校长的到来。竺校长在当地官员、绅士名流和社会贤达的陪同下来到浙大附中礼堂。他缓步登上讲台，神采奕奕，第一次在湄潭发表讲话。

竺校长在讲话中饱含深情地感谢遵义和湄潭人民的大力支持和无私帮助。他说，贵州自然条件优越，虽山高路险，但气候温和，人民勤劳，物产丰富。而

徐僖在浙江大学竺可桢像前（1989年 杭州）

遵义是黔北重镇，有川黔公路直通重庆，是南北交通的主要干道。特别是湄潭地处遵义之东，素有“小江南”之称，自然环境得天独厚，山青水秀，人杰地灵。湄水蜿蜒环城而过，两岸翠竹林立，田野葱茏，风景如画，可与杭州西湖媲美。每当夕阳西下，漫步湄江边，此情此景，似入世外桃源，是读书学习的好地方。现在杭州成为沦陷区，浙大被迫西迁，就要在贵州安家落户了。湄潭人民在最困难的时候给予浙大巨大的支持，浙大师生无不万分感激。最后，竺校长语重心长地勉励同学们要勤奋学习，报效祖国，用实际行动报答湄潭人民的厚爱。

正是由于湄潭人民在物质上、生活上的全力支持

湄潭浙江大学校门

和帮助，才使浙江大学在极其困难的条件下仍然坚持教学，开展科研，取得了卓越成绩。浙大在湄潭和遵义建校的六七年里，为浙大以后的发展奠定了重要基础。

从 1937 年 9 月起迁离杭州，到 1940 年 2 月定居遵义、湄潭，浙江大学历时两年半，途经浙、赣、粤、湘、桂、黔六省，行程 2600 公里的西迁暂告一段落。他们行经的路线正好与三年前中央主力红军长征的上段路线基本吻合，而抵达的终点又正好是召开对中国革命具有转折意义的“遵义会议”的历史名城——遵义，因而人们把浙江大学西迁办学称为“文军”长征。

浙江大学在黔北办学的 7 年，是浙大历史上一个极其重要的发展时期。西迁前浙大有文理、工、农 3 个学院，16 个学系，70 名教授、讲师，600 多名学生。至 1948 年 3 月，浙江大学已发展成为有文、理、工、农、医、法、师范 7 个学院，25 个学系，9 个研究所和 1 个研究室，2000 余名学生，浙江大学由一所地方性大学崛起为当时国内最有影响的综合性国立大学之一。

1945 年 8 月 14 日，日本帝国主义无条件投降，抗日战争以中国人民的最后胜利宣告结束，浙江大学准备回迁杭州。1946 年 5 月，在遵义、湄潭的师生员工及大批图书仪器开始启程东迁，9 月全部返抵杭州，10 月 1 日开始上课，浙江大学十年颠沛流离的西迁办学从此结束。这一伟大壮举在中国教育史上谱写了光辉的篇章，“求是”精神永放光芒！

可以这样说，遵义、湄潭人民哺育了浙大师生，遵义、湄潭是浙大的第二故乡，是求是创新的摇篮和科学教育的圣地。几十年后，当在这里学习、工作过的浙大校友重返遵义、湄潭的时候，深深地表达了他们的怀念之情，许多校友饱含眼泪哽咽地说：“我们十分怀念遵义、湄潭，怀念这段艰难困苦的岁月，十分感激遵义和湄潭人民为浙大的发展做出的宝贵贡献，我们永远不会忘记你们的深厚情谊。”当然，浙大在抗战时期西迁到遵义和湄潭的六七年间，对这里的社会发展、文化教育、农业生产、人才培养和争取民主等方面也做出了巨大贡献，在偏僻的黔北山区播下了现代科学文化的种子。浙大在黔北办学七年，与遵义、湄潭人民同舟共济，患难与共，浙大农学院在农作物、水果、茶叶、蚕桑等方面的研究试验成果，对湄潭乃至黔北农业经济的发展产生了巨大推动作用。所以遵义、湄潭人民也景仰浙大，怀念浙大，并深切缅怀已故的竺可桢校长。

二、“求是”精神　浙大灵魂

浙江大学1940年迁至贵州后，尽管这里的教学和

徐僖在浙江大学求是校训前（1989 年 杭州）

生活条件异常艰苦，没有电灯，没有自来水，但全体教职员工团结一致，遵循竺校长倡导“不图虚名，不尚浮夸，敦厚朴实，实事求是”的教训。在“求是”精神的鼓舞下，同心协力，刻苦自励，通过艰苦环境的磨炼和社会实践的陶冶，培育和造就了一代勤奋、朴实、坚毅、果敢的“求是”学子。

竺可桢把有一批好教授作为“办好大学的第一要紧事”，千方百计纳聘海内外学者来此教学。在 7 年峥嵘岁月里，浙大汇聚了中国知识分子一代精英，一时人才济济，名师汇集，他们胸怀报国之志，力克千难万险，潜心研究，孜孜以求，取得了累累硕果。苏步青在微积分、几何研究方面取得了突破性进展，王淦昌在核物理方面的研究成果为国际物理学界所注目，贝时璋关于实验生物的研究，谈家桢关于基因遗传的研究，陈建功关于三角函数的研究，蔡邦民的果树学，张荫麟的《中国史纲》，张其昀、谭其骧的历史地理学研究等，都达到了很高水平，并培育出蜚声中外的求是学子。据不完全统计，当年在遵义、湄潭工作和学习，后来被评为两院院士的有 50 余位，徐僖就是其中一位杰出的中国科学院院士，他与我国两弹一星功勋奖章获得者王淦昌、程开甲一起在湄潭度过了那段最艰难的岁月。

1944 年 4 月，英国人李约瑟[①]博士受中英庚款董事会邀请，到遵义视察中国蚕桑研究所。10 月，李约瑟再次来到遵义，在考察浙江大学教学和科研时，将浙江大学誉为“东方剑桥”。后来在著名的英国《自然》杂志周刊上，李约瑟还发表了《贵州和广西的科学》一文，对浙江大学作了专门介绍。他说：“在重庆与贵阳之间有一个叫遵义的小城市里，可以找到浙江大学，它是中

① 李约瑟（Joseph Terence Montgomery Needham，1900 年 12 月 9 日 ~ 1995 年 3 月 24 日）英国现代生物化学家、汉学家和科学技术史专家。所著 *Science and Civilisation in China*（即《中国科学技术史》）对现代中西文化交流影响深远。

国最好的四所大学之一。湄潭是浙江大学科学活动的中心，随处可以看到从事科学研究一片繁忙、紧张的情景。在这里，大多数老师和同学们衣着朴素，每个人都十分忙碌，艰苦的环境让每个人都倍加珍惜难得的学习机会。”同年12月，《贵州日报》也及时刊载了李约瑟博士返英后在大学委员会上发表的演讲，李约瑟博士对中国科学家给予了高度评价，并再次盛赞中国浙江大学与西南联大可与英国的剑桥、牛津或美国的哈佛大学相媲美。

三、立志化工　热心科普

遵义子弹库浙江大学临时校本部

新学期开始了，徐僖来到遵义城里的子弹库浙大总部报到。随后，他和同学们一起来到湄潭县永兴镇，那里是浙江大学一年级新生集中地，年仅19岁的徐僖在这里开始了他新的求学生涯，浙大“求是”精神的熏陶和良好的学术氛围激发了徐僖从事科学研究的浓厚兴趣和坚定决心。

永兴镇浙江大学校门

浙大一年级迁永兴后，主要教学活动集中在万寿宫，几座古色古香的旧建筑格外引人注目，门上已挂上了“国立浙江大学”匾额，这匾额是从贵阳附近青岩镇一路带过来的。

徐僖在永兴分部主任储润科的带领下，与同学们一起走进了新生入学考试的考场。考场设在镇上的火神庙里，这座庙还是前清的遗物，已经显得破败，灰暗的房檐结满了蛛网，浙大师生刚刚把它打扫干净。窗口高而狭小，加上阴沉沉的天气，室内显得十分昏暗。不过，相比而言，这里的条件还算浙大校舍中不错的。几天后，考试结果出来了，徐僖被分配到化学工程学部，跟他一起的还有另外 40 多名新生。

浙江大学化工系是中国同类系科里成立最早的。1897 年，浙大的前身求是书院，这一中国近代史上效法西方学制最早创办的几所新式高等学校之一，就已经开

浙江大学学生宿舍

设了化学课程。1927年，在原校址成立国立第三中山大学，1928年更名国立浙江大学，下设工、农、文理学院，工学院设有化学工程科，聘任留美归国的李寿恒[①]教授来校任教，此后他担任化学工程科主任、化工系主任22年。浙大化工系在国内乃至国际上的地位就是在这22年里奠定的，它的辉煌一直延续至今。

① 李寿恒，化学工程学家、教育家。他创办了我国第一个化学工程系，倡导并实现了“三志”、“三基”、“教学与科研相结合”等一系列教育思想，制订并推行了一整套教学与行政管理规章制度，培养了大批优秀的工程技术人才，对发展浙江大学、创办浙江化工学院、开创我国化工教育事业做出了杰出贡献。

大学一年级主要是基础课程的学习。化工专业开设的基础课程既有全校必修的国文、英文、三民主义、体育和军事训练课程，又有无机化学、有机化学、初等微积分、物理学等。在专业课程方面，徐僖勤奋学习化工专业知识，成绩在班上名列前茅。在公共课程方面，国文是学校很重视的必修课，由文学院教授主讲。文学院院长梅光迪[①]还时常亲自听课，过问教学质量。徐僖在私塾读书时就已奠定了较好的国学基础，所以他对国文课程的学习倍感亲切，成绩优秀。在英文课程方面，徐僖读小学时就受过良好的英语训练，他的英文成绩在全班一直是最好的。在教会学校读书时，徐僖还与同学们经常举行英文演讲。

徐僖在永兴分部学习时，这里的条件异常艰苦，食

---

① 梅光迪（1890 ~ 1945），字迪生，一字觐庄，安徽宣城人。宣统三年（1911 年）考取第三届庚子赔款留美生考试。同年赴美留学，先后在美国威斯康辛大学、芝加哥西北大学、哈佛大学深造，专攻文学。1920 年夏自美归国后，任南开大学英语系主任。1921 年去南京，任东南大学西洋文学系主任，创办《学衡》杂志。1924 年到美国哈佛大学任教，1927 年归国，任中央大学（即原东南大学）代理文学院院长。后又去美国哈佛大学工作。1936 年任浙江大学文理学院副院长兼外国文学系主任。1939 年文理学院分开，任文学院院长。梅先生注重通才教育。提倡人文修养，使学生能闳中肆外，笃实而有光辉。1945 年在贵阳去世，葬于贵阳圣公会墓地。

堂里连一张凳子都没有，同学们都只能站着吃饭。浙江大学新任训导长费巩看在眼里，急在心里，很快，他用自己两个月的薪水为同学们买来了凳子，同学们称为“费巩凳”。1945 年 3 月 5 日，费巩在重庆朝天门码头失踪。在费巩失踪一周年时，浙江大学全校停课一天，并集会纪念。后来才得知，就是这样一位忠心报国、爱护青年、待人诚恳、助人为乐、爱憎分明、刚直不阿的好老师、好训导长，竟为国民党反动派所不容，在抗战胜利前夕惨遭杀害。

1942 年，徐僖与同学们一起到湄潭读大学二年级。当时徐僖给老师和同学们的印象是非常用功，每天晚上做功课直到深夜。

到大学三年级，徐僖又转到遵义学习。遵义城被湘江分为两个部分，河的西面是明朝开始建造的老城，河的东面是清末发展起来的新城。老城的城垣年久失修，到处长满了杂草，不过在红花岗与凤凰山的映衬下，依然巍峨雄壮。城里的房子显得破旧，街道狭窄，弯弯曲曲。万寿桥把老城与新城连接起来，如长虹卧波，横跨湘江两岸。听说这桥原本是座木桥，后来用城上拆下来的砖石改建成石桥。新城这边，因为离新建的渝（重庆）筑（贵阳）公路很近，商业繁荣，有林林总总的商铺，大大小小的饭馆，为浙大师生的日常生活提供了不

20 世纪 30—40 年代的遵义城

少方便。

由于浙大在贵州的校舍都属临时借用，所以很分散。在遵义的浙大化工系师生很多，不过平时也很难集中。系上分析化学、有机化学和物理化学三个实验室设在老城里的监护大队部——相当于后来的警备区——仅有的一座楼房内，工程化学实验室是借用新城北门的川主庙，化工研究室位于次东门外，路旁两边分布着许多宗教建筑，有古老的白云寺，殿堂参差，青松掩映，还有传教士创办的基督教堂。化工系的另一处实验室位于凤凰山脚下，山上终年绿树成荫，风景宜人。

这些地方徐僖都去上过课。化工研究室和资料室，

浙江大学工学院实验室

原来是遵义城里驻军所在地，为了迎接浙江大学，驻守部队临时在山脚下新建了几座平房。

在遵义，浙大师生经常要举办一些科普活动，向市民和学生宣传科普知识。抗战时期，化工系鉴于内地中学讲授化学课程不具备实验条件，学生缺乏感性知识，学习困难，效果很差，特地在新城社会服务处举行公开讲解，并当场演示化学实验。中学生参加此项活动后，能获得一些感性认识，加深对化学知识的理解，这对中学化学教学无疑起到了积极作用。这些志愿活动，徐僖都是踊跃参加。有一次，化工系决定举办一次展览会，化工系各实验室与工厂同时对外开放，任人参观。消息传出，各界人士——包括遵义城里的各界精英、官员绅士，还有学校学生、街头商贩以及市民纷至沓来，盛况空前，令参观者大开眼界，一致认为这是一项有意义的活动。遗憾的是，在展览过程中，发生了一件意外事故。原来展览会的消息传出后，电机系也踊跃参加，本来是一件好事，由于抗战期间燃油紧缺，替代所用的油品质量不高，一部内燃机因此发生故障，喷出的火星散落在一间草屋顶上，引起燃烧，顿时浓烟弥漫，火光冲天，而化工研究室近在咫尺，还有系里的资料室也在不远处。正在危急关头，徐僖冲锋在前，和老师们一起把重要仪器和书刊抢运到安全地方。由于抢救及时，实验器材和图书资料没遭到任何损失。

四、含辛茹苦　悉心育侄

在贵州遵义那段艰难的岁月里，由于物质极度匮乏，物价飞涨，浙大师生们的生活异常艰苦，教师待遇菲薄，仅能勉强糊口，有以野菜代饭者，有变卖衣物度日者，当时数学系主任苏步青的两个孩子皆因营养不良而夭折。

徐僖在湄潭读书时，长期受肾病困扰的母亲身体每况愈下，时值日本鬼子对重庆进行狂轰滥炸，徐母经常躲防空洞，夏天防空洞里很冷，外面又很热，一冷一热，经常患伤风感冒。1943 年夏天，徐母病危，徐僖立即赶回重庆探望。当他返回浙大后不久，正在上工业化学课的徐僖突然接到一封母亲病逝的加急电报，徐僖根本无法承受这突如其来的打击，忍不住在课堂上号啕大哭起来。那时候，徐僖在浙大就以孝子出名了。同学们非但不怪他，还十分崇拜这位孝子。

徐僖回重庆探望多病的母亲和年迈的父亲，即将返回学校，徐僖欣然答应了正处在病重中的大哥托付照料他两个孩子徐光禄和徐光祯的请求，将他们一同带到遵义，一方面可以亲自辅导两位侄子的学习，另一方面可以减轻家庭的经济负担。不久，大哥徐俨在重庆病逝，年仅 36 岁，二哥做的小本生意也仅能勉强维持一家人的生计。

徐母的离世使徐僖遭遇了痛不欲生的打击，他强忍住内心巨大悲痛，一面刻苦学习，一面想方设法挣钱维持他和两个侄儿的生活，还要在百忙中抽出时间辅导侄儿学习。徐僖在经济上并不宽裕，他不愿主动伸手向家里要钱，虽然父兄们向徐僖提供了一些学习和生活费用，但根本不够开支，现在又要照顾两个侄儿，徐僖的经济压力可见一斑。为了维持生活，一方面徐僖向学校提出贷款金申请，另一方面利用空余时间自己做肥皂、皮鞋油出售，以接济日常生活所需。为了节约开支，他自己省吃俭用，一件长袍就穿了好几个冬天。徐僖在困难和逆境中学会了坚强，并且一生都保持着乐观向上的精神和勤俭节约的生活作风。

徐僖的一些同学家在沦陷区，经济来源完全断绝了。为此，学校专门设立了很多勤工助学岗位，有保洁员，有修理工，甚至还有湘江边上学校游泳池的救生员。此外，学校还想了其他一些办法来帮助困难同学获得勤工俭学的机会。比如那时邮路不畅，报刊发行时有断绝，而浙江大学自备有无线电台，能够随时接收到国民政府有关抗战的新闻。到 1943 年，物理系束星北[①]教授甚至研制出了一台能收听英属印度广播的接收机（这在当时是了不起的成果，政府甚至因此将他请去研制雷达，后来获得成功）。于是《浙大日报》上每天刊出校情报委员会辑录出来的抗战消息，然后让贫困学生上

① 束星北（1905 年 10 月 1 日～1983 年 10 月 30 日），江苏邗江人。理论物理学家，中国雷达之父。1926 年至 1931 年赴美、欧留学，1932 年 9 月受聘于浙江大学物理系任副教授。1935 年 7 月物理系全体师生因反对校长独断专行，离校。束星北到上海任暨南大学教授兼数学系主任，并兼交通大学物理系教授。1936 年 4 月，竺可桢出任浙江大学校长后，聘请原物理系全体教师、技工回校。束星北也于 1936 年 8 月回浙江大学，翌年升为教授。抗战期间，他随校到贵州遵义、湄潭。1946 年随校复员回杭州，此后曾兼任齐鲁大学和之江大学教授。1952 年，因院系调整，到青岛山东大学物理系任教授，并转向大气动力学研究。束星北先生毕生致力于我国教育、科研事业，有深厚的数学物理基础，讲课富有思想性和启发性，培养了一批优秀的物理人才。他也是我国早期从事量子力学和相对论研究的物理学家之一，后转向气象科学研究。晚年，为开创我国海洋物理研究做出了贡献。

街出售。他们通过这些勤工俭学，多少可以添补一些日常费用。此外，还有一些同学申请了助学贷款。即便如此，由于受战争影响，学校经费有限，尽管部分生活比较困难的师生在教学之余从事一些副业，如制造肥皂、皮革到市场上出售，或做些墨水、鞋油、雪花膏之类的商品放在学校小卖部售卖，但仍然有很多师生生活难以为继。主教物理、化学的吴文棫教授见此情景，毅然决定创办一个工厂来解决师生们的生活困难，李寿恒主任赞成他的意见。工厂很快办起来了，位于遵义新城次东门外，很多学生积极参加，他们到遵义附近收购牛油，又派人到四川乐山五通桥、泸州买烧碱，加工成肥皂出售，既能赚钱补贴困难学生的生活费用，也是化工系学生实习锻炼的好机会。当然，徐僖也曾参与过，并受此启发，产生了自己办厂搞化工生产的念头。

当时遵义市场上的肥皂价格虽不太贵，但质量很差，几乎不起泡沫，而且还时常断货。化工系生产的肥皂质优价廉，在当时大受欢迎。除优先满足本校教职工选购外，剩余部分全部供给当地市场，为化工系解决了不少科研经费问题。除生产肥皂外，工厂还制造过其他一些日常化学用品。

在遵义，生活同样是清苦的。由于物价飞涨，伙食费也成倍增加，“两头望”[①]食店经常是困难师生们光顾的地方，这让徐僖深深地体会到生活的艰辛和不易。

“喂，徐僖，咱们已经多久没吃过肉了？”

“我不记得了，有几个月了吧。”

“要不，我们去吃一顿回锅肉吧！”那个同学是在打趣，吃一顿回锅肉就要半块银元，他们当然承担不起。

“哦，咱们上哪去吃啊？”徐僖也跟着他开玩笑。

“大悲阁旁边的中华楼，怎么样？”中华楼是当时遵义城里一家比较大的餐馆。

“都是动物的尸体，有什么好吃的。”徐僖幽默地回答。

“哈哈……”大家都开心地笑了起来。

他们就这样苦中寻乐，调侃后又各自安心地回教室读书去了。

五、勤工俭学　助贫济困

浙大化工系设在遵义老城区的子弹库。当时办学条件很差，不仅学生穷，老师也穷，化工系有困难的同学

① “两头望”食店是对出售饭馆里客人吃剩的饭菜摊点的谑呼，因为卖的饭菜价格便宜，分量足，味道好，城里下苦力的人喜欢到这里就餐，不少浙大师生也时常光顾这里，但又怕被熟人看见，总是东张西望，故称为“两头望”。

不在少数，徐僖看在眼里，急在心里，他一直在考虑怎样才能帮助这些困难同学度过难关。徐僖头脑灵活，办法很快就想好了。

遵义周围都是山地，山上不适合种粮食，却生长着茂密的树林，除了木材以外，还出产一些林副产品。黔北一带土壤酸性较大，适合酸性土质的马尾松到处都是。马尾松可以分泌出松油，松油干燥后变成松香，可以替代煤油作为照明之用。当时遵义还没有电厂，更没有输电线路，自然也就没有电灯，城里很多人都是点桐油灯过日子。浙大师生主要使用煤油灯，大家把它叫作“美孚灯”，因为煤油大都是从美国美孚石油公司进口而来的。晚上点油灯看书，第二天起床后，鼻孔全是黑黑的。当时后方燃油紧缺，国内正在开采的油田只有甘肃玉门一处，每年产量也不过十几万吨。滇缅公路已被日寇切断，从海外运输燃油只有通过中美联合开通的“驼峰航线”空运，十分危险。而松油在黔北一个县就有几万公斤的产量，可不可以用它来加工成燃油呢？

徐僖买了些松油，到系里实验室去研究。实验室里白天要上课，他就利用晚上时间。一开始，徐僖想把松油直接放在改进过的油灯上点燃，结果发现不行。如果加入某些助剂，会好一点，但又要增加不少成本，所以缺乏实用价值。

松油不是单一化合物，它有四种主要成分，其中三种（α-蒎烯、β-蒎烯和对伞花烃）质地较轻，比较容易燃烧，如果把不容易燃烧的部分（长叶烯）分离出去，问题就可以解决了。徐僖打算用蒸馏裂化的方法完成分离，因为长叶烯的沸点要高得多，只要控制好温度，就可以把它与其他成分分开。

当蒸馏管里的松油加热到摄氏170～180度的时候，冷凝器里收集到了一种淡黄色的液体，比天然的松油要轻，流动性更好。徐僖把这种油状液体收集在容器里，发现它有一种让人愉悦的香气。他把这种物质注入油灯，点燃，成功了，亮度与燃烧煤油没有任何差别，而且成本低，经济实惠，只是不容易充分燃烧，黑烟有点大。不过，徐僖已感受到一种从未有过的轻松和成功的愉悦，这是那个时代徐僖在科学研究领域大胆探索所进行的一次成功尝试。

当时在贵州用松香加工灯油除徐僖外，还有贵阳开明工业社的主任范棠，后来他跟徐僖一样踏上了赴美留学的道路，并学成回国。

徐僖带领同学们加工的松油除自己用以外，还卖给浙大很多师生。虽然松油不容易充分燃烧，黑烟较大，但它非常适合当时浙大很多学生使用的“费巩灯”。当时训导主任费巩自己出钱订制一种土油灯，系用市面上出售的铁筒改制而成，很受师生欢迎。徐僖加工的松油很畅销，每月可收入数十元，这大大改善了困难学生的生活。后来徐僖读了研究生，专注于学术，就把这项勤工俭学的工作交给其他同学去做了，自己所得的一份报酬，徐僖又用来资助比他更困难的学生。

徐僖无私帮助困难同学，得到了化工系师生的高度赞扬。他一边勤工俭学，一边认真学习，成绩在班上一直名列前茅。

六、品学兼优　卓有才能

抗战时期，在遵义城相对安定的环境里，浙大师生可以专心致志地读书，安心治学。

徐僖为人正直，待人诚恳，正义感极强。特别是他喜欢钻研学问，埋头读书，成绩优异，是全班公认的品学兼优的才子，得到了当时系主任李寿恒和化工系教授苏元复的重视，他们介绍徐僖参加了浙江大学化学工程学会（化工学会），并担任干事。徐僖积极参与组织学术活动，在 1943 年 3 月至 1945 年 1 月期间，徐僖就曾协助学会负责人组织过几次大型学术研讨会，其中一次学术报告由西南联大一位知名教授讲化学分析，另一次学术报告是有关冶金方面的讲解。此外，徐僖还以化工学会的名义组织本系学生去兵工厂参观。当时学校的学习风气相当浓厚，在化工系的带动下，其他各系也纷纷成立了许多类似的学会，如电机工程学会、机械工程学会、土木工程学会等等，各种各样的学习报告会办得热火朝天。由于贵州地理位置偏僻，很难请到校外的著名学者，因此报告人基本上是以本系专业老师为主。徐僖还被同学们选举为班上学生自治会主席，对于同学们委任他的工作，他总是认真负责地去完成。这期间，他常到学生自治会开会，每次回到班上，他都要向同学们传达开会的内容，并主动为同学们办实事。

1944 年 7 月，徐僖从浙大化工系毕业，顺利获得工学学士学位。在毕业前夕，浙大学生会举办了一次别开生面的毕业生联欢晚会。为了方便毕业后同学们之间的联系，于是化工系成立了自己的校友会——“永社”，成立之时有成员 30 余人。当时徐僖即将留校攻读研究生，于是大家一致推举他作为在校联系人，徐僖非常爽快地答应了，他认真负责，将毕业同学的工作单位和通讯地址汇编成《永社通讯》寄发给大家。

第六章　土特产中的新发现

一、师承侯毓汾　结缘五棓子

在浙江大学求学时，徐僖遇到了一位可钦可佩、德高望重、对他一生都产生重大影响的恩师，那就是我国著名染料学创始人、染料化学家侯毓汾。

侯毓汾（1913～1999），江苏无锡人，生于1913年8月11日。1935年毕业于大同大学理学院化学系，1937年于南京金陵大学化学研究所研究生毕业，随即赴美留学，1939年获美国密歇根大学化学硕士学位。归国后历任浙江大学、唐山交通大学教授。在她的带领下，浙大精细化工系在全院最早开展了科研工作，首先研制成功了蛋白质纤维用的长碳链弱酸性染料。建国后，历任东北工学院、大连工学院教授，中国染料学会第一届理事长。侯毓汾教授是一个中国旧社会中非常优秀的才女。她从小热爱科学，献身科学，终身未嫁。半个世纪以来，侯毓汾教授一直从事染料化学及工艺学的教学和科研，系统研究了含长碳链高级酸性染料、丝绸染料、分散染料等，撰有《天然纤维、合成纤维和混纺织物用活性分散染料的研究》等高水平学术论文，主编《染料化学及工艺学》、《染料化学》、《活性染料》等。曾多次主持编写全国统一专业教材，取得了具有开创意义的成果，为国家培养了一大批染料领域科研、生产技术骨干人才。自 1958 年起，侯毓汾重点研究活性染料及活性分散染料，先后开发和研制出了各种活性基的活性染料新品种，为我国活性染料的研制、开发和生产运用做出了重大贡献。20 世纪 80 年代初，她又承担国家科技攻关项目“丝绸用染料的研究”，经过潜心研究，有了新的突破，成为世界上用天然物质五棓子[①]研制活性染料第一人，为中国研制了许多具有自主知识产权的新产品，对提高丝绸产品的质量做出了巨大贡献，为此她荣获全国科学大会奖三项及国家教委科技进步二等奖。1992 年当她 80 岁高龄时，将自己一生积蓄的 3 万元设立奖学金，旨在鼓励年轻人为中国染料化工事业做出贡

① 五棓子，即五倍子，徐僖以五倍子作为原料制成棓酸塑料，将“五倍子”改称为“五棓子”。为使全书名称划一，皆统称为“五棓子”。

徐僖（中）与恩师侯毓汾教授（左）合影，右为照顾侯先生的孙老师（1983 年 福州）

献，并将珍藏的 300 多册图书资料全部捐献给学校图书馆。1999 年 9 月 10 日因病逝世，享年 86 岁。

1943 年 3 月至 1944 年底，侯毓汾老师在贵州遵义浙江大学化学系工作。1943 年 9 月至 1944 年 8 月，她主讲化工系四年级几门主干课程。1943 年下学期，她在徐僖班上讲授《化工文献报告》，侯老师对徐僖的印象很深，在她眼里，徐僖沉稳踏实，是一位用功读书、勤于钻研的好学生。侯毓汾老师非常喜欢徐僖这位只比她小 8 岁的学生，把他当亲弟弟带。徐僖在她的引导下阅读了很多文献，还将这些文献拿到课堂上与同学们进行交流。徐僖平时经常到侯老师住处，带上自己的读书笔记和所写的心得体会向侯老师请教，一起讨论学习和研究中遇到的各种问题，并在侯老师的指导下开始从事五棓子染料研究。

1944年夏，徐僖大学本科毕业，在侯老师的建议下，决定留校攻读她的研究生，继续从事五棓子染料研究。徐僖非常尊重恩师，他说，没有侯先生，就没有他后来的一切。

五棓子是漆树科盐肤木的虫瘿，是我国西南川黔山区的土特产，其中贵州遵义是西南五棓子主要产区之一。而五棓子对这里的农民来说，带给他们的却不是福，而是无尽的祸害。在国民政府需要的时候，就用极端手段胁迫农民不分男女老幼上山采集，然后尽量压低价格收购，卖到国外。但在平时他们不需要的时候，对于身背五棓子沿街求售的农民们则不闻不问，“棓子害我一辈子”，“作孽五棓子”，成了善良农民伸冤无门的呐喊，这种凄凉的景象深深地触动了徐僖。向来正义感极强、扶贫济弱的他希望能通过自己所学的知识对五棓子加以研究和利用，以期改善当地农民凄惨的境况。徐僖在跟从侯毓汾老师潜心研究五棓子试制棓酸染料的过程中，发现五棓子含有大量五棓子单宁，水解后可获得3，4，5-三羟基苯甲酸。徐僖设想如果能将3，4，5-三羟基苯甲酸通过脱羧制取1，2，3-苯三酚，再同醛进行聚合反应，就可作为制取塑料的原料。当时，我国石油缺乏，石油化工还是空白，市场上的塑料制品都是“洋货”，如果从利用五棓子这一川黔丰富的土特产资源入手，逐步创建我国自己的塑料工业，不仅有利于我国现代工业的发展，同时也是苦命农民的福音。想到这里，徐僖立即着手研究工作，他的本科毕业论文便是关于从五棓子提取棓酸以及由单宁制取棓酸方面的研究。虽然徐僖已经做出了一些研究成果，但他知道，这离创建我国自己的塑料工业还有很长的路要走。1944 年，侯毓汾系统分析了五棓子的化学成分，并将一些物质提炼出来做染料。那时，在贵州、四川流行的黑色衣衫，就是用五棓子染料印的，不脱色，侯毓汾以五棓子试制棓酸染料获得初步成功。在棓酸和甘油试制中制造出具有可塑性能的塑料，这在当时科研条件十分简陋的条件下取得如此大的成就是非常了不起的成就。侯毓汾教授听了徐僖关于用五棓子研制酚醛塑料作为研究生论文的意见，非常高兴。她不希望学生重复自己的研究，她希望自己的学生有创见，青出于蓝“异”于蓝，更希望自己的学生“青出于蓝胜于蓝”。师生二人经常一起讨论学术，共同钻研。

在徐僖读本科时，就积极协助侯老师在遵义老城王家祠堂内租了几间空房，买了十几个大桶和几个当地居民烧水用的土铁锅，用来制造黑色和棕色棓酸染料，准备供给当地丝绸厂使用，他们给这个小作坊起了个名，叫“遵义宝鼎颜料厂”，侯毓汾任厂长，徐僖任工程师。

生产五棓子的盐肤木

师徒二人筹建染料厂的目的，不是为了增加个人收入、改善日常生活，而是为了创造长期进行科学研究的有利环境。他们原来打算把每一个时期的经营盈余都用来购买实验设备和必要的图书资料，由于师徒二人潜心学术研究，缺乏营销经验，不但没有盈余，反而还亏了本。这样一来，他们不得不省吃俭用，想方设法将这项研究工作继续搞下去。

二、唐山交大　师徒聚首

1944年12月2日，日军沿黔桂铁路进攻至贵州独山，贵阳告急，省政府下令紧急疏散，逃难的人群像潮水一般涌向遵义。国立浙江大学所在的遵义和湄潭又处在战争前沿，局势顿时紧张起来。

日军占领独山后，竺可桢及时发电报给国民政府教育部，要求指示应急办法，并拨发应急费用。但得到的回复却出人意料：国立浙江大学撤销，合并到中央大学，全体学生从军。部分学生听到这个消息，准备向子弹库借枪支去四郊打游击，战争把经历了五次搬迁的国立浙江大学推到了濒临解散的绝境。12月11日下午，竺可桢拨通了国立浙江大学浙江龙泉分校校长陈叔谅的电话，请他通过国民党中央政治会议副秘书长陈布雷说服蒋介石保留浙大。在陈布雷的努力下，蒋介石同意了竺可桢的请求，浙江大学得以保全，但学校教学和科研工作已陷入全面停顿，无法继续开展下去。

由于形势紧迫，1944年12月，侯老师带上徐僖的两个侄儿先行离开遵义，应聘到唐山交通大学工程学院，师生二人共同研究棓酸染料的工作就此中断。1945年1月，浙江大学停课，徐僖也不得不中断在浙大的研究生学习生活回到重庆。回到重庆后，徐僖听说当时国民党政府出台了提倡科学、奖励发明的相关政策，便将在遵义期间辛苦完成的实验报告送往国民政府资源委员会请求资助。但令人气愤的是，他们对徐僖送去的报告不但一字未看，反而出言相讥："五棓子做研究，简直是在钻牛角尖。"他们的态度完全出乎徐僖的意料，这使徐僖一方面看到了这些人的愚昧和对科学的无知，另一方面也感到自己的无助。从此，徐僖也不得不忙于找工作，而把成为一名企业家和慈善家的梦想深深地埋在心底。

1945 年 2 月，侯毓汾正式赴内迁到四川永川县壁山丁家坳的交通大学唐山工程学院矿冶系工作，当时，交通大学师资力量极度缺乏，化学方面的课程完全由侯毓汾一人承担，工作十分繁重，迫切需要聘任一名助教。这时，侯毓汾首先想到的是徐僖，并向学校领导提出建议，让这位年轻人来交大工作，共同承担冶金系普通化学和理论化学的教学任务，学校领导爽快地同意了。徐僖非常高兴地接受了唐山交大的聘任书，并感谢侯老师的大力推荐。后来，侯老师病重，徐僖一边精心照顾患病的恩师，一边独自承担起繁重的教学任务。

壁山丁家坳是个偏僻的乡镇，在那里有不少苦命的农民。徐僖非常同情他们的境遇，一有空闲，就帮助农民做一些力所能及的劳动。1945 年 4、5 月间，有位姓金的浙大校友到重庆找工作，因暂时找不到住处，就在徐僖位于交大白鹤林的宿舍里住了半个月。同学们都很信任徐僖，有困难都愿意请他帮忙，而徐僖也从不拒绝别人的求助。

1945 年 8 月，日本宣告无条件投降。9 月 2 日，日本正式签订投降书，历时八年的抗日战争以中国人民的伟大胜利而宣告结束。当时正值暑假期间，交通大学准备回迁天津复校，徐僖感到北方人地生疏，父亲和兄嫂又都在重庆，不愿随校离开四川，因此没有接受该校颁发的下一学年聘书。尽管徐僖没有继续在交大任教，但“饮水思源”的校训却深深地影响着他。

三、离职“行总” 从教光大

徐僖在西安交通大学饮水思源校训前
(1985 年 西安)

1945 年 7 月徐僖离开唐山交大以后，在重庆先后报考过考试院（化工）和中央信托局（银行）职位，但都没有音讯。在此期间，他频繁更换工作，曾先后在 6 个单位工作过，最长工作了几个月，最短只有几天便离去。迫不得已，徐僖只得向在上海的姐夫张祖培求助，希望他能在上海帮自己找一份工作。然而事情并不如想象的那样顺利，姐夫在上海帮徐僖谋职未成，便随信介绍徐僖去重庆教育部找他的同学翁之达想办法。1945 年 9 月初，翁之达又介绍徐僖去找他好朋友的弟弟张元伦，当时张元伦任善后救济总署专门委员，也是从浙江大学毕业，听说与徐僖是校友，便爽快地答应了，介绍徐僖进入位于重庆大田湾附近的善后救济总署交通厅运输组任科员。

国民政府善后救济总署是联合国善后救济总署在中国的分支机构，联合国善后救济总署（United Nations Relief and Rehabilitation Administration，缩写为 UNRRA，简称“联总”）是第二次世界大战期间创建的临时性国际组织之一。“联总”在中国的工作从其规模来看是全世界最大的。1945 年 1 月，国民政府设立行政院善后救济总署（简称“行总”，英文缩写为 CNRRA），代表政府作为联总的对应机构，负责接受和分配联总提供的救济物资。行总的总部最初设在重庆，后来迁往南京。徐僖到善后救济总署工作时，总署才成立几个月，而交通厅运输组则刚刚成立。

整个运输组总共才四五个人，没有化验设备，条件十分简陋。该组组长刘宝元吩咐徐僖尽快熟悉有关运输方面的业务，准备以后担任运输管理和油料化验工作。由于运输组刚成立，一间小屋内除桌椅外别无所有，徐僖每天签到便走，或带书去看。在工作期间，他曾给浙大的老师侯毓汾写过一封信，托她帮助借一些参考书籍，尤其是有关我国资源方面的图书，以便打发枯燥乏味的工作。徐僖在这里工作了近一个月，发现没有什么事情可干，还白白耗费许多宝贵时间，到后来基本上就没去上班了。当时徐僖姐夫张祖培在上海也多方托人，替徐僖联系工作。该年 9 月底，徐僖从重庆救济总署调到南京救济总署工作。1946 年 1 月，徐僖收到复员到南京总署工作的通知。经过一个月漫长的候机等待，徐僖才离开重庆，到了老家南京。徐僖回到南京后，并没有立即到南京救济总署报到，而是第二天乘火车去了上海。到上海后大约数周，通过姐夫介绍，徐僖被聘任到上海光华大学担任讲师，负责一年级新生《普通化学》课程的教学任务，并指导学生实验课程。为了能按时到校上课，徐僖不得不提前一个小时从虹口住处步行到三马路证券大楼的四楼（当时光华大学上课地点）。随后，徐僖找到张元伦，请他代为辞去南京善后救济总署的职务。

1946 年，张元伦调任位于上海武定路的交通部上海材料储运处当处长，曾找徐僖去兼职。当时徐僖教学工作量非常繁重，由于光华大学教师待遇很低，徐僖一个月的教薪仅为伪法币八九万元，还比不上有钱人家雇佣洗衣煮饭的女工收入。为了生活，他不得不在完成光大教学任务的同时，另在上海渠规中学兼任数学教员。为了能帮上朋友的忙，以感谢张元伦曾经给予的帮助，徐僖毅然辞去了中学兼职，前去协助朋友，担任交通部上海材料储运处材料管理员，集中精力做好器材中英文名称的翻译工作，不定期处理相关英文信件。工作一段时间后，徐僖忙于中华教育文化基金会的应征论文，向张元伦说明情况，便很少去上班了。

四、相濡以沫　终身伴侣

1947 年底，姐姐和姐夫将一位美丽大方、贤淑文静的上海煤业义务小学教员瞿光楣介绍给徐僖做女朋友。姐夫曾在这个小学当过校长，连姐夫都不知道，他的学校是中共地下党的联络站，瞿光楣是地下交通员。早在抗战胜利前，瞿光楣曾在上海乐华小学任教员，住在武胜路仁济育婴堂内，当时经常有一位矮个子女同志到仁济育婴堂找瞿光楣秘密交谈，这位女士就是当时中共地下党员。后来通过同事王兰芬同志介绍，瞿光楣又认识了在金城银行工作的地下党员王良才等人。1942 年，瞿光楣通过王良才同志介绍，光荣地加入了中国共产党地下组织。后来，瞿光楣不止一次地向徐僖讲起自己年轻时候的革命理想，希望徐僖也申请加入中国共产党。

抗战期间，瞿光楣父亲随国民政府内迁，一家十几口仍留在上海，他们的生活费与光楣弟妹们的读书费用主要靠光楣在小学教书以及她大姐（大楣）、三妹（明楣）在育婴堂担任护士的微薄收入来维持，生活过得异常艰辛。瞿家当时住在城桥一家棉花铺楼上的亭子间内（今上海老西门梦花街近圣坊13弄4号），徐僖经常到她家里“取温暖”。瞿光楣有姐姐一人，弟妹七人，弟妹们对徐僖非常敬重，亲切地称他为“阿哥”，这使徐僖感到十分高兴。瞿光楣与徐僖认识后，彼此真心相爱，情投意合，在姐夫的操办下，举行了一个非常简朴的婚礼。从此以后，夫妻二人相濡以沫，同甘共苦。在以后的数十年里，为了徐僖的学术事业，瞿光楣默默地奉献了她的一生，他们的感人事迹，至今传为佳话。

1947年2月，徐僖和瞿光楣在沪结婚后，住在上海北四川路横滨街附近的一个里弄里。此时，徐僖大嫂和她的三个儿子（光祺、光禄、光祯）以及徐僖二哥前妻留下的儿子徐光祐都先后来到上海，与徐僖夫妇生活在一起。光楣那时在光华大学图书馆工作，为了能获得额外收入，她经常争取加夜班，而徐僖也不得不暂时缩短自己的科研时间，前往中学代课，以减轻生活上的压力。

当时，沉重的生活负担压得夫妻二人喘不过气来，真似到了一种山穷水尽的地步，徐僖不得不拼命地工作，养家糊口。由于当时国内研究水平和实验设备都很落后，徐僖根本无法测定五棓子塑料的分子结构，他很想寻找出国深造的机会，利用国外先进的实验设备验证自己的假设。

机会终于来了，1946 年初夏，徐僖在上海报考了教育部留学考试。同年暑假，徐僖向浙江大学索取了自己在校学习期间的成绩单，主动与美国宾州李海大学（Lehigh University）取得联系。李海大学非常欢迎徐僖来该校化工系攻读研究生，并寄发了录取通知书。但当时出国需要自备外汇，这对徐僖来说是根本不可能办到的，他不得不遗憾地放弃了这次宝贵的留学机会。

第七章　远涉重洋

一、把握机遇　实现理想

1909年，美国出于自身利益以及发展长远中美关系的需要，决定退还根据不平等的《辛丑条约》中从丧权辱国的清政府那里勒索到的巨额战争赔款，以此作为派遣中国留学生赴美留学之用，史称“庚款兴学”。赔款的第一批约占全数的三分之二，已于清光绪34年退还。1925年，美国第68次国会会议通过议案，决定继续退还余留的庚款给中国，共有12,545,000元，在20年内分批退还。中美两国政府协商决定，设立专门的基金董事会，作为保存和支付这些款项的机构。同年，国民政府特派颜惠庆、颜维均等15人作为中华教育文化基金会第一批董事。后来任基金会董事的都是教育文化界的知名人士，如蒋梦麟、翁文灏、蒋廷黻、任鸿隽等。中华教育文化基金会管理并使用美国退回中国的庚子赔款，作为文化教育事业的基金。此项基金除补助一些科研单位和学校购置图书、采购仪器设备外，还可以资助中国学生赴美进修、颁发奖学金等。自此以后，由庚款派送留美学生人数多达2000人以上。出国进修是由本人向基金会提出申请，基金会委托有关学科专家进行严格审查，对申请人已有学业成绩、业务水平和研究能力进行综合评价，再交由基金董事会进行讨论，最终确定人选。

1947年5月，中华教育文化基金董事会在上海登报公开招考庚子赔款留美公费生，主持人是任鸿隽。这次出国留学的专业方向和名额分别为：塑质化学（即塑料化学）1名，物理1名，医学1名，农学1名，天文1名。当徐僖看到这条消息时，顿时兴奋不已，这是一次难得的机遇，徐僖立即准备前往应试，并将大学毕业文凭、大学毕业后工作两年以上的证明文件和论文送交该会审查。徐僖送交的论文是《从国产五棓子提取单宁由单宁制取棓酸以及由棓酸制造塑料的研究报告》，报告中有关从五棓子中提取棓酸以及由单宁制取棓酸的部分是徐僖在浙江大学读书期间撰写的本科毕业论文，是在侯毓汾老师精心指导下完成的，有关塑料部分也是徐僖在读浙江大学时所取得的阶段性实验成果。当时中华教育文化基金董事会对国外科学研究员规定的义务有：一是每三个月向该会报告研究工作情况一次，经审查后如果认定其工作进行无望时，将停发其补助金（《中华教育文化基金董事会国外科学研究员补助金全规程》第10条）。二是研究或实习期满时，将工作结果，包括论文或专门报告送交该会。论文出版须先经该会同意，出版品上应载明“中华教育文化基金董事会研究员报告”字样，赠送该会10本样书（《中华教育文化基金董事会国外科学研究员补助金全规程》第11条）。

徐僖通过严格考试，在众多竞争者中脱颖而出，获得了赴美国李海大学留学的资格。同年7月，徐僖接到了录取通知书，盼望已久的愿望终于实现了，激动的心情久久不能平静。中华教育文化基金会董事会干事长任鸿隽的推荐信是这样写的：

THE CHINA FOUNDATION

FOR THE PROMOTION OF EDUCATION & CULTURE

ROOM 406, 45 KIUKIANG ROAD

SHANGHAI TELEGRAPHIC ADDRESS

DIRECTOR'S OFFICE EGNLISH CHINAFOUND

July 31, 1947

To Whom This May Concern:

This is to certify that Mr. Hsu Hsi（徐僖）has been awarded a scientific research fellowship abroad for 1947-48 by the China Foundation，with an annual stipendiary allowance of US$3,000 covering living，tuition，passage and incidental expenses. Mr. Hsu is interested in the field of the Science of plastics and intends to carry out his proposed work in some America institution of recognized standing. Any assistance extended to Mr. Hsu in connection with his studies will be greatly appreciated.

H. C. Zen

Director

徐僖在接到录取通知书后，还必须进行严格的身体检查，合格后方能赴美留学。徐僖虽然身体瘦弱，但体质较好，顺利地通过了体检。

1947 年 9 月 5 日，上海《申报》及《大公报》刊登了中华教育文化基金董事会派 5 名学员赴美从事科学研究的消息，徐僖是其中之一。当时《大公报》原文如下：

中华民国三十六年九月五日星期五（第二张）

［本市新闻二］中华教育文化基金会派研究生赴

美，研究期间暂以一年为限。

[**本市讯**]中华教育文化基金董事会，设立国外科学研究补助金，历有年所，我前派送国外深造的科学工作人员数在二百人以上。抗战期中，以经费及交通关系，此项办法暂归停顿。复员后，鉴于国家建设事业需才孔亟，爰于本年春间，由董事会决定，在该会经济情况许可之范围内，恢复国外科学研究补助金办法。本年指定核给之科目为：土壤保持学，肥料学，电子学，塑质化学及放射学（医），每科一额。本年申请此项补助金者约五十人，申请文件经分别送请专家审查，并经董事会根据审查意见，决定当选人五名，均已在办理出国手续，兹将当选人名单，研究题目及地点分类如后：

熊毅：土壤保持之理论及实验（米梭瑞大学）

黄达河：重磷肥料之制造及应用（T.V.A）（作者注：即田纳西河流管理局）

王天春：调速电子管及磁控电子管用作超高频振荡器及其频率控制与放射机械之研究（意利诺理工大学）

徐僖：以五棓子制可塑体法（李海大学）（作者注：即里海大学）

陈仁烈：X光与高能量粒子医疗效能之比较研究（加利福尼亚大学）。

与徐僖一同出国的有熊毅①、黄达河、王天春、陈仁烈②，他们都怀着一颗炽热的爱国之心，远涉重洋，希望通过自己不懈的努力为祖国科学事业的发展做出贡献。

二、远涉重洋　负笈求学

在接到录取通知后，徐僖自行办理了李海大学的入学手续。8 月底，徐僖带上出国护照和身体检查表在美国驻上海入境签照处办理了签照手续，并在国民政府教育部和外交部办理了出国手续。1947 年 9 月，徐僖怀着创建中国塑料工业的梦想，告别了家人，告别了祖国，乘阿尔德轮号离开上海去美国留学，准备利用美国实验

---

① 熊毅（1910 年 4 月 13 日～1985 年 1 月 24 日），著名土壤学家，中国科学院学部委员，我国土壤胶体化学和土壤矿物学奠基人。贵州省贵阳市人。1932 年毕业于北京大学农学院，获学士学位。1947～1949 年在美国密苏里大学（即米梭瑞大学）学习，获硕士学位，1951 获美国威斯康星大学博士学位。在土壤物理化学、土壤矿物学、盐渍土改良、土壤发生学、土壤肥力和土壤生态学研究方面有较深的造诣。在黄淮海平原的治理工作上做出了重大贡献。

② 陈仁烈（1911 年 2 月～1974 年 9 月），湖北江陵人。著名物理学家、物理教育家。1947～1951 年在美国南加利福尼亚大学物理系学习研究、获哲学博士学位。40 年代末，50 年代初曾从事 β 谱研究，在南开大学物理系教学和科研领导工作中做出了重要贡献。他编著的《统计物理引论》一书，再版了两次，为全国许多物理系采用。

徐僖赴美乘坐的轮船（1947 年 上海）

徐僖（正中）上船前留影（1947 年 上海）

室设备继续开展相关研究工作。

轮船从上海出发，经过一个多月的艰苦航行，终于抵达美国旧金山。徐僖下船后，立即赶往李海大学报到，开始了他在李海大学化学化工系研究生的学习生活，继续从事五棓子塑料的研究。

李海大学是一所私立研究型大学，位于美国东部宾夕法尼亚州费城以北 70 英里的伯利恒市①，由实业家艾

① 伯利恒（Bethlehem，Pennsylvania）美国宾夕法尼亚州东部的工业城市，在费城以北 74 公里处，临特拉华河支流利海河，人口 7 万（1980），是该州第八大市（镇），李海谷第二大城市。1741 年平安夜，来自德国萨克森的摩拉维亚会教徒建立了伯利恒，并以耶稣基督的出生地白冷为其命名。1917 年设市。伯利恒是钢铁工业中心之一，有美国著名的伯利恒钢铁公司，此外有化学药品、纺织品、食品、水泥、家具、涂料、电气等工业。创办有李海大学（建于 1865 年）和几个研究所。

如今美国李海大学校园一角

萨·帕克于1865年创建，后来发展成为一所以工程科学闻名的综合性大学。

在李海大学学习期间（1947年10月～1949年1月），为节省开支，徐僖住在校外伯利恒钢铁厂烧锅炉的老夫妇家中。由于徐僖勤快，常做家务，与房东关系非常融洽。徐僖除了吃饭、睡觉、做家务以外，包括假期在内，把自己的全部精力都投入到五棓子塑料的研究中，平时很少离开实验室，除了与他的指导老师马克和有机化学教授斯摩尔保持密切学术交往以外，徐僖很少和其他人来往。在该校留学生中，中国留学生总共不到10人，分散在电机、机械、化学化工、地质、冶金等系，除了大家偶尔在中国餐馆一起聚餐外，平时很少会面，就连伯利恒城的中国同乡会徐僖都没有时间参加。当时李海大学化学化工系本科学生及研究生共有二三百人，仅徐僖一人来自中国。徐僖平时非常用功，少言寡语，同学们常以《我只认识苏嬉》一歌来反衬徐僖生活的呆板[①]。由于徐僖刻苦好学，老师对他的印象特别好，加上他的指导老师对棓酸也很感兴趣，于是经常在一起讨论学术问题，徐僖从中了解到不少西方前沿科技信息，大大开阔了学术视野，为他以后进行相关研究打下了良好基础。

徐僖在浙江大学时，几乎每晚读书或做实验都要熬到深夜，这对他的身体造成了很大伤害。在办理出国留学手续前，徐僖就已经患有严重的沙眼病，还住院开刀治疗过一段时间。徐僖来到李海大学后，更是废寝忘食、夜以继日地学习，由于过度疲劳，他的右眼时常充血。但身体上的病痛并没有使徐僖放慢学习的节奏，挑灯夜战依然是徐僖的家常便饭，不为别的，就是为了尽快创建属于中国人自己的塑料工业。

1947年赴美留学时，他购买了30多公斤五棓子，打在行李包里，带到了美国李海大学，利用美国实验室设备继续开展当年设想的课题研究。一年后，徐僖的付出终于有了回报，他以理论分析和实验结果证实了自己的设

① 据说苏嬉是一个非常活泼、天真的女孩子，与徐僖的名字英文发音相同。

想，并在实验室测定了这种塑料的化学结构。通过1，2，3-苯三酚与糠醛的缩聚反应，制得可与苯酚-甲醛塑料媲美的五棓子塑料（1，2，3-苯三酚糠醛塑料），出色地完成了硕士论文，顺利获得李海大学科学硕士学位。这篇硕士论文至今仍保存在美国李海大学图书馆里，这是一篇整整28页的论文，全部用英文写成。写这篇论文时，徐僖才27岁。2000年，徐僖在主持完一次学术年会后，受到国际高分子领域知名专家Sperling先生的盛赞。会议期间，这位美国学者与徐僖攀谈了起来，得知他们都是李海大学的校友，只不过徐僖在攻读硕士学位时，Sperling先生还是一名高中生。Sperling先生回国后，立即到李海大学查阅了50年前的学生档案，特地将徐僖的硕士论文找了出来，扫描后发给了徐僖。在给徐僖的信中，Sperling先生充满敬意地评价道："……它真是太优秀了，我把论文给周围的人看了，没有人会想到在那么早以前，李海大学就有人对聚合物进行了出色的研究。该文查阅的文献最早追溯到了19世纪，

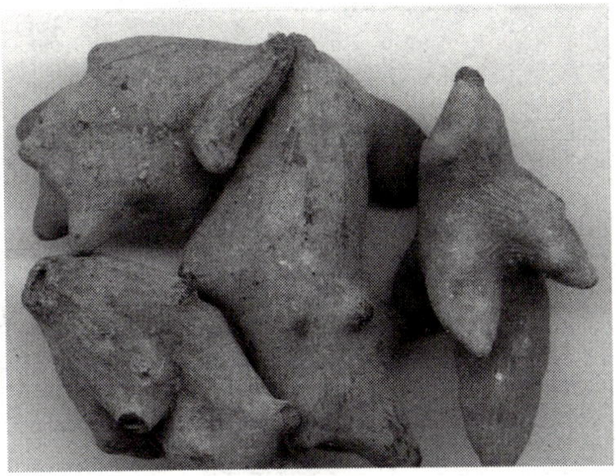

五棓子

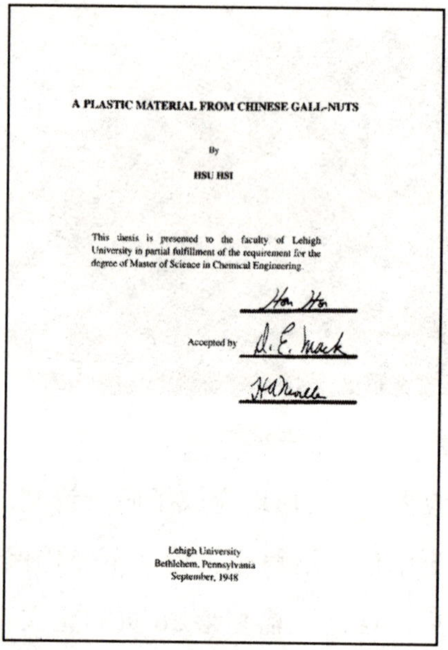

A PLASTIC MATERIAL FROM CHINESE GALL-NUTS

By

HSU HSI

This thesis is presented to the faculty of Lehigh University in partial fulfillment of the requirement for the degree of Master of Science in Chemical Engineering.

Accepted by

Lehigh University
Bethlehem, Pennsylvania
September, 1948

徐僖硕士学位论文，摘自《徐僖院士文集》

这些文献直到现在都非常有价值。”多年后徐僖再看这篇论文，依然对它爱不释手。就是这篇论文，引导他从此走上了科学的漫漫征程。

1948年12月，徐僖获得硕士学位，他的导师希望徐僖留下来继续攻读博士学位，还为他安排了条件优厚的工作。徐僖非常感谢导师，也愿意继续深造，但他内心始终牵挂着灾难深重的祖国，于是谢绝了导师的盛情挽留。对于徐僖来说，那时他最想做的是希望获得生产经验，为以后创建塑料工业奠定基础。为了深入生产第一线，及时掌握关键技术，积累实际工作经验，徐僖毅然放弃了继续攻读博士学位的机会，立即向中华教育基金董事会写了一份书面报告，并寄回试验产品。中华教育基金董事会同意徐僖在李海大学从事科研工作告一段落后，深入到工厂进行调研实习。

当时美国并无以五棓子为原料制造塑料的工厂，而一些合成树脂工厂由于保密原因，又不同意接受徐僖前往实习。徐僖曾于 1948 年 10 月至 1949 年初向 20 余家工厂毛遂自荐，发出请求，希望他们能提供实习机会。最初一些工厂从他的学习成绩看都同意接受，但得知他是中国人时，这些工厂都婉言拒绝了他，这让徐僖倍受打击，但也更加坚定了他创建我国塑料工业的决心。

1949 年 1 月，经国民政府经济部资源委员会介绍，徐僖到美国伊士特曼柯达公司精细药品车间实习。驻美代表办事处训练处处长欧阳藻为中华文化教育基金会董事会研究员徐僖致电伊士特曼柯达公司，虽然徐僖不是

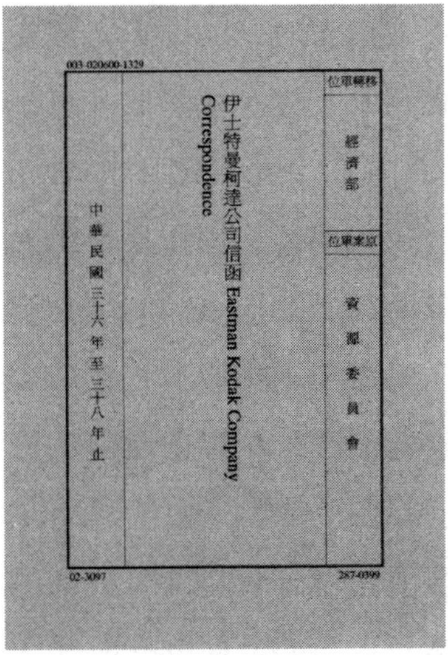
003-020600-1329
移轉單位
經濟部
原案單位
資源委員會
伊士特曼柯達公司信函 Eastman Kodak Company Correspondence
中華民國三十六年至三十八年止
02-3097
287-0399

《伊斯特曼柯达公司信函》(1947 年)

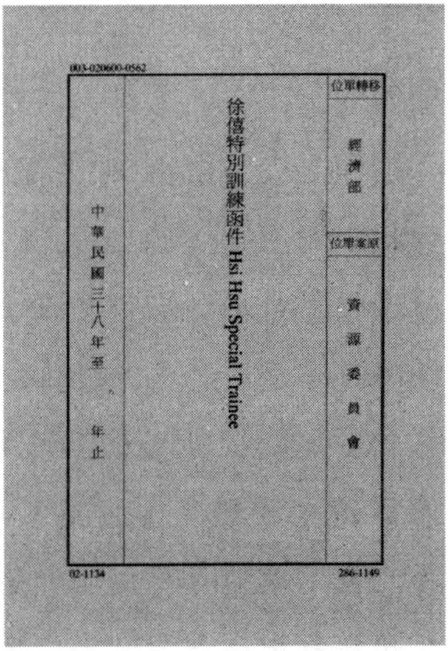
003-020600-0562
移轉單位
經濟部
原案單位
資源委員會
徐僖特別訓練函件 Hsi Hsu Special Trainee
中華民國三十八年至　年止
02-1134
286-1149

《徐僖特别训练函件》(1949 年)

资源委员会派遣赴美实习工程师，但希望能为其安排实习机会。他的导师马克教授也极力推荐并担保，加上柯达公司一位华侨帮助，徐僖得以顺利地来到纽约州诺切斯特城柯达公司精细药品车间进行实习。

柯达公司不仅生产照相器材，而且也是美国有机化学药品、合成树脂、塑料制品的制造商之一。柯达有机合成工厂生产的棓酸、焦棓酸和糠醛都是制造塑料的重要原料，这与徐僖从事学习和研究的内容密切相关。徐僖在厂里实习期间，很希望能在这里学到一些实际生产经验和生产技术，然而当他满怀信心地进入柯达公司以后，并不是预想中的那样自由。他刚一进厂，就看到厂内到处贴有“禁止通行”或“禁止入内”的标识。该厂把徐僖划入有色人种，待遇同黑人一样，徐僖每天进出厂门时，门卫都要对他进行严格的全身搜查，平时吃饭、上厕所都不能与白人在一起，使得徐僖在精神上受到了极大打击。最初两三个星期，徐僖从事的完全是打杂的体力活，和工人们一起开电瓶车运送原料、包装产品、各研究室所用干冰和领收药剂等，这样的实习让徐僖觉得很苦恼。但为了实现自己的梦想，徐僖忍辱负重，在厂里抢着干活，他想利用边做杂工边跟班劳动的机会认真观察学习。为了多学一点东西，徐僖有时一天上两个班。在该厂期间，他大部分时间都在有机合成工厂里实习，在塑料部门（醋酸纤维、醋酸纤维薄膜和软片的成型产品检验）大约跟了10次班，连最基本的化工基础操作流程都无法接触到，这样的实习很难有收获。所幸的是徐僖英文很好，在教会中学读书时他就经常和同学们一起用英语轮流演讲，所以徐僖的口语说得非常流利，聪明勤快的徐僖很快就与厂里的工人们建立起了良好的关系。在彼此熟悉之后，他利用难得的机会进行了一些简单的化工基础流程操作，从中积累了一些实践经验。白天上班时，徐僖把自己所见所闻都记在心里，下班出厂后便将这些心得一点一滴地记入笔记本中。为了将自己的实习心得长期保存下来，徐僖还特意买了一台英文打字机，白天在厂里实习，晚上回到住处后，立刻用打字机将这些内容记录下来。通过实习，徐僖掌握了部分国外先进设备的基础操作流程，这为后来创建中国塑料工业积累了重要经验，尤其在重庆创建棓酸塑料厂时起到了重要作用。后来徐僖启程回国，途经香港，受到百般阻挠，他宁愿舍弃全部行李，也要带上这一小箱资料和一台打字机，因为这箱资料凝聚了徐僖在柯达实习期间的全部心血。

在徐僖实习期间，经常收到爱人瞿光楣的来信，她一方面告诉徐僖国内解放战争节节胜利的喜讯，同时也希望丈夫能尽早回国与家人团聚，迎接新中国的诞生，把所学的知识献给祖国和人民。

1949 年 5 月实习期满，徐僖离开了柯达，也离开了诺切斯特城。由于又一次得到马克教授的介绍和担保，徐僖前往芝加哥城美国酚醛塑料厂参观了一周，收获颇丰，积累了更多的生产经验。

三、反哺归燕　报效祖国

1949 年 5 月 18 日，徐僖在美国学习期满，他以强烈的爱国之心，带着创建中国人自己的塑料工业的梦想，毅然谢绝了美国导师的一再挽留，犹如一只反哺的归燕，踏上了回归祖国的征程。当时，清华大学著名教授黄子卿和著名地质学家黄汲清等人和徐僖一同乘美国“威尔逊号”轮船离开美国回国，两位教授殷切地勉励徐僖要加倍努力，在实现人生理想的道路上还有很长的路要走，徐僖牢牢记住了前辈的谆谆教诲。

轮船行驶将近一个月，历经千辛万苦，于 1949 年 6 月 11 日抵达香港。由于上海已经解放，该轮于是改变原来的航行计划，不再继续前行。徐僖无奈，只得在香港下船。由于回家心切，徐僖便冒险改乘太古公司北海轮绕道经仁川去沪。该轮于 6 月 20 日左右从香港开出，沿途遭到国民党军队的围追堵截，甚至开枪恐吓。该轮冲破重重阻挠，行至汕头附近时，不得不中止前行，徐僖与其他学生在海上漂流了三天三夜，又被迫返回香港。折回香港后，徐僖在港滞留了半月之久，每天东奔西跑，暗中打听消息，但始终未能找到去上海的机会，而身上的钱已所剩无几，如果再继续滞留香港，连生活都难以维持。当时徐僖二哥在重庆经商，父亲多病，住在二哥家中。正遇危难之时，徐僖在香港遇到了两位贵人相助。一位是著名化工专家侯德榜[①]，另一位是中华教

① 侯德榜（1890～1974），福建闽侯人。我国著名科学家，我国化学工业开拓者。1921年，他在获得哥伦比亚大学博士学位后，怀着工业救国的远大抱负，回到祖国。20世纪20年代，侯德榜突破了氨碱法制碱技术，主持建成了亚洲第一座纯碱厂，30年代领导建成了我国第一座兼产合成氨、硝酸、硫酸和硫酸铵的联合企业。四五十年代又发明了连续生产纯碱与氯化铵的联合制碱新工艺，以及碳化法合成氨流程制碳酸氢铵化肥新工艺，60年代实现了工业化和大面积推广。他积极传播、交流科学技术，培育科技人才，为发展我国科学技术和化学工业做出了卓越贡献。1949年，侯德榜出席了第一届中国人民政治协商会议，并当选为第一届全国委员会委员。后又历任第二、三、四届全国政协常委，第一、二、三、四届全国人民代表大会代表，担任中华全国自然科学专门学会联合会副主席、中国科学技术协会副主席、中国化学会理事长、中国化工学会理事长、中国科学院技术科学部委员。

育基金董事长任鸿隽[①]。在他们的帮助下，徐僖舍弃所有行李，随身只携带一小箱笔记资料和一台小打字机，于6月27日改乘飞机直达重庆，投奔父兄，打算等香港至上海通航后再从港返沪。

在香港期间，徐僖二哥的亲戚施肇栋在香港美亚绸厂工作，曾给予徐僖很多帮助，徐僖将从美国带回来的行李仪器都存放在施肇栋家中。解放后，西南军政委员会文教部根据徐僖申请，转文海关总署，准许将徐僖暂存香港的行李寄回国内，并发给海关总署公函一封，交给徐僖本人与海关总署进行联系。当时因香港方面美亚厂不肯付运，无法办理。10年间，因工作繁忙，徐僖一直未予过问。1963年3月，徐僖在广州参加全国科研工作会议期间，曾去信一封。7月上旬，接到该厂施肇栋

① 任鸿隽（1886～1961），浙江归安人，我国著名化学家和教育家，近代科学奠基人之一，辛亥革命元老。1918年回国，曾任四川大学校长、教育部专门教育司司长、中华文化教育基金会干事长、中央研究院总干事等职。1949年，他作为特邀代表出席了第一届中国人民政治协商会议，参与共商建国大计。任鸿隽知识渊博，著述宏富，一生撰写论文、专著和译著300多篇（部），内容涉及化学、物理、生物、教育、政治、文学、科学思想、科学组织管理和科技史研究等多方面，他的学术思想和对科学事业的开拓精神，至今仍为学术界所重视。他生性淡泊，不慕荣名，为发展祖国科学事业呕心沥血、奋斗终生，在我国现代科学技术史上写下了光辉的篇章。

先生来函，由他全权代办付运手续。后来通过中国对外贸易部海关总理局、中国华侨事务委员会的批准，委托中国旅行社、深圳华侨旅行服务社将行李直接由香港托运到成都。行李共有5件，由徐僖的研究生徐爱德前往验收。这些物品见证了徐僖在美国度过的日日夜夜，踏上艰难回国之路的行李终于回到了徐僖的身边。

1949年6月底，蒋介石政府已迁往广州，徐僖为避免路过深圳、广州时遭到扣留，所以选择搭乘飞机，不乘火车。徐僖爱人当时在上海，希望他能回沪工作。继而又担心他受骗到基金会报到，参加伪政府工作，于是带着孩子，长途跋涉，历尽艰辛，在哥哥瞿容初的陪伴下，从上海经汉口，绕道湖南岳阳、长沙等地，于7月30日赶到重庆。徐僖在渝期间，留居数十日，无事可干，决定再做一次去沪的尝试。当时他的生活费全由二哥徐仲侃供给，由于此时国内经济萧条，社会混乱，二哥经营的生意受到伪币影响，自身难保，大家商量由徐僖一人先回上海。由于行李尚存香港，徐僖觉得还是设法从香港到上海比较方便。爱人瞿光楣和小孩不能同行，决定先留在重庆，等徐僖到上海找到工作后再接妻儿回去。后来，由于爱人不放心，决定与徐僖一起去港，再做一次到上海的尝试。9月24日，徐僖与爱人分别乘坐飞机再次前往香港，在港滞留约10天，每天东奔西忙，一直未能等到开往上海的船只。当时港地物价飞涨，食宿费用惊人，无法久留，迫不得已，徐僖与爱人不得不于 10 月 3 日从香港返回重庆。回到重庆后，通过二哥友人介绍，徐僖便到重庆大学化工系任教，聘任为副教授。

第八章　开创中国塑料工业

一、披荆斩棘　创业多艰

1949年11月30日，中国人民解放军接管重庆。国民党军政要人早已离去，守城的国民党残部纷纷溃散，重庆在度过了漫漫长夜之后，终于迎来了黎明的曙光。

解放军军管委员会进驻重庆大学，代替原国民党留下的训导小组，校园里洋溢着欢乐、祥和的气氛。12月1日，重庆大学学生联合会用全体师生的名义致电党中央："我们特以兴奋的心情，向您致以最高的敬礼。我们热烈拥护人民政府，在其领导下，共同建设新民主主义的新中国。"

解放初期，由宋庆龄主办的《中国建设》杂志（1952年创刊）曾向海内外报道了徐僖等回国的消息。

那时徐僖风华正茂，激情满怀。他看到刚从战火中解放出来的祖国百废待兴，迫切需要重建家园，摆脱一穷二白的面貌，决心把自己在美所学的一切全部献给祖国和人民，为建设繁荣富强的新中国贡献自己的一份力量。

新中国成立初期，西南工业基础十分薄弱，塑料制品奇缺，甚至连衣服钮扣和一般家用电器的插头、插座都很难买到。当时中共中央西南局下属的西南财委在重庆北碚正式成立，主管财政经济工作，也分管工业发展。不久，重庆市工业局也组建了起来，并向全市人民发出号召，呼吁知识分子为新中国工业发展建言献策。这是一个多么激动人心的消息，徐僖暗暗下定决心，一定要利用这个大好的机会发挥自己的才能，为改变祖国贫穷的面貌、建立自己的塑料工业贡献力量。

1951 年春，徐僖积极响应党和政府的号召，找到重庆市领导，迫不及待地向人民政府详细汇报了他在美国留学期间研究塑料工作的情况，并重点汇报了建设塑料工业的重要意义，表达了渴望能为祖国塑料工业贡献一份力量的强烈愿望，并正式提出开发五棓子塑料的申请。市领导仔细倾听了徐僖的意见。他的意见受到重庆市政府的高度重视，不到一个星期，徐僖的申请得到了西南财经委员会正式批准。委员会决定利用西南土特产五棓子试制工业品，并委托徐僖编制研究计划和经费预算。在西南财经委收到计划书及预算表后不到一个星期，就下拨了二亿三千余万元（旧人民币）[①]的专款。西南财经委正式发来聘书，委托徐僖研究五棓子酸在工业上的应用方案。同年3月，在西南财经委领导下，由此时任重庆大学化工系副教授的徐僖全权负责，在重大校内建立了一个有数十人组成的较大规模的棓酸研究小组，徐僖任组长，集中精力研究棓酸塑料的合成和工业生产，为筹建新中国西南第一个塑料工厂做准备。在这段时间里，徐僖头脑里想的全是建设塑料工厂的方案，一遍一遍地仔细琢磨，反复修改。他相信，一个和平、强大的中国，一定需要发展科学技术，中国塑料工业的起步指日可待。

在徐僖担负起筹建棓酸塑料工厂的同时，他还被同在重庆沙坪坝的西南工业专门学校[②]化工科特聘为兼职副教授。后来，西南工专改为重庆建筑大学，而徐僖任

---

① 当时一百元相当于改币后的一元。

② 西南工专前身是国民政府时期国立中央工业专门学校，教学质量一流，该校非常注重对学生实践能力的培养，毕业生大多投身到工业生产第一线。当时重庆乃至西南地区的大工厂里几乎都能找到西南工专的学生，而且基本上都是厂里的技术骨干。尽管这所学校的毕业生数量不多，但对中国现代工业建设的贡献功不可没。

教的化工系则辗转并入成都工学院。从 1949 年 10 月至 1952 年 8 月，徐僖任重庆大学副教授兼西南工专副教授，每周都要到这两所学校授课，讲授《化工设计》、《化工热力学》、《化工原理》、《分级蒸馏》、《空气调剂冷与冷凝》、《分析化学》、《塑料工业》、《未饱和有机化合物》、《有机化学》（部分）以及《工业化学》（部分）等课程，每晚备课直到深夜。徐僖很喜欢给青年学子们上课，即使再忙，也不愿缺一节课。自此以后，在徐僖长达几十年的教学生涯里，由他亲自培养或授课的学生以及由他亲自创建的四川大学高分子材料学科基地培养的学生多达万余人，很多学生在高分子研究领域卓有建树，成为本学科相关领域的学术带头人。

由于徐僖在棓酸塑料方面已经潜心做了多年研究，因此各项工作进展顺利。但徐僖心里明白，由于我国基础工业薄弱，仪器设备简陋，各种材料和工艺达不到标准，因此，在实验室和生产过程中不可避免地会出现预想不到的后果。为了尽早建成我国西南第一个塑料工厂，徐僖已将自己的生死置之度外。一次在重庆大学期间，在做从谷壳提取糠醛的试验时发生了强烈爆炸，半个屋顶被掀翻，震碎的瓦片飞到十几米远的地方。万幸的是室内人员虽被气浪掀到了门外，但没有造成人员伤亡。随后，徐僖带着技术人员对设备进行了维修，很快恢复了试验。另一次是在1951年年底，当时徐僖正带着技术人员做中试[①]前的预备工作。中试需要大量的焦化棓酸原料，准备过程中需要进行高压操作。由于工人违反操作规程，结果在加压过程中，“轰隆”一声巨响，棓酸蒸气夹杂着酸液冲了出来，将炉前的操作工人吞没在酸雾里。受伤的工人被及时送到医院进行抢救。在那段时间里，作为项目负责人的徐僖心情格外沉重，情绪极度低落。他时常牵挂着工人们的安危，随时到医院探望伤员恢复情况。其中一位受伤的工人周安煦紧紧握住徐僖的双手说：“徐先生，这是我的不对，我工作未做好，请原谅我。”此时的徐僖早已感动得热泪盈眶。这是一次血的教训。也因为这件事，还出现了许多流言蜚语：有人不怀好意地说徐僖作为旧知识分子的代表人物，可能对新中国怀有深仇大恨，蓄意制造安全事故，破坏国家科技进步和生产发展。又有人攻击徐僖对工人阶级保护不够。但他们根本不知道，那次事故的责任并不在徐僖。尽管如此，徐僖自己认为负有不可推卸的领导责任，于是主动向上级提出撤职处分。而重庆军管委领导并没有接受徐僖的请求，而是鼓励他要及时总结经

① 中试是中间性试验的简称，它是在大规模生产前的较小规模试验，是科技成果向生产力转化的必要环节。

验教训，坚持做下去。两位受伤的工人经过手术治疗后伤情有了明显好转，没有生命危险，幸亏这样，徐僖才没有受到舆论的进一步压力，流言蜚语也很快消失了。但是，在随后的许多年里，徐僖一直为这起事故感到深深的内疚。他到重庆时，曾多次登门看望，接济当时受伤的工人师傅及其家属。

在认真总结事故发生原因的基础上，徐僖准备扩大实验规模，拟从实验室生产向工业流水线生产过渡。到1952年初，进行棓酸塑料工业生产的正规中试试验的各项工作已准备就绪，如果中试成功，就可以建厂生产了。

中试那天，徐僖亲临现场，所有小组成员都提前来到指定地点，他们一遍一遍地仔细地检查各种设备，目不转睛地监测着实验过程，其激动而又紧张的心情可想而知。不一会儿，塑料粉开始从设备中喷了出来，大家情不自禁地欢呼起来："中试成功了！"

1952年5月，重庆传出一条振奋人心的消息，31岁的青年教师徐僖利用五棓子首次合成我国第一批塑料，填补了我国高分子材料领域的一个空白。

在那样一个火热的年代里，所有的人都有着对未来美好的憧憬，大家感到有使不完的劲，工作热情空前高涨。报纸上每天都在刊登新项目投产的喜讯，从技术员到地方干部，都被这激动人心的消息所鼓舞。在徐僖的研究团队里，几乎所有的人都强烈要求迅速将棓酸塑料正式投入生产。

可徐僖还是有些犹豫，他深知中试反应条件比较理想化，从原料的选择到设备的性能都比大规模生产所能达到的条件要求更高，认为目前还有很多方面需要改进。于是他向工业局正式提出暂缓投入生产、并在此基础上进一步加强改进的书面意见。但不知什么原因，他的意见并没有得到采纳，得到的却是加快投入建厂的批示，决定将位于沙坪坝的重庆化工厂改造成塑料工厂。很快，西南财经委便下发一纸调令，委派徐僖带着他的研究小组到那里负责工厂的筹建工作。

重庆化工厂是国民政府留下的一个企业，它的前身是 1938 年由国民政府资源委员会与实业部地质调查所合作创办的植物油提炼轻油厂，后又经历动力油料厂、中央化工厂重庆分厂、重庆化工厂等几个阶段。到 1953 年，西南财经委决定将重庆化工厂改名为重庆棓酸塑料厂。徐僖在接到任务后，立即到厂里巡视了一遍，顿时心都凉了半截。他以为化工厂总会留下一些可以利用的设备，只需稍加改造，便可转产成功。可实际情况却是，解放以来，工厂进行了多次改组，许多人员调进调出，技术人员大都是从几家小厂调来，互不熟悉，而且知识和能力都很有限，甚至连一些基本的有机化学常识都不了解，更不用说创立不久的高分子学科了。工厂的生产也被分割成几个孤立的部分，有硫酸车间、盐酸车间、硝酸车间、碳酸钾车间，还有一个生产普鲁士蓝[①]的车间。车间里的生产设备、生产技术都极为落后，普鲁士蓝主要是利用畜产品加工剩下的脚料生产出来的。工人们在生产的时候，先将大筐大筐的牛皮、牛血倒进大锅里蒸煮。车间技术人员对徐僖说，我们以前学的技术就是这些，原理我们也不知道。领导要我们生产塑料的话，告诉我们怎么干活就行了。徐僖听到这些，真是哭笑不得，看来工厂要重建，工作量肯定会很大，从设备购买、安装、调试，到厂区规划、建筑设计、土木工程，再到人员管理和培训，样样都要花费心思。徐僖亲自和工人、干部们一起劳动，拉板车，抬机器，安装设备，无所不干。

到 1952 年下半年，徐僖天天泡在占地 100 多亩的厂区里，各种事务缠身，工作千头万绪。经过徐僖及其

① 普鲁士蓝，是一种古老的蓝色染料。其生产过程是将草木灰和牛血混合在一起进行焙烧，再用水浸取焙烧后的物质，过滤掉不溶解的物质以后，得到清亮的溶液，把溶液蒸浓以后，便析出一种黄色的晶体。由于它是从牛血中制得的，又是黄色晶体，因此很多人称它为黄血盐。若再将黄色晶体放进三氯化铁的溶液中，便得到亚铁氰化铁，产生一种颜色很鲜艳的蓝色沉淀。

科研团队的共同努力，到1953年5月，总投资上百万元的4个新车间全部建成，这4个车间分别负责糠醛、棓酸、塑料、塑体（即塑料成型加工）加工和生产，徐僖担任重庆棓酸塑料厂副厂长兼总工程师。

二、不辱使命 为国争光

1953年5月3日，重庆棓酸塑料厂正式投入生产，工厂设计生产规模为年产棓酸100吨，糠醛60吨，塑料250吨，塑料制品40吨。当年棓酸塑料厂就生产出棓酸、棓酸塑料粉、塑料制品以及浓单宁液、硬脂酰乳酸钙、活性炭、抛光油等化工产品。徐僖克服重重困难，实现了他的宿愿，完成了建造中国西南地区第一座塑料工厂的重任，这是我国第一个完全由中国工程技术人员自己设计、完全采用国产设备和国产原料的塑料工厂，不仅填补了我国化学工业的一项空白，而且也标志着我国塑料产品完全依靠进口的时代结束了，中国最早的塑料工业由此诞生，从此，中国开始迈进了高分子材料的新时代。

在我国石油工业基础薄弱、塑料工业落后、国外封锁禁运的年代，徐僖用自己坚忍不拔、披荆斩棘的斗志，为开创我国塑料工业做出了重要贡献，为中华民族争了口气——中国终于有了自己生产的塑料产品。当时国内权威报刊在显著位置报道了这一新中国重大科技成果。5月5日，《重庆日报》头版以《重庆棓酸塑料厂举行开工典礼市委书记曹荻秋同志到会祝贺并作指示》为题进行了报道。5月10日，《新华日报》头版也以《我国第一个自制塑料的工厂重庆棓酸塑料厂开始生产》为题报道了这一重大成果。同年6月4日，《人民日报》以《在祖国经济建设的战线上：我国第一个棓酸塑料厂开工生产》为题进行了报道，并强调“这显示出我们的化学工业已摆脱了对帝国主义的依赖，在这方面取得了独立”。徐僖的这项研究成果，开辟了非粮食生物质代替石油化工原料制取塑料的新途径。在全球石油资源日渐枯竭的今天，更显示出其重要意义。

解放前，徐僖带着强烈的民族自尊心力图振兴中国工业，在十分艰难的情况下对棓酸塑料进行研究。解放后，党和国家对他的工作非常重视，给予大力鼓励和支持，使试验工作迅速获得成功。经过8年的艰苦努力，徐僖以坚忍不拔的意志实现了报效祖国的愿望，为创建我国塑料工业做出了重要贡献，也因此有了“中国塑料大王”的雅号。1954年3月，徐僖被评为“全厂一等劳模”。同年4月，徐僖被评为重庆市第二届甲等工业劳模，他的大照片和另一个甲等劳模黄荣昌的照片挂在了重庆市劳动人民文化宫，他成为重庆风云人物，并当选为四川省人民代表。

新中国成立之初，由于缺乏可靠的科学技术人才，成为新中国恢复经济和发展生产面临的一个严重问题。应中国政府要求，苏联派遣了大批经济、技术、科教、文化、军事等方面的专家、顾问来华援助。尤其是朝鲜战争结束后，中国以“一五”计划为核心，开始了大规模的经济建设，对苏联专家的需求猛然增加，形成了苏联专家来华的高潮，对中国国民经济的恢复和发展起到了重要作用。1954 年 4 月，苏联专家别什赫诺夫[①]就来到重庆棓酸塑料厂具体指导工作。由于大批化工原料可以从苏联进口，打破了以美国为首的西方国家对中国的经济封锁。在苏联专家的协助下，徐僖组织技术人员对工厂进行了改造，生产能力大幅提高，并利用进口原料成功试制苯酚糠醛塑料粉，干粉状单宁酸也试制成功，并投入生产。令人遗憾的是，正当徐僖利用五棓子试制棓酸塑料取得重大进展的时候，不得不改用进口原料进行生产，从而严重影响了棓酸塑料的进一步研制工作。1955 年 6 月，苏联专家别什赫诺夫提出了《重工业部化工局系统组织第一期塑料生产意见》。重工业部采纳

① 别什赫诺夫，苏联著名化学家。

了苏联专家的建议，同意重庆棓酸塑料厂扩建。同年7月，苏联专家奥列里克及重工业部化工设计院一行到厂调研。到下半年，重庆棓酸塑料厂开始试制酚甲醛树脂与塑料。1956年1月，国家计委批准重庆棓酸塑料厂扩建工程“设计任务书”，并列为国家重点项目。同年3月，重庆棓酸塑料厂改名重庆塑料厂，新建树脂车间、塑料粉车间、耐酸车间、氨基车间、压制车间、模具车间。1958年，重庆塑料厂扩建工程完成后，生产酚醛树脂、酚醛塑料粉、酚醛耐酸塑料、氨基塑料、酚醛塑料制品及聚氯乙烯制品等八种主要产品。当年生产合成树脂与塑料597吨，塑料制品997吨，是当时我国塑料工业生产规模较大的企业之一。而这一切成就的取得都离不开徐僖的首创之功和前期所奠定的良好基础。

第九章　高分子“川军”的突起

一、塑料专业　全国首创

在解放前，中国只有零星的天然橡胶、皮革、赛璐珞、油漆等高分子加工企业，而且大多数集中在日本占领的东北地区。在“伪满洲国”大陆科学院（抗战胜利后改为东北工业研究所，解放后改为中国科学院长春应用化学研究所），有过一些关于纤维素和苯酚醛树脂等方面的高分子应用研究，而中国高校还没有高分子材料学科，更没有塑料专业的设置。

解放初，中国塑料工业刚刚起步，研究基础还相当薄弱。在当时中国高等教育中，高分子材料学科还是一片空白，无论塑料、合成纤维或者合成橡胶都还没有人才培养基地。直到20世纪50年代，徐僖第一次在我国高等院校创建了第一个塑料专业。

当时，中国的塑料产品十分短缺，必须依靠苏联进口，仅靠徐僖个人的努力是远远不够的，中国需要更多的塑料工业专业人才，需要更多的高分子材料研究的科技工作者。1952 年，教育部根据新中国成立后工业建设急需大量各类专门人才的形势，并借鉴苏联经验，提出了“以培养工业建设人才和师资为重点，发展专门学院，整顿和加强综合性大学”的方针，决定对全国高等院校院系进行调整。同年 10 月，西南军政委员会文教部遵照党中央指示，结合西南地区和四川省实际，决定由重庆大学、四川大学、华西大学和西南工专等九所院校的化工类专业组建四川化工学院（泸州），11 月 17 日正式开学行课。

当时西南地区最高行政机构是西南军政委员会，委员会文教部负责人派员来与徐僖接洽，询问他是否可以培训一批科研技术骨干，以便开设更多的塑料工厂，徐僖当即一口答应下来：“我有责任尽我最大的努力去实现。”从此，徐僖在忙于建厂的同时，还要挤出时间编写教学大纲，添置仪器设备，组织师资队伍，培训骨干教师，为创办中国最早的塑料专业做准备。高分子材料是材料领域中的后起之秀，是尖端技术、国防建设和国民经济各个领域不可缺少的材料，因此，人才培养迫在眉睫。这个专业拟设在位于“酒城”泸州城边大山坪的四川化工学院。1953 年 9 月，由徐僖创办的我国高校第一个塑料专业——四川化工学院塑料工学专业——首次面向全国招生，培养国内首批塑料工程专业高等技术人才，学制四年，徐僖率先主讲“高分子化学原理”等主修课程。鉴于徐僖在科研教学中所做出的杰出贡献，教育部下文正式晋升他为教授。当时，四川化工学院在全校设置了 17 个教研组，徐僖作为学校里为数不多的教授之一，被任命为塑料工学教研组主任，成为该专业当之无愧的创始人。

当时新成立的四川化工学院远在泸州，为了全身心投入到教学和科研工作中去，徐僖不再继续担任重庆塑料厂副厂长兼总工程师职务，前往泸州。临行前，重庆市第三区（即今重庆沙坪坝区）区委书记和塑料厂厂长胡志源带领一批技术员和工人前来与徐僖话别。从内心来讲，徐僖舍不得离开自己亲手创建的工厂和一起工作的同事们，也舍不得离开生活了多年的重庆，他的人生轨迹已经被这座城市改变得太多太多，徐僖只能带着几分留恋和遗憾离开了工厂，离开了这座他深爱的城市。

徐僖刚到泸州几天，就意外地接到上级通知，邀请他以人民代表的身份参加四川省人民代表大会，徐僖倍感荣幸。从此以后，徐僖认真地履行着人民代表的职责和权力，为国家建言献策，在社会主义革命和建设中发挥着越来越大的作用。

而在此期间，徐父生病住院，数月后溘然长逝。徐僖正忙于棓酸塑料厂的生产和高校塑料专业的筹建工作，很少回家探望。到了最后，贫穷的徐僖还向学校借钱才办完丧事。直到后来，徐僖还为没有尽到自己孝心而愧疚不已。就是在那样艰难的日子里，徐僖还在为发展中国塑料工业而不懈努力，为创建中国塑料专业而无私奉献着。

到 1954 年，全国高校又进行了一次大调整。11 月 29 日，经国务院批准，取消 1952 年全国院系调整组建的四川化工学院，并入成都工学院[①]，成为高教部 50 年代在全国各大行政区着力组建的几大工学院之一。1955 年 8 月 27 日，高教部下文，四川化工学院正式迁往成都，与成都工学院合并。部分不便搬迁的设备和一些人员暂时留在泸州，改为成都工学院泸州分校。1956 年夏天，所有的仪器设备、图书资料都已基本搬迁完毕，人员也做了妥善安置，部分调到刚成立不久的泸州化工厂（后来那里成为中国化肥工业的重要基地）。

① 原成都工学院即 1944 年秋设立的国立四川大学理学院工科（即四川大学工学院前身），因院系调整，于 1954 年 8 月独立组建成都工学院。

二、泸州创业　“川军”摇篮

在抗战胜利前，我国除皮革、涂料、硝酸纤维等天然高分子材料方向有些教学基础外，其他方向基本上是一片空白。1946 年，国立四川大学请来一位新加坡华侨、橡胶厂厂长开设了橡胶专业，但讲授的内容基本上都是天然橡胶，仍然与现代基于石油和天然气化工的高分子学科相去甚远。1949 年，冯新德[①]教授在北京大学开设了高分子聚合反应课程，并成为日后中国高分子学科的领军人物之一。

解放初，整个高分子学科在中国才刚起步，很多事情都需要从头开始。首先，几乎请不到合适的老师，青年教师真正了解高分子专业的寥寥无几，所以培养学术骨干的任务异常繁重。第二，仪器设备需要大量购置，而学校的经费投入又很有限，只能集众人智慧全力争取。无论遇到多大的困难，徐僖始终坚信，只有自力更生、艰苦奋斗才能战胜这一切。

---

① 冯新德（1915 年 10 月 12 日～2005 年 10 月 24 日），江苏吴江人，中国科学院院士，北京大学教授，高分子化学家和高分子化学教育家，中国高分子化学奠基开拓者之一，于 1949 年在国内率先开设高分子化学——《聚合反应》课程。他长期从事高分子化学基础理论研究，对发展我国高分子教育和科学研究做出了重要贡献。

塑料工学教研组成立后，徐僖就开始忙于相关课题的研究。有一次，徐僖因课题的事一路小跑来到学校办事处，他推门一看，眼前的情景让徐僖完全怔住了：几个人围着火盆正在烤火，红红的炭火燃得正旺，整个房间弥漫着呛人的纸烟味，他们一边抽着香烟，一边闲聊着。徐僖向工作人员询问事情办理的情况，其中一人漫不经心地回答道："还早着呢。"徐僖一听到这话，非常生气："那你们为什么不快去办理？""急什么？"又一人若无其事地补充道。这次真的让徐僖发火了："你们对工作还有一点儿责任心吗？拖拖拉拉的！"说着，徐僖飞起一脚，只听"呼"的一声，火盆从铁架子上飞了起来，重重地扣在了红砖地上，顿时烟灰四溅，整个房间都笼罩在浓浓的烟雾里。在场所有的人都被这突如其来的举动吓懵了，惊得半晌说不出话来。

徐僖踢火盆的新闻很快在全校传开了，从领导到老师，口耳相传，并且给他取了绰号叫"徐旋风"、"徐烈马"、"性急冠军"，等等。看来"旋风"的威力发挥了作用，从此以后，塑料工学专业教研组的工作效率大大提高了，甚至与塑料工学专业有往来的教研组，他们的工作效率也大为提高。

四川化工学院规模并不大，教师总共才百余人，每年招收的学生也只有几百人。尽管这是一所普通大学，而且地处偏远的泸州，办学环境、硬件设施与处于省会城市的大学根本无法相比，但徐僖在高分子研究领域的重大贡献受到国家的高度重视。1954 年 11 月，高教部专门委托徐僖制订了高分子专业全国统一教学大纲。后来，教育部领导还专门谈道：“这是因为中国塑料工业的创始人在那里。”塑料工学专业教研组很快制订出了《高分子物化学》、《塑料工学》、《塑料工厂装备》、《塑料的模塑及机械加工》和《结构及电绝缘塑料》等五门专业课程统一教学大纲和具体教学方案。

泸州原有一家兵工厂，解放后改称国营 255 厂，这个工厂生产各种军火用品，直到今天，这里仍然是亚洲最大的硝化棉炸药生产基地。他们以粮食为原料生产酒精，作为许多军工产品的原材料。但是，生产的成品酒精总是含有较高比例的醛类物质，在实验室里虽能除去，可在大规模工业生产上却很难达到理想效果。徐僖带着一批技术人员赶到那儿，不分昼夜地进行研究，终于攻克了这个难题。除此以外，徐僖还带着一批青年骨干教师继续钻研五棓子塑料相关技术，充分发挥棓酸树脂在制造粘合剂等方面的特殊优势。当时，胶粘剂在工业上最主要的用途之一是在木材加工中生产胶合板。建国初期，由于原木缺乏，胶合板在很多场合得到广泛应用，从门窗、家具到机械挡板、工作台等等。但当时常用的两种胶粘剂——从牛奶中发酵得到的酪素胶和从屠宰厂下脚料中制取的血胶都不能保证良好的粘合性能，而且容易变性。为此，徐僖率领科研人员研制出五棓子树脂粘合剂。经过中央林业科学研究所检测[①]，认为这种新产品的性能比当时常用的胶粘剂要好得多，五棓子树脂又派上了新用场。

1954年9月，徐僖奔赴成都，继续担任成都工学院塑料工学专业教授，兼任塑料工学教研室主任。当时参与创建成都工学院塑料专业的多是徐僖在重庆大学和塑料厂研究棓酸塑料期间的骨干，乐以伦、张承琦、张开、江之桢、蔡兴贤等都是成都工学院的骨干教师，可以说，这个专业实际上就是由徐僖领导的棓酸塑料研究小组转变而来的，它的发源地就在重庆大学老化工学院前的一排平房里，那是塑料小组最初的工作地点。后来，重庆大学的校友在那里竖立了一块石碑以示纪念。

在徐僖和他的科研团队的共同努力下，成都工学院塑料专业创办起来了，并逐渐成为培养中国塑料专业人才的摇篮。从我国第一个塑料工学专业的创立，到高分

---

① 中央林业科学研究所，当时中央人民政府林垦部所属的林业最高研究机构。1958年，改称中国林业科学院。

重庆大学原五梧子中试基地纪念碑

子材料系和高分子研究所的成立，再到后来高分子学院和高分子材料工程国家重点实验室的建立，徐僖成为这个学术领域无可争议的领军人物。

在中国塑料工学专业创立过程中，徐僖和他的研究团队还得到了苏联专家的大力支持。早在 1950 年 1 月 20 日，中苏两国签署《中苏友好同盟互助条约》，在一定程度上为满目疮痍、百废待兴的新中国提供了一个有利的外部环境。此后，中国在恢复经济、发展生产的过程中，得到了苏联的大量援助。1956 年以后，正值赫鲁晓夫执政，苏联加大了对中国援助的规模。那时，我国高分子专业已基本建立了起来，并取得了可喜成就，受到了当时教育部和苏联专家的高度评价，徐僖和他的高分子研究团队也迎来了一个新的发展机遇。

三、培育人才　首结硕果

1954年，中国科学院和中国化学学会在北京联合召开了第一次全国性的高分子学科学术会议，主要研讨高分子化学，标志着高分子学科在中国已经成为一门完全独立的学科，徐僖应邀欣然前往。当时泸州是一座不大的城市，又不通火车，直到今天依然没有铁路客运业务，在信息、物流方面有很多不足。为了避免在学术界被边缘化，徐僖经常亲自走出去，加强对外联系和合作，扩大本校塑料专业的学术影响。当时，派人出去考察是一件苦差事，每天的补助也只有几元钱，并不是人人都乐意去的，而徐僖却没有一句怨言。这一次，徐僖从泸州搭车到重庆，又从重庆乘船，沿长江而下，整整花了一个星期才到达汉口。之后又换乘火车，一路风尘，赶到北京参加中国科学院第一次高分子化学会议。在会上，徐僖宣读了自己《五棓子塑料合成》一文，这篇论文是他在总结10年来研究经验的基础上写成的，该成果获得了全体专家学者的一致好评，徐僖也成为会上的明星之一。不仅如此，他通过这次会议与中国科学院、化学工业局（后来改为化学工业部）化工试验所和其他许多单位的代表建立起了广泛、密切的联系，希望他们更多地支持四川化工学院的工作。

随着四川化工学院合并到成都工学院组建新的工科大学，徐僖认为学校搬迁到成都更有利于学科今后的发展，吸引更多的科研人才，避免在学术界被边缘化。当时成都工学院下设机械、电机、土木、水利、化工5个系，其中化工系设“化学生产机器及设备”（即后来的机械工程、自动化、过程装备与控制等专业）、“无机物工学”（即后来的金属材料工程和无机非金属材料工程）、“塑料工学”、“皮革毛皮及鞣皮剂工学”（即后来的皮革工程和纺织工程等专业部分）、“植物纤维造纸工学”（即后来的造纸工程和轻化工程等）、“糖品物工学”（后称制糖工程）等6个专业，李绍文任系主任，徐僖继续担任塑料工学专业教研室主任。这一年，徐僖被评为成都市先进工作者。

四川化工学院塑料工学专业的100名左右本科生跟着徐僖从泸州来到成都。1957年夏天，塑料工学专业首届本科生毕业，这也是我国培养的高分子材料学科首届大学本科毕业生。这些毕业生有的留了下来，更多的则离开了成都，分配到全国各地，其中大多数学生日后成为了中国高分子领域的中坚力量。

成都工学院“塑料工学专业”首届本科生毕业合影

四、苦学俄语　开阔眼界

1957年9月，应中国政府邀请，苏联列宁格勒化工学院专家安纳托里·费道罗维奇·尼古拉耶夫[①]访问中国。这位谙熟塑料工艺学与高分子物理学的学者，被推荐到成都工学院工作，主要负责指导塑料工学专业的教学、科研和研究生培养，安纳托里·费道罗维奇·尼

① 安纳托里·费道罗维奇·尼古拉耶夫，苏联院士。1958～1959年，中国教育部邀请尼古拉耶夫到原成都工学院为全国骨干教师举行了为期一年的讲学。1960年，根据其讲稿整理成《合成树脂与塑料工学》一书，这是国内首次出版的“高分子合成工艺学”教材。

古拉耶夫说：“那里有中国最好的，也许是独一无二的纯粹的塑料专业。”这当然指的是徐僖和他的科研团队。

苏联专家的到来，不仅带来了先进的技术和经验，还带来了宝贵的书籍和学术期刊，这些都是不可或缺的重要资源，徐僖重新有了一条与外部世界沟通的渠道。第二次世界大战以后，全球科学技术迅猛发展，知识更新换代的周期越来越短。回国以后，徐僖一直为与国外学术界交流不畅、各种前沿科技资讯不能及时获取而倍感苦恼，他经常利用到北京、上海等地出差的机会获取英文科技资料，及时掌握国外最新研究动态。由于当时许多老师都学俄语，不懂英语，徐僖则以自己的英语优势把国外研究成果翻译成中文。同时徐僖还向苏联专家提出，希望提供一些最新的研究资料。安纳托里·费道罗维奇·尼古拉耶夫是位热心人，非常痛快地答应了。很快，他就送来了几本苏联出版的《化学文摘》，并且答应今后将新出版的期刊也送一份给徐僖。苏联的《化学文摘》是当时国际学术界三大化学文摘之一，虽不如美国化学学会出版的同名期刊那样享有盛誉，但也是当时在国内不可多得的权威刊物。当然，苏联专家也不仅仅是来送这些文献资料，而是与徐僖一起，制订了一份创建成都工学院高分子学科的宏大计划，他们决心将成都工学院建设成为一个具有重要国际影响力的高分子学科研究基地。

徐僖原本不懂俄语，但为了迅速赶上国外研究水平，他也与大家一起学习俄语。只要有空闲，他就拿起《俄语入门》埋头学起来。不到半年时间，徐僖的俄语水平有了很大提高。他一面钻研《化学文摘》和其他俄文化工书籍，一面继续提高俄语阅读水平。经过不懈努力，一年以后，他基本上能够读懂本专业的俄文书籍。

为了扩大青年人的学术视野，他还要求一些老师和学生也跟着学俄文。不久，徐僖选了几位聪慧睿智、具有潜质的学生，送给他们每人一套俄语教材，要他们尽快达到读懂俄文专业文献的水平。原来，徐僖已经看到，中国高分子学界因为失去与海外科技强国的联系，已经远远地落在了后面，他决心尽自己最大努力，创办一本属于中国人自己的《化学文摘》。通过翻译苏联文献，把最新的科技成果介绍给中国学术界，让科技人员从中受益，及时了解到国际前沿科学发展水平。

20 世纪 60 年代初，中苏关系破裂，学术交流也被迫中断。徐僖卓有远见地将苏联的《化学文摘》杂志翻译成中文。1960 年，在徐僖的不懈努力下，终于创办了一份属于中国人自己的《化学文摘》，成为国内化学界具有开创性的第一份化学杂志。虽然受到当时国内环境和条件的限制，这本刊物从 1960 年创刊到 1963 年停刊，只存在了短短三年时间，后来在全国性、全方位的社会经济调整中被迫停办，但徐僖所做出的贡献是不可磨灭的，它给当时中国化学界吹来了一股清新的学术之风。当然，徐僖作为中国高分子材料领域的拓荒者，他所做的开创性工作并不仅仅限于办杂志，也非三言两语所能穷尽。

五、首招研究生　培养年轻人

高分子学科最初是从有机化学分离出来，在不断发展的过程中，又汲取和借鉴了来自物理、化学、数学、机械、化工装备等学科领域的最新研究成果。在徐僖看来，专业外语首先是专业英语是不可或缺的。同时，高分子相关专业的学生，还要花一到两年的时间加强基础知识的学习。到了最后一年，专业实习也必不可少。徐僖认为，只有将学到的理论知识运用到实际工作之中，才会产生经济效益和社会效益。徐僖还认为，大学生不应该只埋首图表和方程，还要到工厂去，与生产实践相结合，同时还要具备一定的人文素养。所有这些，都不可避免地要花费大量的时间和精力。要培养本科生进入科研工作第一线，实在是一件不容易的事情。

无疑，要想迅速扩大科研队伍、培养专业领军人物，就必须招收研究生。实际上，徐僖很早就有这种想法。早在1954年，他被聘任为教授之初，就打算招收研究生。但在专业初创之际，学校才招收本科生，还不具备招收研究生的条件。到了1956年9月，徐僖被高教部评定为二级教授，而当时全国二级教授寥寥无几。苏联专家尼古拉耶夫到来后，徐僖立即向高教部提出招收塑料工学专业研究生的申请。很快，高教部下文同意成都工学院招收塑料工学专业研究生。

实际上，徐僖在这之前就已经做了充分准备，事先把几个研究方向的培养方案都制定好了，只要得到正式批准，就可以在应届毕业生中进行选拔。1959年，塑料工学专业正式招收研究生，选拔考试分笔试和面试两部分，最后录取了4人，卓启疆、王一璐、曹新庄由苏联专家尼古拉耶夫指导，徐爱德由徐僖指导，他是徐僖培养的第一位研究生，他们也因此成为中国塑料工程最早的一批研究生。“文革”前，徐僖招收的硕士研究生有左榘、蔡济阳、牟长荣、周持兴、黄远征，“文革”后招收的硕士研究生有徐闻、胡星琪、李文端、曹志强等等，1984年以后招收的博士研究生有吕亚非、宫晓颐、向明、郝明、王琪等等，其中许多研究生都在自己的学术领域取得了重要成就。如徐爱德在医用高分子材料领域卓有建树，左榘是南开大学吸附分离功能高分子材料国家重点实验室著名专家，在高分子功能及应用高分子材料结构性能关系研究方面成果卓著。虽然徐僖最初招收的研究生数量不多，但花在学生们身上的精力却相当多。他除了跟苏联专家一起带领研究生做实验、给研究生上课和答疑之外，还花费很多心思在本科生的教学上。塑料工学专业的本科生，毕业之前都要进行实习。首先去工厂观摩生产，回来后分成小组，自行设计一套生产线。

虽然较难，但这保证了所培养毕业生的质量。他们毕业后进入企业和工厂，就能很快适应。塑料生产和加工成型不是停留在书本上的理论，而是要在实验室里进行非常繁杂的实验操作，有些是体力活儿。徐僖也知道学生们的辛苦，实习期间，他总是经常去看望学生，还自己购买些食品分送给大家。

第十章　在逆境中奋进

一、身处逆境　坚持真理

1956年11月，在中共八届二中全会上，中央决定从1957年开始党内整风运动。1957年4月27日，中共中央发出《关于整风运动的指示》。5月2日，《人民日报》发表社论《为什么要整风》，指示说："这次整风的目的是要发扬民主，将我国的政治生活引导到生动活泼的道路上来。"同时，还要求党的各级组织召开党外人士座谈会，广泛征求意见，反复动员大家对党在工作中存在的官僚主义、宗派主义以及思想和工作作风方面的缺点提出批评和建议。

徐僖对官僚主义深恶痛绝。他在重庆时，就因为不愿在开会前先牵强附会讲一堆套话，而跟领导拍过桌子。他相信，通过这次自上而下的整风运动，一定能够纠正各级政府正在滋生的官僚主义作风。九三学社各级领导在社内及时动员，希望社员们要多提意见，积极响应党中央的号召，全身心投入到整风运动中去。成都工学院也召开了几次大会，动员党外人士给党提意见，给政府提意见，动员者的态度都是那样诚恳，让人没有任何怀疑的理由。为了打消与会者的顾虑，让大家踊跃发言，党委一位领导说："党的政策是知无不言，言无不尽，言者无罪，闻者足戒，有则改之，无则加勉。"

徐僖埋头科研工作，任务繁重，除学术会议以外，平时其他会议他总是尽量少去。但这次他经不起学校三番五次的动员，还是到会发言了，他说："办大学不能靠外行，要有真正懂得教育方法的内行领导大学。……现在有的人排斥知识分子，把知识分子看成被改造的对象，这是不对的，科学本身是没有阶级的。……党员干部的生活不能特殊化，现在有些政策，未免对领导们太优待了。……我觉得近期开会开得太多，官话讲得过多过滥，我是不赞成的，应该实事求是。"会上，其他一些学者也提出了类似的观点。开完会后，徐僖就立刻回到实验室，继续指导教研组师生搞科研，做实验。从5月15日起，中共中央先后3次发出关于干部参加劳动的决定，全国有百万干部下放到农村和工矿企业参加劳动。6月，全国性的"反右派运动"正式开始，直到

1958年夏末才结束。通过这场斗争，对少数右派分子给予了反击，对他们反党反社会主义的反动思潮进行了批判，是完全必要的，只是这次反右斗争被扩大化了，甚至采用“引蛇出洞”的手段，使一大批知识分子、爱国人士和党的干部被错划为右派分子，造成了不良后果。

在“反右”期间，徐僖也未能幸免，成都工学院的大门旁出现了几张大字报，全是批判徐僖反动言论的。不久，北门大楼墙上也贴满了类似的大字报。最终，成都工学院领导集体决定，将徐僖划为“白专路线典型”。很快，学校对徐僖的批判也正式开始了。很多次，在徐僖实验做到一半的时候，上级就来了通知，要徐僖去“接受群众审判”。在那个时候，很多科研活动已经无法正常地进行下去。即使这样，也丝毫没有动摇徐僖热爱科学、报效祖国的决心，他始终倡导和坚持实事求是的工作作风，将全部精力投入到高分子学科的建设之中。

刚开始，学校领导还有时站出来讲一讲要以生产和科研为重，要顾全大局。既然高分子专业缺不了徐僖，那自然还是要手下留情的。但到了1958年，“大跃进”在全国开展起来，情况就完全不同了，像徐僖这样的“旧知识分子”、“反动学术权威”自然都可以不要了，于是徐僖开始过着频繁参加各种批斗大会的生活。当然，批判者很难在学术问题上找到他的问题，每次都是捕风捉影地对他进行人身攻击："徐僖，你上大学的时候跟同学说，你的理想是将来要办工厂，当了资本家以后再做个慈善家，你知道你的思想有多么罪恶吗？你是要置劳动人民于死地，剥削他们，奴役他们，然后再假惺惺地出来收买人心，扑灭工人阶级斗争的星星之火。""徐僖，是党和国家给了你这类旧知识分子重新做人的机会，你居然说解放前的大学有些政策值得我们现在借鉴和学习，这不是忘本是什么？""徐僖，你在美国留学，资助了你四年的学费，你只读了两年，剩下的钱用到哪里去了？""徐僖，你在重庆给国家办塑料厂，建厂一年达不到预计产量，一点成效都没有，你的罪行有多严重，你知道吗？"前面的诛心之论，徐僖还强忍着默不作声，但到了最后两条，徐僖实在忍不住了："我在美国虽然只留学了两年，剩下的钱回国后我都用来资助贫困学生，这些可以找到受助的人出来作证！我接受任务不到六个月时间，就生产出纯度高达百分之九十八、价格却比从英美帝国主义那里进口的棓酸低廉百分之七十，你还想要我做些什么？"徐僖义愤填膺地反驳道。"徐僖，你抗拒改造，你知道后果是什么吗？""我不知道！那时我的小组里有好几个党团员，周安煦、董一金等人，他们都服从我的安排，认真完成我分配给他们的任务，他们能够证明我那时的工作态度和工作成果！”徐僖义正辞严地回应道。“不容许你这个反动学术权威蛊惑人心！”批判者不让徐僖再说下去了。从此，徐僖成为批判会靶子的次数就更多了。

1958年12月到1959年1月，就在徐僖的研究工作受到很大冲击的时候，一个高等级的教育检查团来到成都，带队的是教育部部长杨秀峰和国务院第二办公厅主任兼中共中央文教小组成员张际春。检查团来西南的本意，是要控制一下“大跃进”对教育领域的干扰程度。当时，教育系统也掀起了大炼钢铁、大种高产试验田的热潮，于是，成都工学院里也建成了一排排土高炉。徐僖差不多每天路过，终于忍不住地嘲笑道：“这炉子的温度，恐怕连烧砖都不够，还炼钢铁呢？”他自言自语的话不小心被别有用心的人听到了，结果这也成了徐僖的一大罪状，罪名是“蔑视人民群众的力量”。

杨秀峰和张际春第二站就来到了成都工学院。杨秀峰从1952年11月至1965年1月先后担任高教部、教育部部长，长期从事教育行政领导工作。作为中国现代著名教育家，他对教育既有很深的理论修养，又有丰富的实践经验。他经历了新中国成立后教育战线上的许多重大事件，在当时的历史条件下，他总是在自己力所能及的范围内，以求实、稳妥、冷静的态度对待一切，力求减少偏差与失误，充分体现了一个教育家的高贵品质和科学态度。此时，杨秀峰已经多少意识到“大跃进”的危害，他对学校领导们说，你们要合理安排炼钢和教学任务，进一步做好教育和生产劳动相结合；教学、生产、科研要紧密结合，不要放松基础课程，还要攻克尖端科学。

检查团参观校园时，看到一些大字报，大多是批判“右派”、“反动学术权威”等内容。忽然，张际春停住了脚步，仔细看着其中一张大字报，然后转过身来问学校领导：“你们在批判徐僖？”原来，张际春很早就知道徐僖，他在重庆担任中共中央西南局办公厅主任时，就知道徐僖建塑料工厂的事情，后来还去重庆大学视察过棓酸塑料研究小组的工作，他还为当时徐僖工作条件之艰苦、环境之简陋而感慨不已。这时有一位校领导给他讲了徐僖的种种“错误言论”，张际春听完，说道：“旧知识分子嘛，犯点错误是难免的，他们生在旧社会，马克思就说过，人的思想观念不是天生就有的，这是那个时代的错误，不是他个人的。我知道徐僖这个人，他的功劳很大，你们还是要宽容一点。”

没过多久，教育部组建了一个“中国化学化工科学教育考察团”，前往苏联等国观摩学习。成都工学院接到教育部文件，指定要徐僖参加这个考察团。徐僖终于暂时从批判中解脱了出来，很多得到过他帮助的师生都去祝贺。不久，徐僖便乘坐飞机前往北京。

考察团此次出访的目的地是苏联和民主德国。来到苏联，徐僖先后去了莫斯科大学、列宁格勒大学等几所著名高等学府参观。他参观了这些学校的化工系，了解他们的课程设置。1952 年后，全国教育系统全方位向苏联学习，从院校分布，到学科设置，再到课程教学，都是这样。徐僖久闻谢苗诺夫[①]和朗道[②]的大名，利用一切机会了解苏联科学家的最新研究成果。之后，徐僖随考察团前往民主德国，参观了著名的柏林大学和莱比锡大学。虽然德国历经“二战”重建不久，但看起来一切井然有序，徐僖对日耳曼民族战后恢复的速度感到惊奇。这次出国考察，给徐僖留下了很深的印象。1959 年 3 月，徐僖从海外考察回到学校后，应学校科协邀请，专门做了《赴苏德两国考察教育及科研工作的报告》。

二、开办进修班　宏著揭新篇

早在 1957 年，徐僖就因为坚持科学至上、不能因

① 谢苗诺夫（1896～1986），苏联著名化学家，1956 年获诺贝尔化学奖。

② 朗道（1908～1968），前苏联著名物理学家，1962 年获诺贝尔物理学奖。

政治运动而耽误科学研究被扣上“白专路线典型”的帽子。1958年夏天，学校召开批判大会，动员大家给“走白专道路”的人提意见，若提小意见被称为“送芝麻”，若通过贴大字报提大意见被称为“送西瓜”。一次，徐僖在校园内突然看到满墙贴满了无端指责自己的大字报，他感到非常愤怒，一气之下将这些大字报全部撕碎，这一公然抗拒改造的举动在当时是不可想象的。徐僖撕大字报时被很多人看见，很快，“棒打西瓜园”的故事在成都工学院内迅速流传开来。许多师生非常担心徐僖会遭到无端迫害，偷偷地替他捏了把汗，同时也为他坚持真理、实事求是的不屈精神所鼓舞。在那次运动中，徐僖是唯一公然“抗拒改造”的人。

徐僖又开始过着被批判的生活。他看见一位著名科学家在《中国青年报》上发表文章称：“每亩产粮食40万公斤……这并不是空谈。举一个例：今年河南有些特别丰产试验田要在一亩地里收160万斤蔬菜。虽说蔬菜不是粮食，但到底是亩产160万斤！”徐僖当即就对周围人说，那位科学家是“在自己的学术领域之外胡说”，此事将成为“笑柄”。徐僖又说：“现在全国九千万人去炼钢，不光学校里的科研、教学没人搞，你们看看，就连西门外的田地都没人种了，这样下去是要饿肚子的。”无疑这些又成了徐僖反对“三面红旗”的最新铁证。

在“大跃进”期间，徐僖经常被拉出去批斗，但只要有时间，他都要把精力放在工作上，无论是教学还是科研都毫不松懈。1958年，他和苏联专家安纳托里·费道罗维奇·尼古拉耶夫等人一起在成都举办了首届高分子材料进修班，并得到了教育部专项经费支持。首届进修班培养了来自兄弟院校的骨干教师、研究单位科研人员以及大、中型企业的工程技术人员数十人，其中不少来自天津大学、大连工学院、华南工学院等高校，极大地推动了我国高分子材料学科的发展。进修班举办了多次，先后有近百人参加学习，全国高分子材料研究领域的许多骨干都是进修班的学员，在之后的30年中，他们支撑起了中国高分子材料科学的半壁江山。在进修班开课期间，学校有些人又准备批判徐僖，恰在此时，四川省军区某位领导前来拜访徐僖，听说此事后，急忙找到省委宣传部领导，最后省委出面，才阻止了这次无理批判。

中国高分子学科起步较晚，徐僖坚持阅读一切到手的英文和俄文文献，从中寻找高分子研究的突破口。早在20世纪50年代后期，徐僖就开始关注交叉学科的发展，他认为交叉学科是科学前沿的生长点，当时很多人都不理解，甚至认为毫无意义。在20世纪50年代末，高分子力化学曾热过一段时间，徐僖经过认真分析后认为，如果将力学与高分子材料相结合，肯定会有更广阔的发展前景。于是他不顾别人质疑的目光，坚定不移地继续他的力化学研究。他以独到的眼光关注力学与高分子化学两个学科交叉领域，提出了一系列新的思路，取得了许多具有独立知识产权的研究成果，成功地创建了高分子材料高性能化系列新技术，在国内高分子材料领域独树一帜，现已形成了一个独立完整的学科体系，培养了不少人才，推出了一系列科研成果，他成为国际高分子力化学的引领者之一。该研究领域由徐僖的弟子们继续发展延伸，并不断创新。

早在 1957 年，鉴于国内高校在高分子教学方面还没有一部公开出版的本科教材，徐僖早就有撰写一部高分子教材的想法，已经做了较充分的准备，准备由化学工业出版社出版。就在徐僖争分夺秒完成这本教材的时候，却经常被拉出去接受批判，思路时常被打断，徐僖为此大为恼火，但一想到这项工作对培养中国高分子研究人才的重要作用，不得不忍辱负重。令徐僖万万没有想到的是，政治运动的严厉程度完全出乎他的意料，他被某领导点名后，学校立即勒令他“下放劳动，接受改造”。

这一次，徐僖的罪名依然是“白专道路典型”。鉴于他的学术声望和社会影响，一些人决定对他实施“抢救”。于是，徐僖被派去参加各种教育会、交流会、忆苦思甜会，有的介绍“三面红旗”的成就，有的讲“三反五反”的事迹，还有的谈党的知识分子政策。末了，就要徐僖这样的“白专分子”向党交心，坦白自己的缺点和错误。

在长时间批斗、交心过程中，徐僖为了节约时间，他不断积累经验。每次开会之前，他总是最先做检讨，愿意接受人民群众教育，对自己进行严厉的自我批评。这一招果然奏效，有的领导觉得，徐僖在思想上已经反省了，可以送去接受人民群众的再教育。精神折磨之后继之以肉体上的惩罚，以期达到让徐僖彻底洗心革面的目的。不久，徐僖被派到学校附设的机械厂从事拉板板车等体力劳动。但是，这种惩罚并没有达到预期目的。在工厂里，技术员和工人们都非常敬重徐僖，还不时向他请教一些技术问题。学校机械厂设在校内，徐僖白天劳动，晚上回家后继续挑灯夜读。

半年的“改造”很快就结束了，他离开工厂，告别帮助过他的工人师傅，回到了心爱的教学和科研岗位。不久，徐僖完成了全部书稿，定名为《高分子物化学原理》，1960 年由化学工业出版社正式出版。这是我国高等院校高分子专业第一本教科书，也是我国高分子教育的里程碑。该书再版三次，总印数高达 24300 册，在当时已经是一个奇迹。可谁也没想到，这本专业教材是徐僖下放劳动期间在常人难以想象的恶劣环境下完成的，其中凝聚了徐僖无数的心血。

徐僖完成的我国理工科院校第一部高分子教材书影

三、克服困难　坚持发展

正当徐僖的研究工作有很大进展的时候，我国的国内外形势发生了重大变化。国内“大跃进”、“人民公社”运动如火如荼地开展起来。国际上，中苏关系开始出现裂痕，甚至发展到全面对抗。到20世纪60年代初，赫鲁晓夫下令撤走在中国援建专家，于是与徐僖合作的苏联专家尼古拉耶夫以及其他在成都工学院工作的苏联专家陆续撤离，徐僖从此失去了与国外同行进行学术交流的机会。尽管遇到了暂时困难，但徐僖带领他的科研团队继续发扬艰苦奋斗、自力更生的精神，在高分子研究领域不断开拓前进。

苏联专家离开后，徐僖冒着“特务”、“里通外国”的风险，想方设法搜集国外学术资料和研究动态。但是，个别研究人员为外语水平所限，难以利用这些资源，徐僖对此深感失望，他在一次会上语重心长地对大家说：“虽然我们在高分子研究方面开了个好头，但是，中国高分子学科水平比国外还差得远。”他经常要求师生多接触一些国外最新研究成果，了解高分子学科发展动向。他积极组织学生翻译俄文文献，然后油印成册分发给大家。对一些外语基础较差的老师则采取明确任务、定期翻译出一段文章，然后逐字逐句地加以修改，周而复始，这部分老师的外语水平有了很大的提高。

四、首创研究所　学科建体系

在“大跃进”火热的年代里，高校也开始了大跃进，学生人数成倍增加，各种研究机构雨后春笋般地建立了起来，成都工学院也在自己的优势领域一下组建了10多个研究所，其中在高分子化工系的基础上组建一个高等级的高分子研究所。1960年，经四川省高教局批准，成都工学院正式建立高分子研究所，任命徐僖担任高分子研究所所长。当时大部分新成立的研究机构负责人，都与那时生产领域一样浮躁，嘴上政治挂帅，心中赶英超美，花了很多经费，却收不到应有的实效，只有高分子研究所例外。在全国上下片面强调生产、广泛用生产劳动代替教学与科研的风气中。而高分子研究所不为浮躁之风所动，坚持将基础理论和应用研究有机地结合起来，并取得了可喜的成绩。

1961年1月，中共八届九中全会正式决定对国民经济实行“调整、巩固、充实、提高”八字方针，“大跃进”运动实际上被停止了。成都工学院也深入贯彻中央八字方针和“规模、任务、方向、专业”四定指示。1961年秋，学校调整重组为7个系、20个专业，高分子化工系（编号为四系）正式成立，这是我国第一个高分子化工系（1979年更名为高分子材料系），下设化学纤维、塑料工学、合成橡胶工学、皮革工学等4个专业，并建有6个教研组和之前成立的高分子研究所，高分子学科门类基本齐全，徐僖被任命为塑料教研组主任和高分子研究所所长，并决定以化工系、塑料工学专业为学校重点系和专业。经过一段时间的调整，成都工学院在“大跃进”中设置的大部分专业和研究所纷纷被撤掉，唯有高分子研究所和水利研究所两个科研机构因其成果丰硕而得以保留。

同年9月，中共中央批准试行《教育部直属高等学校暂行工作条例（草案）》，时称“高校60条”。在这个文件指导下，成都工学院通过决议，实行“少而精”的指导思想，修订教学大纲，加强基础课程教学。为此，学校组建了新的院务委员会，审议学校重大事务，徐僖被推举为委员。

成都工学院塑料工学专业初创阶段，徐僖在极其艰难的条件下编成和逐步完善了这个专业的教学大纲和课程讲义。1961年，根据教育部《解决高等学校和中等专业学校理、工、农、医各种教材的具体分工办法》，经化工部决定，成都工学院成为编写《塑料工艺学》、《化学纤维学》两部专业教材和《高分子化学及物理学》主要负责单位，由化工部教材办公室及主要参加的10多个单位代表共50余人组成编写组，于1962年4月16日至5月15日在成都工学院召开教材选编工作会议。教育部和化学工业部指定徐僖在他历年课堂讲义的基础上，编写塑料工学专业的基本教材，于是，《塑料工艺学》、《塑料的模塑及机械加工》、《高分子化学及物理学》（物理部分）等教材均以徐僖的讲义为蓝本定稿。在此前后，中国科学院编写了一套有关建国以来科学事业发展的内部参考材料，负责人也圈定徐僖，由他完成高分子科学发展的相关内容。

1962年，在徐僖主持下，由中国科学院主办、成都工学院承办的中国科学院高分子会议在成都隆重召开，这是我国第二次高分子领域的全国性专业会议，会议取得了圆满成功。在这次会议上，徐僖做了《热塑性塑料加工成型中若干理论问题》的主题发言。会议结束后，将这次会议论文选编为《中国科学院高分子学术会议会刊（1962）》，于 1964 年由科学出版社正式出版。

从 1962 年开始，因为中苏彻底交恶，国际关系恶化，国家开始把国防工业及相关科研事业单位向西南内地转移，上级指定给塑料专业的研究任务越来越多。从 1960 年底开始，徐僖除高分子力化学研究以外，又倡导进行高分子流变学方面的研究。接着又开创了多个学科研究方向，在学术界产生了重大影响。所有这些，已经不是一个小小的教研组所能完成的了。1964 年，经国家教委批准，在成都工学院正式成立高分子研究所，这是我国高校第一个经国家教育部批准的高分子研究所。此后，高分子研究所成了成都工学院的主要科研力量之一，形成了高分子领域的“川军”这一金字招牌。

早在 1954 年，徐僖《五棓子塑料》一书由重庆人民出版社出版，这是徐僖出版的第一部专著。1960 年，徐僖所著《高分子物化学原理》作为高等院校统一教材已由化学工业出版社出版。到 1965 年，徐僖译著《聚合物降解过程化学》由中国工业出版社出版。1966 年初，徐僖主编的高等学校统编教材《高分子化学及物理学》经化工部教育司教材编委会审定，送交化学工业出版社付印，不幸的是，该书稿在“文革”动乱中丢失，这成为徐僖终身的遗憾。从 1957 年至 1962

年，徐僖还在《化学工业》、《高分子通讯》、《化学通报》等刊物上先后发表了《影响塑料制品性能的因素》、《高分子物的溶解、溶胀及塑化作用》、《高分子物的弹回、回缩及抗冲击性能》、《改进塑料性能的机械—化学方法》等一系列高水平学术论文，其研究成果处于国际领先水平。

交叉学科是科学前沿的生长点。早在50年代后期，徐僖就十分重视力学与高分子化学两个学科交叉领域，最早涉足高分子材料加工成型基本理论。在以后数十年中，徐僖带领他的科研团队系统、完整地研究了聚乙烯、聚丙烯、聚氯乙烯、聚氧化乙烯和丙烯酸类树脂等十余种高分子体系的结构、形态和流变行为，为高分子材料制备和加工开拓了新途径，当时国外在这一边缘领域的研究也处于探索阶段。徐僖带领他的研究团队，在这方面开展了卓有成效的工作，取得了一系列处于国际领先水平的科研成果，并受到美国著名力化学家R.S.Porter和A.Casele的高度重视，R.S.Porter在其专著《聚合物应力反应》（美国纽约学院出版社1979年出版）（《Polymer Stress Reactions》，Academic Press，1979）中摘录并转载了徐僖20世纪60年代在相关领域取得的全部研究成果。徐僖感到遗憾的是，接下来的政治运动耽误了他的研究事业，近20年的宝贵光阴就这样白白地浪费掉了。

这时，高校又开始进行“课程改革”运动，徐僖开设的《高分子化学及物理学》课程也在其列。徐僖认为，他在教学上已竭尽全力，但因徐僖在原则问题上从不屈服，以及对科学研究始终不渝的坚持，因此前后得罪了不少领导。于是，就有领导三番五次地召见他，强迫徐僖承认那本在下放劳动时写成的《高分子物化学原理》教材“高分子化合物机械强度”一节中有机械唯物主义观点。徐僖很不服气，他认为科学是不能用“主义”来评判其价值的。于是，某领导擅自做主，不许学生到新华书店购买徐僖的著作。

1960 年 7 月，党中央在北戴河举行工作会议，会议提出要对国民经济实行全面调整。9 月 30 日，在中央批转国家计委党组《关于一九六一年国民经济计划控制数字的报告》时，第一次完整地提出了“调整、巩固、充实、提高”的八字方针。随后，大学里的调整改革也开始进行。徐僖研究小组的成果作为此时难得的亮点得到了上级的高度评价，他所领导的研究小组也成为四川省先进典型。成都市委召开了一次知识分子座谈会，为了营造一个轻松的氛围，就把这次会议取名为“神仙会”，意即让与会者像神仙一样自由交谈。会上，有人提出，教学改革中对徐僖的批判是不正确的，在逻辑上和科学上都是错误的，这个意见很快传播开来。到 1962 年春天，在广州全国科学规划会议上，有领导就对徐僖说：“你有气就出吧！”徐僖说：“我没有什么可出的，现在要以工作为重，何况我自己也有缺点。”批评过徐僖的领导也灰头土脸地前来道歉。他回答说：“现在的问题不是纠缠这个缺点、那个错误，而是如何搞好教学，培养青年骨干教师。”从中可以看出徐僖的胸怀是多么坦荡，心境是多么宽广，为了祖国的教育和科技事业，无论忍受多大的委屈，他都无怨无悔，而且工作热情依然高涨。有一次，徐僖的浙大同学武宝琦[①]前来拜访他，得知徐僖每天都要工作到凌晨，让他大吃一惊：“你为什么这么玩命地工作？”武宝琦不解地问。徐僖说：“苏联专家撤走后，学科建设受到了很大影响。我们只有发奋图强，自力更生，才能加速实现中国现代化，我们作为科技工作者，更是责无旁贷。”武宝琦不无感慨地说：“你挨过那么多批斗，还是那样热心报国，让我十分佩服！”

---

① 武宝琦（1922 年 1 月 24 日～），山西省霍县人。分析仪器仪表专家。他在成都仪器厂致力于仪器仪表工作 40 余年。他善于开拓，积极创新，为发展中国分析仪器特别是中国物性分析仪器及真空检测仪器做了开创性工作，是中国分析仪器、物性分析仪器的开拓者和学术带头人。

五、农场劳改 坚守希望

1966年5月中央政治局扩大会议和同年8月八届十一中全会的召开，相继通过了《五·一六通知》和《关于无产阶级文化革命的决定》，成为“文化大革命”全面发动的标志。全国掀起了批判“资产阶级反动路线”的狂潮，“红卫兵”突起，并在全国范围内进行“大串连”，各级政府、党委迅即瘫痪，上至省委书记、省长，下到基层教师、技术骨干，很多都成了被批斗的对象，徐僖也不例外。他曾在个人简历中这样写道：“在‘文化大革命’期间，我被扣上‘反动学术权威’帽子，被赶出我参与创建的实验大楼，令我十分痛心。白天遭受‘批斗’、‘劳改’，到了夜晚，我默默忍受着精神上的创痛，继续研读我喜爱的学术专著。我相信：我们的国家离不开科学技术，眼前的一切总有一天会结束。”他身处逆境，但始终坚守自己的信念，看到祖国光明的未来，无论多大的困难，都阻挡不了徐僖对学术和真理的不懈追求。

有一次，徐僖正带着几名学生在外地考察，听说研究所受到冲击，他匆匆赶回成都，突然发现眼前的情况比想象中还要糟糕。没过几天，一伙红卫兵闯进徐僖的实验室，限令他和他的研究团队在半小时内离开科研大楼。几天后，徐僖被抓去批判，“打倒牛鬼蛇神徐僖！”“打倒臭老九徐僖！”“深入揭批刘少奇在塑料领域代理人徐僖的反动罪行！”喧哗和喊叫，声声刺耳。徐僖被扣上“反动学术权威”的帽子，被赶出他参与辛勤创建的实验大楼，虽然遭受了沉重打击，但他心里仍然珍藏着对祖国深沉的爱，对发展科教执着的信念。白天遭受“检讨”、“劳改”的折磨，每到夜晚，他默默地忍受着精神上的创痛，继续研读他喜爱的学术著作。徐僖住在校内 16 舍，四川特有的阴霾冬天，让这里倍感寒冷。四川大学数学系一位教师罗家骏住在相邻的 15 舍，也住在一楼。这位中年老师得了神经衰弱症，有时晚上睡不着，就出去走走，透透气。有天深夜，罗家骏不能入睡，便起身出门散步，突然发现 16 舍一楼一间房间的灯还一直亮着。透过贴在玻璃上已经破烂的窗纸，只见徐僖还坐在灯下孜孜不倦地读着书，他顿时感慨万千。十多年过去了，他把这件事讲给徐僖的一位研究生徐闻听：“你的老师太了不起，文革中他白天受批斗，深夜却还在看书，真让我佩服！”之后徐闻问导师：“为什么在那种情况下您还要坚持看书呢？”徐僖坚定地回答说：“中国要富强，就离不开科学技术，当时想，困难只是暂时的，总有一天会过去。国家会急需科学技术，我们不能中断科学研究，要为那一天的到来做好准备。”在那艰难的岁月里，心系祖国的徐僖在困难中仍然坚守着希望，相信光明的未来一定会到来，这不是一般人所能做得到的。

高分子研究所的很多师生，无不佩服徐僖不屈不挠的精神，他们当中的许多人在最困难的日子里都得到过徐僖无微不至的关心和帮助，都不愿意批判他。其他一些系的师生听说徐僖的感人事迹后，也对某些人批判徐僖愤愤不平，在批斗会上不肯喊口号，故意吹口哨、跺脚、嘘声，甚至集体退场以示抗议。有的学生和青年教师暗地里联络起来，打算以“红卫兵”的名义把徐僖劫出学校保护起来。许多支持徐僖的师生被视作“徐僖余党”，遭到种种不公正待遇，有些人被拉到批斗会上“陪斗”，甚至被发配到工厂里进行劳动改造，前后受此牵连的有近百人之多。

批斗会持续了几周，就进入“劳动改造”阶段，徐僖被下放到邛崃县一处农场进行劳动改造，接受贫下中农再教育。徐僖到了邛崃，和大家一起住集体宿舍，生活条件相当艰苦。徐僖去邛崃之前，对几位偷偷前来送行的学生说：“你们来见我这件事，万万不可让其他人知道，免得落下什么把柄。今后有人提到徐僖，你们要说，这个人是反动学术权威，坏极了，我跟他没有任何往来！”即使自己身处逆境，徐僖首先想到的是如何保护学生，把学生的安危放在第一位，绝不能让他们受到任何牵连。

到了劳改农场，徐僖和其他接受劳动改造的老师白天劳动，挖沙、修路、整治菜园，晚上回到阴暗潮湿的集体宿舍。每周参加固定的政治学习，能听到各地传来的消息，说某某又被打倒了，要大家深入批判他的反革命罪行。看到国家领导人一个个被打倒，许多人彻底失去了对未来的希望，他们感到自己太渺小了，只有听从命运的摆布。而徐僖却始终坚信，目前的困难只是暂时的，黑夜后的光明一定会到来。

当时劳改农场要新建一条道路，“黑帮分子”、“反动学术权威”们都被拉去修路，徐僖当然也在其中。徐僖做了几天工，负责打扫厕所，锤石子，筑马路。有位管教人员平时跟徐僖有些接触，他很同情徐僖，不想让这位瘦弱的中年人承受如此繁重的体力劳动。在劳动队伍出发时，这位管教人员十分严肃地对徐僖说：“徐僖，你的问题那么严重，要交待，不能出去修路！”等修路的人们都离去了，徐僖随着管教人员来到办公室。管教人员随手拿给他一些报纸，还倒了一杯茶，轻言细语地说：“你身体那么瘦弱，天又那么热，你会受不了的，在这儿休息一会儿吧！”没过多久，就叫他回集体宿舍去了。从那以后，管教人员经常以类似的理由，不让徐僖去“劳动改造”，留在宿舍“写检查”。还有许多像这样具有同情心的人被徐僖执着的精神所感动，他们用各种方式为徐僖提供力所能及的保护和帮助。

“文革”开始后，徐僖的工资被扣发了，每月只给80元生活费，他要靠这点收入养活全家六口人，生活变得异常艰难。有些老师和学生知道徐僖的困难后，就尽力给他一些资助——尽管他们自己的生活也并不宽裕。还有些过去受过徐僖帮助的人，也时常来看望他，给他送些东西。即使这样，恶劣的工作环境，清苦的生活条件，以及来自外界的巨大压力和冲击，还是给徐僖造成了很大的伤害。当时住在集体宿舍的老师拖着疲惫不堪的身体早早地休息了，有的老师用打扑克、下象棋的方式打发一天的疲劳，只有徐僖还在灯火阑珊的深夜里专心致志地看着书。邛崃劳改学习组听说徐僖还在读书，立刻组织人进行批判，说他“人还在，心不死”。批判持续了好多天，直到批斗的人也疲惫了方才罢休。徐僖以前曾得过眼病，下放劳改时又长期在昏暗的灯光下读书，对眼睛伤害很大，于是眼疾日趋严重。邛崃劳改农场没有合适的医疗条件，上级又不准他回成都看病，一位西昌籍学生陆载梠偷偷地拿走徐僖的药单子，买了几十副中药为徐僖治眼病，没有明显好转。由于失去了及时治疗的机会，徐僖的右眼逐渐失明了。在以后漫长的岁月中，徐僖一直坚持用一只高度近视的左眼不知疲倦地工作和学习。

几十年后，徐僖谈起他这段不平凡的经历时感慨地说："人心是杆秤，许多同志心里有我，我已经足够了，我个人受到的这些委屈又算得了什么。每天晚上，我就伏在灯下潜心钻研业务，白天的疲劳、痛苦和委屈统统抛在脑后。当时我就坚信：知识报国就是爱国，中国要富强，离不开科学技术，眼前的苦难只是暂时的，总有一天会结束的。"

六、国防科研　建功立业

1970 年，全国开始恢复秩序，各级党政机关重新建立了起来。以国防事业的发展为契机，科技人员重新得到重用。

20 世纪 60-70 年代，位于大西南腹地的重庆在三线建设中新建了许多军工企业，这些企业担负起了国家多个先进装备的设计和制造任务。随之，材料及其加工领域的很多技术薄弱环节就暴露了出来，棘手的难题一个接着一个，工厂技术人员又难以解决这些问题。

这年夏天，重庆一家军工厂遇到军工生产急需的技术革新和新材料研制等问题，当时在西南地区的材料专家并不多，该厂首先想到了徐僖。听说他下放到邛崃被管制，失去了自由，便来函联系要求派他去重庆。很快，这个要求得到了上级批准。徐僖喜出望外，顾不得头上还戴着“帽子”，立刻欣然前往，他就是在这样的背景下重拾研究工作的。

作为厂里请来的技术专家，上到厂长，下至一般工人，都非常尊敬徐僖。每到吃饭的时候，厂里就会派人专门给徐僖送上精心准备的饭菜，这反而让徐僖很不高兴，他说：“我这么搞特殊，别的先不说，首先大家的工作积极性就会受到打击。”他一直坚持到食堂里排队打饭。工厂食堂最便宜的菜要算小白菜了，每份 5 分钱。因为便宜，每到吃饭的时候，这个窗口总是特别拥挤，人们拼命地往前挤，才能买到一份白菜汤。工厂里有几位毕业于成都工学院的技术人员，都是徐僖培养出来的学生，听说自己的老师要来厂里指导工作，那种高兴劲儿就别提了。可是一见了面，看到眼前令人崇敬的徐老师骨瘦如柴，他们心里有说不出的酸楚。其中一位随行的本校赵老师是北方人，身材比较高大，她看到徐僖排在拥挤的队伍中，就对他说：“徐老师，你身体不好，千万不要再到这里挤了，以后我就帮你打饭吧！”从那以后，赵老师每天早早地去了食堂，先给徐僖打一份小白菜，免得他在人群中挨挤。

徐僖来到厂里后，详细听取了厂领导的介绍，以及需要解决的技术问题。徐僖知道，要解决金属零件成型问题，目前国内还没有可资借鉴的研究成果，徐僖所面临的已不再是理论上的突破，而是一个实实在在的技术难题。从传统加工方法来看，一般是将金属材料加热后再挤压成型，类似铁匠铺里几千年来沿用的工艺。但是，重庆军工厂却遇到了难题，由于金属热胀冷缩，以及这种胀缩相关的机械性能的变化，导致成品强度不够，在火药爆破的冲击下极易破裂。若要冷挤压加工，又无法保证预定的形状和均匀程度。为了解决这个难题，徐僖与技术人员、工人们一起夜以继日地在工厂实验室和车间里进行研究和实验。经过徐僖不懈的努力，金属冷挤压成型工艺难题终于被攻克了，用于复铜弹壳3.4连引的高分子润滑剂的研制也取得了圆满成功。其研究成果《高分子固体润滑剂》和《金属冷挤压工艺的应用》后来获得1978年全国科学大会奖。

金属冷挤压成型工艺难题得到圆满解决，军工厂的另一个技术难题又摆在了徐僖的面前。军工厂是我国各种规格的枪弹和炮弹生产基地，但金属弹壳经过一段时间存放后，就会氧化、锈蚀，变得脆弱而危险。所以，出厂之前，要对弹壳进行抗氧化处理，技术上称为“钝化”。重庆这家军工厂，钝化弹壳采用重铬酸钾氧化的方法，在弹壳表面形成一层保护膜。但是，这种方法会产生大量含有六价铬的废水，具有很大的毒性，并随食物链富集产生更大的危害。当时工厂对废水的处理主要采用苏联的陈旧方法，不仅导致许多一线工人癌症发病率升高，而且大量污水排入长江后，严重污染长江水质和生态环境，这是一个亟待解决的大问题。当时大家都知道解决这个问题的难度很大，如果要承担这个项目，至少需要十五六年的时间，这需要承担者有足够的胆量和勇气。而徐僖毅然承担起了这个项目，决心解决这个难题。工厂领导对他十分敬佩，全力支持他的工作。但上级却告知，这项工作难度很大，现有条件不足，只能靠徐僖和他的技术人员自己想办法完成。很多人考虑到可能需要花费 10 多年的时间，就开始动摇了，有些人也劝徐僖放弃，这反而把徐僖给激怒了："这是对子孙后代负责的大事，谢谢你们的好意，对不起，我必须做到，不要说 10 年，就是 20 年我也要做，退休了还可以回家继续研究！"于是徐僖带着师生在工厂同吃同住，到全国各地调研，经过不懈努力，徐僖和他的科研团队仅用了 3 年时间，就发明了枪弹底火壳无铬钝化新工艺，工厂每年对长江的污染降低了一半，而且不再排放高毒性的含铬废水，根除了钝化工艺中长期未能解决的铬污染问题，其研究成果《枪弹底火壳无铬钝化新工艺》分别获1981年国防科工委重大科技成果奖和1983年国家发明奖，这是徐僖在重庆期间奋力拼搏的结果，也是他在艰难岁月中献身科学、报效祖国的历史见证。

徐僖在重庆军工厂的6年中，先后完成了多项技术革新和新产品试制任务。以后，相关科研技术得到更广泛的推广，为我国国防工业做出了重要贡献。

第十一章　科学的春天

一、拨乱反正　事业长青

1976 年 10 月，以“阶级斗争”为纲的“无产阶级文化大革命”终于结束了。尤其是“十一届三中全会”的召开，党中央拨乱反正，做出了把工作重点转移到社会主义现代化建设事业上来的战略决策，确定了对内搞活经济、对外开放的方针，改革开放的春风吹遍神州大地，在 1978 年全国科学大会上，邓小平提出了“科学技术是生产力”、“四个现代化关键是科学技术的现代化”、“知识分子是工人阶级的一部分”等重要论述，澄清了长期以来束缚科学技术发展的重大理论问题，打开了“文化大革命”以来严重禁锢知识分子的桎梏，科技生产力得到了极大的解放，我国知识分子终于迎来了科学的春天。全国科学大会的胜利召开标志着我国科学技术事业进入了一个崭新的时代，一个向科学技术现代化进军的号角在全国吹响。

十一届三中全会以后，教育战线也迎来了科学发展的春天。在拨乱反正的过程中，提出了“尊重知识、尊重人才”的口号。在十年动乱中，成都工学院受到了很大的冲击，“文革”前期，学校大部分骨干教师被隔离在教学、科研一线之外，学术长期荒废，科研队伍青黄不接，后备力量严重不足。到“文革”后期，学校已开始恢复各级组织。1972 年，工农兵学员开始复课。1973 年，还在重庆的徐僖被召回学校，学校任命他担任塑料合成教研组组长。此后，他经常回到科研大楼，负责一些科研和实验课题。1975 年 12 月，任高分子合成专业委员会副主任。1976 年，徐僖全职回校，至此他在重庆已工作了 6 年，取得了多项发明专利。临行时，工人们依依不舍地把他送上回蓉的列车，目送他远去。

徐僖回到学校后，重新组织了科研队伍，迅速召回流散在各地的旧部，着力培养青年教师队伍。“现在最大的问题是教师队伍青黄不接，我们必须重视对下一代的培养，不然，几年后我们将陷入困境。”徐僖在会上不无忧虑地说道。

1966 年 6 月，中国高等院校停止招生，研究生招生工作也停止了，选拔、派遣留学生工作在中苏交恶以后早已停止。1966 年到 1977 年，中国的大学教育几近瘫痪，没有高考，也就没有经过统一正规考试的大学生在校学习。1977 年 8 月，刚刚复出的邓小平主持召开了科学与教育工作座谈会，此次会议决定恢复中断 10 年之久的高考。恢复高考是中国教育乃至中国历史上的一件大事，高考的恢复提升了高等教育质量，使我国的人才培养重新走上了健康发展的轨道。全国恢复高考后，成都工学院高分子化工系通过全国统一考试招收了第一批本科生，高分子化工、塑料成型加工、化学纤维、皮革专业的科研教学工作全面恢复正常。1977 年前后，高分子力化学、流变学、油田化学等方面的研究重新开始，一些研究团队得到充实和加强。1978 年 1 月，成都市革命委员会召开科学代表大会，高分子化工系的有机化学科研组作为先进集体、徐僖作为先进个人受到表彰并获奖。1978 年 2 月，他任高分子材料科学负责人。同年 3 月，徐僖作为特邀代表出席全国科学技术大会。同年，高分子润滑剂获四川省重大科技成果奖。此后，徐僖又获得四川省科学技术先进工作者、成都科技大学先进个人（1979 年）、四川省劳动模范（1980 年）等称号。

1978 年 7 月，学校决定恢复在“文革”中已不复存在的高分子研究所。从研究所重新恢复工作到 1983 年短短5年的时间里，该所承担了中央各部门和省、市下达的数十项研究任务，包括“文革”期间的研究成果，共获得全国科技大奖7项，省科技大奖11项，重大科技成果奖8项，参加国际性学术交流论文4篇，全国性学术交流论文25篇。经过调整，高分子研究所建立起了4个研究室和一个试验车间。

1978年9月，成都工学院恢复了停止12年的研究生招生。共招收了10名研究生，其中高分子材料学科6名，化工系2名，皮革系2名；高分子研究所有3名研究生由徐僖亲自培养指导。他说：“今后的趋势，研究生肯定会越来越多，你们今后也会招收更多的研究生，一定要记住保证培养的质量。”1981年9月，徐僖精心指导的3名研究生全部顺利通过了毕业论文答辩。这次答辩委员会由中国科学院学部委员及高分子材料科学方面的有关专家、教授组成，答辩委员会对这批论文的质量给予了高度评价，认为在徐僖指导下进行的关于高分子超声波反应的研究在我国独树一帜，填补了我国高分子力化学研究的空白。答辩委员会全票通过论文，并建议授予硕士学位。

1978年10月27日，经国务院批准，成都工学院更名为成都科技大学，列入全国88所重点大学之列，由中国科学院主管，并成为中科院直属的三所高校之一

（中科大、浙大、成都科大），成都科技大学也是当时全国八大工学院中第一个改为“大学”的高校，并且与中国科技大学、国防科技大学一起成为70年代末80年代初国内仅有的三所称作“科技大学”的全国重点大学。1993年11月，与同属国家教委的全国重点大学四川大学合并改称四川联合大学，1998年12月22日更名为新的四川大学。1979年1月，经中国科学院教育局同意，学校对教学体系进行了调整，高分子化工系改建为高分子材料系，由徐僖任系主任，依旧设高分子化工、塑料成型加工、化学纤维、皮革工程等专业。原高分子化工系的有机化学、高分子化学及物理学两个教研室划归化学系。又根据中国科学院“学校招生专业要尽可能与科学院所属的科研机构对口”的指示，将原“高分子化工专业”更名为“高分子合成专业”，“塑料成型加工”和“化学纤维”两个专业合并成“高分子材料工程专业”。后来由于轻工部和纺工部要求学校继续办“塑料成型加工”和“化学纤维”两个专业，根据教育部指示，1982年后仍按原两个专业招生培养。

二、战胜病魔　身残志坚

1978年，党的十一届三中全会胜利召开，改革的春风吹遍了祖国大江南北，科学的发展迎来了明媚的春天。然而就在高分子研究所新的发展蓝图刚刚绘就的时候，徐僖却病倒了。

徐僖年轻时刻苦用功，忘命工作，不重视自己的身体，长期积劳成疾，得了支气管炎。在“文革”中，恶劣的生活条件，繁重的工作，使他的病情不断加重。但那时徐僖还觉得没关系，挺一挺就过去了。粉碎“四人帮”以后，徐僖深感报国之日甚短，因而报国之心倍切，平时工作都是超负荷运转，几乎没有给自己留下任何节假日，过度的劳累损害了他的健康。1978 年，徐僖亲自带领师生到油田考察时，一路不停地咳嗽，竟咯出血来，徐僖以为还是支气管炎在作怪，没有引起重视，病情就这样拖延了下来。1979 年，徐僖在北京参加中美化工学术会议期间突然咯血晕倒，被及时送到医院进行抢救。在身体还没有完全恢复的情况下，他又开始投入到忘我的工作中。1980 年 4 月底，徐僖准备到隆昌出差，临行前，徐僖担心又会出现咯血，于是到校医院找吴元惠医生开一点治咯血的药。还没等吴医生开口说话，徐僖就迫不急待地说：“吴医生，我明天出差去隆昌，你开几片止血药给我在路上吃……哦，大概是喉头或者支气管发炎吧，咳嗽吐痰，带点血丝儿。”吴医生认真地为徐僖作了检查，然后轻声地问：“你是痰中带点血丝儿，还是咯血？”“哦……我车票都买好了，明天去隆昌，给企业上高分子课。”吴医生不慌不忙地说：“别急嘛，我刚才那个问题需要您回答：究竟是痰中带血，还是咯血？”“是咯血。”徐僖不得不实说。“你是什么时候咯第一口血？第二次，第三次……是什么情况下咯出来的？每次咯血量有多少……”吴医生继续问道。徐僖实在耐不住了，转身要走。“不，您不能走！”吴医生激动起来，“马上作胸透，进行紧急治疗，不许出差，病人同志！”

徐僖在没有任何思想准备的情况下被送进四川医学院附属医院治疗。他放不下自己的工作，住进医院后，一直坐卧不安。很快，医院的检查结果出来了，徐僖肺部发生了严重病变，需要做左下肺切除手术。手术之前，因为还没有做组织学鉴定结论，医生怀疑徐僖是否得了肺癌："我真的很难相信，徐僖教授还能在这样的身体条件下坚持工作。”主治医生说，“这太拼命了。”

徐僖性子急，对工作要求严格，然而对待同事和助手又十分关心。徐僖住院了，这一消息不知牵动了多少人的神经，他们都想去医院探望、慰问。病房的门被打开了，走进来徐僖的两位助手。徐僖望着他们，以为他们是来探讨工作和学术问题的，当说出是专门来看望他时，徐僖立刻下了逐客令，命令他们赶快回去好好工作。

党和政府对徐僖的病情和治疗十分关心，成都市委负责人指示医院组织最优秀的医生为徐僖做手术，并尽快查明病情，及时治疗，保障药品供应。九三学社成都市委领导接到徐僖病重的消息，也立刻赶赴医院探望。

徐僖意识到自己病情的严重性，心里已做好了最坏的打算。他利用做手术的预备期，不动声色地回到学校，安排好他所承担的科研、教学任务，修改完他承担的《中国大百科全书·化学卷》有关高分子化学部分纲目书稿，还填报了两位中年教师晋升职称的推荐表。5月21日清晨，他从容地进入手术室。

苍天有眼，徐僖左下肺切除手术进行得非常成功。组织镜鉴结果，肿瘤是良性的，大家终于松了一口气。医生嘱咐他住院治疗三个月，再疗养半年。那时正是“文革”结束后重建学科和科研基地的关键时期，他再也无法安心地躺在病床上，一个月后，徐僖就非常迫切地要求回校上班。

“你这样太冒险了，休息太少，身体还没有完全恢复啊。”医务人员对他再三劝说。

“可是还有太多太多的事情等着我去处理，耽搁得越久，今后的工作越不好开展。”徐僖心急如焚地回答道。

两个月后，他不顾医生的强烈劝阻，提前返回到工作岗位，而且一干又是几十年。他说："我生命的这几十年是'捡'来的，所以我要倍加珍惜。"他用超人的意志，全力以赴地投入到繁重的科研和教学工作之中。

第十二章 高分子学科发展的里程碑

一、四位一体 学科领先

20 世纪 80 年代，成都科技大学高分子材料学科迎来了新的发展机遇。

1981 年起，徐僖长期（共三届）担任国务院学位委员会和教育部学科评议组成员。同年，教育部成立首批硕士、博士学位的学科评议组，徐僖参加了这次评议。经国务院学位委员会和教育部批准，成都科技大学列为首批授予学士学位的高等学校。同年 7 月，徐僖作为首届非金属材料学科召集人参加了评议会，担任国务院第一、第二届学科评议组（材料科学与工程）成员，一直到 1992 年。同年 9 月，教育部将成都科技大学高分子材料等四个学科纳入教育部重点学科规划总表，其中高分子材料学科的主要研究方向为聚合物结构与性能，徐

徐僖（中）在京西宾馆参加国务院学位委员会非金属材料学科组第三次会议（1986 年 北京）

僖为主要学术负责人。同年 8 月，成都科技大学被列为首批硕士学位、博士学位授予单位，高分子材料为博士学位授予学科专业，徐僖被批准为首批博士生导师。同时，成都科技大学也组建了首届学位评定委员会，徐僖任主任。1982 年 4 月 8 日，教育部党组任命成都科技大学新的党政领导班子，徐僖是新任命的五位副校长之一。1983 年 12 月 30 日，教育部党组根据中央对干部“革命化、年轻化、知识化、专业化”的要求，调整了学校领导班子，徐僖改任学校顾问。1984 年 1 月，塑料成型加工增列为国务院学位委员会公布的第二批硕士学位授予学科专业。1985 年，经国家教委批准，成都科技大学组建第二届学位评定委员会，徐僖继续担任主任。1986年，原高分子材料系分解重组，形成了高分子材料系、塑料工程系、化学纤维系、皮革工程系、高分子研究所等四系一所的宏大学科体系，徐僖继续担任高分子研究所所长，学科点学术带头人。1987年，成都科技大学高分子学科点被评为全国重点学科。同年起，经教育部批准，高分子材料专业举办了两届助教进修班，来自全国18个省市26所高校的60多名学员参加了培训，为全国高校培养了一批师资力量。1989年，经国家教委批准，成都科技大学第三届学位评定委员会继续由徐僖担任主任。

1988年，成都科技大学向国家申请建立高分子材料工程国家重点实验室，申请立项的实验室由高分子材料学术带头人、博士生导师徐僖主持，共设油田高分子材料、复合材料等多个研究室和高分子材料研究开发站，研究方向主要有多组分多相高分子材料研究、高分子材料流变行为及成型加工技术研究、新技术在高分子材料制备改性和加工中的应用等。1988年12月，国家计委确定高分子材料工程被列为国家重点实验室备选子项目。1989年6月16日，国家计委《关于确认世界银行贷款“重点学科发展项目”子项目的通知》正式批准高分子材料工程为国家重点实验室建设项目，预分配贷款额度为 130 万美元。同年 10 月，评审通过了项目的可行性研究报告，由徐僖主持建设高分子材料工程国家重点实验室。1990 年 10 月，国家计委《关于下发“试点实验室管理计划”函》将高分子材料工程确定为试点实验室。1995 年 4 月通过国家验收，成为全国七个试点实验室之一。1996 年正式向国内外开放，徐僖是重点实验室创始人和学术带头人。1997 年，学校利用国家投入的经费修建了 6000 平方米的高分子材料工程国家重点实验大楼，主要用于高分子研究所和重点实验室的管理、科研、分析测试以及研究生培养。1992 年 10 月，全国博士后流动站管理委员会正式批准成都科技大学建立高分子材料博士后流动站。

1995 年 1 月，四川联合大学（四川大学、成都科技大学）决定成立 14 个学院，其中由高分子材料系、塑料工程系和高分子研究所以及无机材料系、材料科学系组成材料科学与工程学院，化学纤维专业归轻工与纺织工程学院纺织工程系，徐僖继续担任高分子研究所所长。1998 年，塑料工程系和高分子材料系合并成高分子材料科学与工程系。2001 年 7 月，新成立的四川大学决定以高分子材料科学与工程系和高分子研究所、高分子材料工程国家重点实验室为主体，归并原纺织工程学院化学纤维方向和原化学工程学院的高分子化学与物理教研室组建高分子科学与工程学院，成为教育部直属重点高校中第一个以高分子科学为主体的学科型学院，徐僖继续担任高分子材料学科点学术带头人、高分子研究所所长。

徐僖和几代师生经过近半个世纪的艰苦努力，历经无数艰难曲折，将我国最早的塑料工学专业发展成为我国高分子材料领域第一个拥有博士点、博士后流动站、国家重点实验室和国家“211”工程重点建设学科“四位一体”的科研和高层次人才培养基地，取得了许多有重要价值的科研成果，2003年该基地进入国家“985”工程。

2008年10月28日徐僖主持高分子材料工程国家重点实验室第四届学术委员会第五次会议和顾问会议

半个世纪里，四川大学高分子材料学科点为国家培养了上万名高分子材料专业人才。徐僖率领他的科研团队通过几十年坚忍不拔的努力，在科学研究、人才培养、队伍建设、学术交流等方面取得了显著成果，并协助相关企业解决了大量关键技术问题，已成为国内高分子材料高性能化和高分子材料加工成型理论研究方面实力雄厚的科研基地以及国内外有影响的从事高分子研究与应用人才培养基地。他的许多弟子目前已成为国内高分子研究领域的学术骨干，一些著名院校和科研单位的学术带头人，成为教育部“长江学者奖励计划”特聘教授、国家杰出青年基金获得者、教育部“跨世纪优秀人才基金”、“新世纪优秀人才支持计划”获得者、“新世纪百千万人才工程”入选者、中国化学会青年化学奖获得者等。

如王琪是四川大学高分子材料工程国家重点实验室主任、高分子研究所副所长，曾首批入选国家教委“跨世纪优秀人才培养计划”，曾获“宝钢教育基金优秀教师奖”，“全国优秀留学回国人员”，“全国教育工会女职工先进个人”，“有突出贡献的中国博士学位获得者”等称号，教育部“长江学者奖励计划”特聘教授，教育部“长江学者和创新团队”“高性能高分子材料制备与加工新技术新原理”团队带头人，四川省学术和技术带头人，中国材料研究学会理事，中国化学学会高分子学科委员会委员，中国塑料协会工程塑料专业委员会副理事长，中国机械工程学会材料分会高分子材料专业委员会副主任委员，《科学通报》特邀编辑，《高分子学报》、《高分子材料科学与工程》等期刊编委。主要从事聚合物共混和复合材料，高分子材料制备新技术等方面的研究。主持承担“973”子项目、“863”项目、国家自然科学基金重点项目、面上项目、教育部重点研究项目以及国际合作项目等多项科研项目。在用催化接枝技术制备新型聚合物/纤维复合材料，用高分子复合方法制备新型高分子固体电解质、新型微观复合材料、新型聚合物驱油剂、新型无卤阻燃剂、实现聚乙烯醇热塑加工、高分子力化学，聚合物纳米材料制备新技术和聚合物加工成型新方法等研究方面取得成果。发表学术论文200余篇，许多论文为SCI和EI等收录。申请中国发明专利23项，已授权14项。科研成果曾获教育部科技进步一等奖、二等奖等。李惠林是高分子力化学、高分子共混和复合材料的研究专家，承担了包括国家自然科学基金重点项目、国家“八五”、“九五”重点科技攻关项目、国家攀登计划项目中子课题等10余项科研项目，曾获国家自然科学奖二等奖、国家发明四等奖、国家教委科技进步一、二等奖等多项奖励，获准中国发明专利四项。郭少云是高分子力化学、聚合物加工流变学、聚合物功能复合材料制备新技术、聚合物注射成型过程中形态结构演变、聚合物共混复合材料和聚合物加工新方法研究方面的专家，负责多项国家支撑计划、国家“863”计划、国家自然科学基金重点项目等。卢灿辉是高分子固相力化学、高分子超微粉体和纳米材料、天然高分子材料、废弃高分子材料回收新原理和新技术方面的研究专家，长期从事天然高分子功能材料、膜分离和膜反应器、高分子超微粉体、高分子应力诱导反应及聚合物-金属声学功能复合材料、木材-无机纳米原位复合及微波吸收材料等方面的研究，尤其在应用力化学方面建立了废旧轮胎橡胶的常温超细粉碎制备高活性微粉和固相力化学脱硫技术，并取得突破性进展。先后主持国家自然科学基金、国家“863”计划课题等多项国家级项目。张爱民在聚合物结构动态原位表征、聚合物微波加工机理等领域开展了富有特色的创新工作，其高分子材料微波辐照加工新方法为通用高分子材料高性能化提供了理论基础和新途径，承担并完成了国家自然科学基金、“863”、“973”等国家级重点项目以及大型企业委托项目等20余项，授权中国发明专利6项，研究成果曾获中石化科技进步一等奖，不仅为企业带来了良好的社会效益和经济效益，而且其形成的创新理论具有重要的指导意义，在体现四川大学高分子研究所产、学、研特色方面成绩显著。

徐僖培养的弟子更多的走出川大，奋斗在全国众多高等院校、科研院所和生产企业，其中许多人成为相关岗位的学术和技术骨干或领导者，甚至成为国际知名学者和高分子研究领域的领军人物。

如徐坚，中国科学院化学研究所研究员，博士生导师。长期从事高分子物理与化学（结构与性能关系）研究，承担“973”、国家自然科学基金、军工、国际合作等研究项目，在高分子分子量及其分布的GPC表征方法研究、溶胶—凝胶转化和智能凝胶、嵌段和接枝共聚物的制备、结构和形态表征，高分子表面活性剂的溶液行为以及聚合物材料加工助剂工业化等方面做出了重要贡献，其参加的“在超声波辐照下聚合物的降解及嵌段接枝共聚”项目研究，获得1985年国家教委进步二等奖，四川省重大科技成果二等奖，1987年获国家自然科学二等奖。曾任中国科学院化学研究所副所长、学术委员会委员，中国科学院高分子物理与化学国家重点实验室副主任、国家重点实验室学术委员会委员，中国科学院分子科学中心学术委员会委员，国家科技部“863”新材料领域高性能结构材料主题专家组组长和高性能碳纤维关键技术专项组组长，任中国材料学会常务理事，国家“863”计划新材料领域专家组首席专家，国家“973”

计划碳纤维项目首席专家，国家基础科技条件平台项目负责人，中国材料研究会副理事长，中国化学会高分子委员会委员，北京市化学会副秘书长，《高分子通报》、《化工新型材料》副主编，数种学术期刊编委。又如中国工程院院士、华南理工大学教授瞿金平长期从事塑料成型机械及加工领域研究，先后承担并完成了国家火炬计划预备项目，国家“八五”、“九五”、“十五”重点科技攻关项目，国家杰出青年基金、国家自然科学基金等20多项国家级重点项目，尤其在主持国家“九五”重点科技攻关项目“聚合物动态反应加工技术及设备开发”中，提出并发明了聚合物动态塑化成型加工方法及技术，开辟了全新的聚合物动态成型加工研究领域，并创立新理论，开发塑料动态成型加工系列装备，通过技术攻关，取得了具有原创性、实用性的重大成果，使我国在该领域处于技术领先水平，打破了我国在塑料机械领域靠引进、跟踪、低水平仿制技术的格局，为推动塑料成型机械技术进步做出了突出贡献。该成果先后取得8个国家和地区的发明专利权，获国家技术发明二等奖和中国发明专利金奖，教育部“长江学者奖励计划”首批特聘教授，担任两届华南理工大学副校长、华南理工大学材料加工工程国家重点学科带头人、聚合物新型成型装备国家工程研究中心主任、聚合物成型加工工程教育部重点实验室主任等。

张建春，1999年获四川大学材料学博士学位，少将军衔，总后勤部军需装备研究所副所长兼总工程师，四川大学、北京化工大学、东华大学博士生导师，美国Texas和Georgia大学访问教授。长期从事高分子材料和特种防护服装的研究与开发，在迷彩伪装理论与技术方面取得突出成果，研制成功适应高技术条件下作战防护需要的系列迷彩装备；开展化学纤维仿真理论与技术研究，开发出多项工艺技术与设备，研制成功具有特种功能的化纤仿毛织物；开展防水透湿功能薄膜的研究，研制成功了聚四氟乙烯微孔薄膜双向拉伸工艺技术和装备；开展功能鞋靴材料研究，发明了纤维增强橡胶发泡工艺技术和直接成鞋模压设备；全面开展麻类特种生物资源综合利用技术研究，初步形成了种植加工产业链，为促进老少边穷地区经济发展做出了贡献。1999年入选“国家百千万工程”第一层次人才，2000年被评为“总后科技金星”，2004年中央军委主席签署命令，给他记个人一等功，同年获“何梁何利基金科学与技术进步奖”、2006年获“中国人民解放军杰出专业技术人才奖”；获“国家科技进步一等奖1项，二等奖1项，“国家发明二等奖”1项，“军队科技进步一等奖“5项，均为第一完成人。获国家发明专利18项，出版著作6部，发表论文被 SCI、EI、ISTP、CSCD 收录 103 篇。

徐卫林，曾任武汉科技学院副校长、材料与纺织研究所所长、教授、博士生导师、1997 年 6 月至 1999 年 3 月在四川大学高分子材料工程国家重点实验室进行博士后研究工作。入选湖北省“新世纪高层次人才工程”第一层次人才、并入选国家“新世纪百千万人才工程”，享受湖北省政府专项津贴，兼任湖北省纺织新材料及其应用重点实验室主任，华中科技大学、东华大学、西安工程大学等院校研究生兼职导师及客座教授。致力于新型纤维材料的研究及纤维材料的改性、纺织测试仪器的研发及指标的建立、纺织新产品的开发等，先后主持国家自然科学基金及教育部、省市科委的重大科研项目 20 余项。其主持研发的“高效短流程嵌入式复合纺纱技术”获得 2009 年国家科技进步一等奖和美国纤维科学杰出成就奖。“优质天然高分子材料的超细粉体化及其再利用”获得 2008 年国家科技发明二等奖，何梁何利基金科学与技术创新奖以及多项省部级科技成果奖。获全国五一劳动奖章，湖北省五四青年奖章，湖北省十大杰出青年，湖北省五一劳动奖章等荣誉称号入选湖北省“新世纪高层次人才工程”第一层次人才、享受国务院特殊津贴，2004 年入选“新世纪百千万人才工程”首批国家级人选，2005 年获得“教育部新世纪优秀人才计划”的资助。2010 年获湖北省“科学技术突出贡献奖”，奖金100万元。

施楣梧，曾在四川大学高分子材料工程国家重点实验室进行博士后研究工作。现为总后勤部军需装备研究所高级工程师，主要从事纤维增强复合军用头盔研究，获国家科技进步一等奖。研发的系列军用救生衣已装备全军。进行了复合型导电纤维系列产品研制，并将有机导电纤维推广应用于军警服装、劳动保护服装及产业用纺织品，获国家科技进步二等奖。在高强高模维纶研制的基础上研发的军警作训服及工矿企业用工装面料高强和耐磨性能突出，获中国纺织工业协会科技进步一等奖。基于工业丝空变技术研究，开发的军用携行具面料高强耐磨，已装备全军。合作研发的阻燃维纶、聚芳噁二唑纤维等新型品种及其混配得到的高性能阻燃面料具有性价比高的优势。承担“863”项目研发的柔性电磁屏蔽材料具有金属镀层结合力强、屏蔽效能高等优点。

贵州大学校长郑强，从1985年到1995年的10年间师从徐僖学习和工作，目前是教育部“长江学者奖励计划”特聘教授、国家杰出青年科学基金获得者、“新世纪百千万人才工程”国家级人选、享受政府特殊津贴专家、浙江省跨世纪学术和技术带头人。其主要成就是将动态流变学方法引入两类最典型的排斥效应（repulsion effect）导致相容的共混体系，对其相分离和相行为进入了深入研究，提出了长时区域特征流变响应以及时温叠加失效与相分离的定性和定量特征温度概念，丰富了多组分复杂体系流变学理论。将流变方法引入粒子填充导电复合材料体系，探索了小应变、大应变及体积膨胀与导电结构网络的变化及导电机制的关联，发现了非浓度唯一的动态逾渗现象形成的转变的微观机制，建立动态流变光散射组合方法，为获得真实Spinodal温度开辟了新途径。

此外，徐僖培养的弟子们还有许多在海外从事科学研究，他们为高分子材料科学的发展同样做出了不可磨灭的贡献。

二、开拓创新 勇攀高峰

徐僖是我国高分子力化学这一新兴边缘学科的创建人。早在20世纪50年代后期，他就提出用物理方法解决化学问题，并开展了高分子力化学研究。他从分子设计的角度，研制出一些用一般化学方法难以制得的高分子材料。在以后的几十年中，徐僖在高分子材料领域开辟了多个独创性的学术研究领域，取得了一系列原创性的科研成果，得到了国内外专家的高度肯定。他的研究成果主要体现在高分子力化学、高分子油田化学、高分子材料成型与加工等方面。

在高分子力化学方面。高分子力化学是研究高分子材料在应力作用下发生的化学过程与现象，为高分子材料加工和改性开拓了新的途径。传统研究大多是研究材料在外力作用下的劣化，分析其中的负面效应，包括材料的破坏、老化、失效等等，这些都是要极力避免的。而徐僖则另辟蹊径，决定利用力化学反应研制新型高分子材料。

徐僖认为，既然单靠化学方法无从下手，不妨加入物理方法进行尝试，设法破坏高分子材料原有的空间结构，促使它们发生新的反应，从而产生新的成分和结构，直至产生新的材料。按照这个思路，力学就跟高分子化学有机地结合了起来，于是新的高分子交叉学科进入了徐僖的研究视野，从此也为我国高分子研究领域开拓了一个新的发展方向。那么，怎样才能达到破坏高分子结构的目的呢？按照徐僖的设想，需要找到这样一把剪刀，既足够精巧，以至于可以深入小小的分子，又足够强劲，可以将分子切断，这是一个世界难题。在20世纪60年代，徐僖用超声波这把剪刀，将超声波与力学研究有机地结合起来。

20世纪40年代国外即开始研究超声波引发的高分子反应，徐僖在这一领域里坚持了近50年的研究。高分子溶液或熔体在超声波辐照作用下由于空化作用产生强烈的瞬时高温、高压冲击波可导致聚合物分子链断裂，形成大分子自由基。产生的大分子自由基可以再聚合，或作为引发剂引发单体聚合，或与其他自由基偶合，生成线型、支链、交联聚合物或共聚物。徐僖和他率领的研究群体研究了辐照强度、反应温度、聚合物浓度等对不同聚合物断链反应和共聚反应的影响，通过超声辐照先后从聚合物与聚合物，或聚合物与单体合成了PEO-AN（聚氧化乙烯－丙烯腈共聚物）、PEO-HMA[g1]（聚氧化乙烯－甲基丙烯酸己酯共聚物）等18种难以用一般化学方法合成的嵌段（接枝）共聚物。这些共聚物可用作不相容聚合物体系的增容剂，油、气田勘探开发用的化学品和金属冷加工固体润滑剂等。通过超声辐照合成的聚乙烯醇－丙烯腈（PVA-AN）嵌段（接枝）共聚物兼具聚乙烯醇棉型吸湿性和聚丙烯腈优良染色性，通过调节超声波功率、辐照时间、PVA/AN配比等可制得强度高，染色性、吸湿性和穿着性均好的棉毛型纤维[d2][d3]。研究成果“超声辐照下聚合物的降解和嵌段（接枝）共聚”被认为达到了国际先进水平，获得1987年国家自然科学奖二等奖。他的研究群体还利用超声波研制成功聚合物纳米材料和聚合物/纳米粒子复合材料，建立了制备聚合物纳米材料的新技术，解决了聚合物纳米材料制备中分散、稳定的难题，发表的研究论文多次被国外文献引用。

徐僖受到中国传统石磨的启发，发明了高分子材料固相剪切粉碎新技术。在抗日战争期间徐僖就读内迁四川万县的金陵中学时，住在当地农民家，经常帮当地农民推磨，石磨强大的剪切力给他留下了深刻印象。在长期从事高分子力化学理论和应用研究的基础上，90年代初他借鉴石磨提出了磨盘形力化学反应器的新构思，指导他的科研团队研究中国传统石磨，对磨面结构参数和力学作用进行了深入的理论分析，设计、研制出既能有效粉碎韧性高分子材料，又能实现固相力化学反应的磨盘形力化学反应器。

磨盘形力化学反应器具有独特的三维剪切结构，产生强大的挤压、剪切及环向应力，对物料产生强有力的剥离、破碎、分散、混合等多重作用。它能对难以粉碎的韧性高分子材料实现超细粉碎，粒度达到微、纳米级，突破了一般粉碎设备的局限，能使高分子断链产生自由基，实现力化学反应，突破了熔体加工的限制。反应器的压力、转速可以调节，常温操作，使用方便。

利用磨盘形力化学反应器可使废旧橡胶再生。废旧橡胶尤其是废旧轮胎已成为国际环境公害，被称为“黑色污染”。废旧轮胎是经过硫化交联的橡胶，不能用熔融加工方法回收，焚烧或填埋会导致严重的二次污染，大量废旧轮胎的堆积已多次诱发了严重的火灾。徐僖指导他的研究生采用磨盘形力化学反应器破坏废旧橡胶网状交联结构，使键能较低的硫－硫键断裂，而保持键能较高的碳－碳键基本不被破坏，脱硫程度达到 44.8%，最高可超过 70%，制成具有高表面活性的超细（粒径：0.3 ～ 0.5μm）再生胶粉，可用作制备高性能橡塑制品、汽车工业制品、建筑材料和道路工程的原材料，为大量废旧橡胶回收的难题建立了一项投资少、高效、简便、环境友好的新途径、新技术。利用该设备还可以改善茂金属聚乙烯、超高分子量聚乙烯和聚氯乙烯等难加工聚合物的熔体流动性，可制取力学性能较高的 PA6/PP、PP/Fe、PP/ 碳纳米管复合材料和高导电率的 PP/ 石墨纳米复合材料。

在对高分子力化学的基础理论、方法、新产品、新型反应设备的研究中，徐僖率领的团队始终走在前列。“固相力化学反应器及其在高分子材料制备和加工中的应用”获 2006 年国家技术发明奖二等奖。90 年代初，徐僖采用振荡磨和气流粉碎系统研究高分子固相力化学反应，研究了聚氯乙烯、聚苯乙烯等降解规律。其中聚氯乙烯（PVC）是通用大品种高分子材料，世界年产量近 3,000 万吨。聚氯乙烯由于具有特殊的石榴状结构，塑化温度高，加工性能差，加工中需要使用增塑剂，由此带来环境污染、制品污染、增加成本等许多问题，一直没有理想方法解决塑化与相容性矛盾等问题，徐僖在国内外首次提出聚氯乙烯自增塑的学术思想，他率领科研团队系统研究了聚氯乙烯在应力作用下的固相力化学反应，通过固相力化学反应破坏聚氯乙烯的石榴状结构，研制成功具有特殊结构的低分子量聚氯乙烯，用作聚氯乙烯的自增塑材料。发明了PVC力化学自增塑技术，用力化学方法破坏PVC“石榴结构”和难熔微晶，成功制备全新的PVC大分子增塑剂，研制成功不能用常规化学方法合成的PVC，用作PVC加工助剂，取代了传统增塑剂，大幅度降低了聚氯乙烯的加工难度，实现了聚氯乙烯自增塑，解决了传统加工中小分子增塑剂迁移和毒性的问题，避免由于采用一般低分子增塑剂增塑聚氯乙烯造成的环境污染，同时提高了制品的力学性能、热稳定性和耐化学腐蚀性等综合性能，降低了生产成本，具有较好的经济效益。这项拥有自主知识产权的尖端技术在四川、陕西、新疆、重庆、湖北、山东、广东、贵州等省市十余家化学建材企业大规模生产，产生了重大的经济和社会效益。该技术在国际上无先例，亦无其他技术可以代替，开辟了高分子材料加工的新途径。

在对高分子力化学的基础理论、方法、新产品、新型反应设备的研究中，徐僖率领他的科研团队不断丰富该边缘学科的内容，使“高分子力化学”这门新兴的分支学科在国内逐渐形成，“固相力化学反应器及其在高分子材料制备和加工中的应用”获2006年国家技术发明奖二等奖。

受辐射化学的启发，徐僖在高分子材料研究中提出了多组分高分子体系辐照增容的设想。这方面的研究内容包括：在空气中或臭氧中如何通过紫外线、电子束、γ-射线和微波辐照等方式，在聚烯烃分子链引入 -COOH、＞C=O、-OH 等含氧极性基团，改善其与加入的极性增强增韧材料界面的相容性；利用微波的热效应修正其与加入的增强增韧材料界面的缺陷。徐僖所在的科研团队在他的指导下通过对辐照剂量、辐照时间、环境气氛的调控，采用辐照增容技术，增强聚烯烃材料在常温静态时的刚性而基本上无损其韧性，以及增强其在低温高速应变时的韧性而无损其刚性，这一成果引起了国内外有关专家和学者的关注。在我国国家重点基础研究发展规划（“973”项目）中，“通用高分子材料高性能化的基础研究”被列入其中，徐僖是该项目的主要建议人之一。徐僖的另一研究成果“高分子力化学及辐照增容研究”获1998年教育部科技进步奖一等奖。

在高分子流变学方面，徐僖提出了高分子流变学也是今后高分子研究的重要发展方向，他是国内最先倡导高分子流变学的专家。徐僖认为，很多材料的性质会随着时间的变化而发生改变，而流变学就是研究材料随着时间而发生形变与流动规律的一门科学，他所倡导的这一学科领域在国内已获得很大发展，得到了国内外学术界的广泛认可。

在高分子油田化学方面，徐僖也取得了多项重大学术研究成果。1959 年，大庆油田被发现，到 1963 年已正式投入生产，中国有了自己的第一个大型采油基地。此后，长庆、华北、胜利等油田相继被发现。石油是重要的能源和化工原料，提高油田采收率是国民经济关键需求。70 年代后期，我国对油气田用高分子材料的研究几乎还是空白。1979 年，石油工业部在甘肃玉门油田——中国石油工业的起源地——召开了“文革”后第一次科技工作者大会。石油部部长专门请徐僖在这次大会上做了题为《高分子材料在气油田的开发应用技术及其基础理论的研究》的大会特邀报告，这篇富有前瞻性的报告引起了专业领域的极大震动。“徐教授，你的高分子学术报告很好，发展气油田，开发能源，正需要你多提供科学支持。”石油部一位副部长听了徐僖的报告后对这位高分子专家寄予了殷切期望。“副部长，下达具体任务吧，我们一定完成！”徐僖高兴地回答道。随后，石油部领导提出，希望与成都科技大学建立长期的校企合作关系，这在当时是破天荒的。徐僖凭着对科学的敏锐度，毅然坚持自己的办学方向，走理论与实践相结合、产学研相结合的道路。为了加快油田用高分子新材料的合成、应用与基础研究，以适应我国石油工业发展的现实需要，经过徐僖极大的努力，排除种种障碍，在石油工业部的重视和支持下，并经教育部同意，1981年9月，石油部科技司与成都科技大学签订了八年的长期合作协议，建立起了我国最早的油气田用高分子材料研究基地——油田高分子材料研究室，开展高分子材料在油气田开发中的应用及机理的研究。这些项目在国内外都是非常难的。

中国油田多为陆相，许多油田埋藏很深，原油粘稠度高，钻探、开采、运输等各个环节都遇到了不少困难。就拿钻井来说，钻机的钻头和钻杆会与地层产生强烈摩擦，造成机械性磨损，同时产生很高的温度。所以，要用钻井液在地面和钻头之间加以润滑，带走热量和岩土碎渣。最初的钻井液就是水，但在钻井到一定深度以后，地下的压力很大，进入油层时，由于水的重量轻，就被油层的压强冲出地面，形成井喷。所以，后来就用密度较大的、含有黏土或重晶石的泥浆作为钻井液。但在复杂的地质构造中，这些普通的钻井液往往不起作用，常常发生井壁坍塌、沉沙卡住钻头等故障。我国有相当部分油田属于高温高盐地层，而耐温、抗盐、抗剪切性能是油田用高分子材料研制的世界级难题。我国油田后期开采的重要任务就是对含油量降低的油井进行三次采油。三次采油的一个重要环节是加入高效表面活性剂，降低油水的界面张力和流动阻力，使石油易于从岩石表面剥离，提高采收率，这也是一项急待攻克的难题。徐僖在国内最先认识到高分子材料在油田开发方面可以发挥重要作用。为了开发用于油气田勘探、开采的高分子材料，徐僖亲自与师生们一起到大庆、玉门、胜利等油气田进行调研，了解生产和研究情况，先后开展了油气田勘探、开发、集输等 12 类高分子材料的研究工作，至今已有 20 多项成果投入应用。在他的指导下，高分子研究所油田高分子材料研究室成功研制出了具有优良的耐温、抗盐、抗剪切降解性能的 PMN 共聚物系列钻井液处理剂和 PMN-PFR 堵水剂等，已在四川、塔里木、中原、青海、长庆、胜利、大港等油田得到推广应用。前者可以抑制含油页岩的水化分散，赋予钻井液的流变学稳定性；后者可以在地层中形成水凝胶，调整地层中的油水剖面结构，有效地提高石油采收率。这些研究成果经鉴定，很多都已达到了国际先进水平，分别获得教育部科技进步奖二等奖，中国石油天然气总公司科技进步奖二等奖、中原石油局科技进步奖一等奖等。同时还研究表面活性及增黏效果显著的油田用高分子表面活性剂，以及高分子防垢、降凝、减阻等 20 余项科研成果。1992 年，在“八五”国家重点科技攻关项目 3 次采油新技术中，徐僖指导油田高分子材料研究室采用超声波技术研制成功表面活性及增黏效果显著的油田驱油用嵌段（接枝）高分子表面活性剂，技术创新性强，1995 年经国家鉴定，认为达到了 90 年代国际先进水平，填补了国内空白，产生了重要的经济效益。仅以 PMN－PFR 高温堵水剂为例，1990 年 11 月至 1993 年 3 月，经 28 个井矿场试验证明，该剂耐温抗盐性能优异，质量稳定，施工简便，安全可靠，无环境污染，累计增油达到 4 万余吨。

2002 年，在中国石油天然气集团公司举办的“2002 石油工业材料发展战略研讨会”上，徐僖提出了油田高性能高分子材料的开发新思路、新方法，引起了与会者的极大关注。徐僖认为，受 20 世纪 90 年代石油价格暴跌的影响，美国、西欧等国家曾一度中止提高石油采收率（EOR）项目的研究。但近年来世界能源危机又使这一研究升温，并形成了化学驱 EOR 是采出浅、中层剩余储油唯一经济有效的方法的共识。各国学者在如何提高采收率高分子材料的性能方面开展了大量研究工作，主要集中在丙烯酰胺或丙烯酰胺共聚物、聚合物复合凝胶体系上，如改性共聚物、聚合物凝胶等，基本材料以聚丙烯酰胺、聚丙烯酸、纤维素、聚多糖为主，改性方法采用化学合成制备。但大多数产品还停留在室内研究或矿藏试验上，未投入大规模应用。而我国近年来在 EOR 技术中重点开发了高效聚合物驱油剂，如 PMN 共聚物、聚丙烯酰胺等，并在生产中得到广泛推广和应用，取得了良好的经济效益。结果证明，徐僖率领科研团队在开采、钻井、运输等一整套高分子材料设备与技术方面的研发，对现代石油开采起到了十分重要的作用。

20 世纪 90 年代以后，徐僖又在更多领域开拓新的学术研究方向，组织科研队伍集体攻关，徐僖开阔的学术视野和对学术前沿敏锐的洞察力始终引领着我国高分子学科未来发展的方向。

三、产学研促发展　高精尖显特色

早在徐僖就读浙江大学期间，徐僖就开始运用自己学到的知识从事勤工俭学。他利用当地茂密的松树林中盛产大量的松油，在实验室里反复实验，成功提炼出可以替代煤油的松香。他在导师侯毓汾创办的宝鼎颜料厂里担任工程师，协助导师生产五棓子染料，这是他将科研成果转化为生产的有益尝试。解放初，徐僖利用自己多年对五棓子的研究成果创办了我国第一个完全采用国产原料、设备和技术的塑料工厂，标志着我国塑料产品完全依靠进口的时代宣告结束。20世纪70年代初，徐僖发明了子弹底火壳无铬钝化新工艺，解决了原工艺中铬液对环境的严重污染问题，全面代替了苏联技术，并在全行业得到普遍应用，开创了我国该行业清洁生产新途径。70年代，徐僖又在国内倡导和推动油（气）田高分子材料的开发与应用，于1981年在国内高校中率先与当时石油部联合建立第一个油田高分子材料研究室，开创产学研结合的新模式。一直以来，徐僖非常重视与国内外同行专家的相互学习和交流，重视把先进的科技成果转化为生产力。他大力提倡与国内大型企业建立广泛合作关系，将科学技术尽快转化为生产力。他坚持主动出击，多次抓住各种机会，并利用这些企业雄厚的财力和研究条件来支持科技创新，为研究所的发展打下了良好基础，成为高校产、学、研相结合的典范。后来他组建的国家重点实验室，也绝不仅限于在实验室里做实验，而是与相关产业在产、学、研方面进行更为紧密的合作，这种卓有成效的合作取得了丰硕的成果。

70年代末到80年代，是中国石油工业大发展时期。大庆、辽河、华北等老油田达到产量高峰，长庆、胜利等油田的产量也不断攀升，油田对新型高分子材料的需求一下子迫切了起来，主要包括：采油剂，用于增加油田的产量和提高采收率；集输剂，用于改善原油的流动性、方便运输，还有钻井液助剂、水处理剂、酸化剂、压裂剂；等等很多门类，它们各自发挥着重要而不可替代的作用，是油田高产稳产的前提和保证。由于国内这方面的研究基础还相当薄弱，石油部门的需求又十分迫切。徐僖从国家需要出发，知难而上，组织了一支数十人的科研队伍进行攻关，徐僖一边亲自带领团队到油田了解情况，一边带领大家搞研究，仅用一年多时间就在高分子堵水剂、防垢剂、缓蚀酸等方面取得了阶段性的研究成果，进一步促进了高分子材料在油气田生产建设上的应用，加强了油田化学基础理论研究。20世纪80年代至90年代中期，为适应社会主义市场经济的需要，在经济体制改革、国家政策引导、教育经费短缺矛盾以及世界科技革命推动下，我国高等教育管理体制、办学体制、投资体制进行了全面深化的改革，取得重大进展，徐僖被赞誉为当时高等教育体制改革中产、学、研相结合的典范。

在几十年的学术生涯中，徐僖一直坚持科研为国民经济建设服务的方向，在与石油部联合建立油田高分子材料研究室以后，该室研制的WSP-2防垢剂已通过鉴定，推广运用于油田，具有国内先进水平。同时，徐僖继续扩大和深化高分子研究所与国内大型化工企业的合作，联合建立研究实体，共同承担国家重大、重点科技项目，解决工业生产中急需的关键技术问题。如油田高分子材料研究室与中国科学院化学所合作，研制出PV-2型空隙黏度计。该室还与大庆、长庆、胜利、辽河、江汉、华北、四川等油气田和勘探开发研究院、四川钻采研究所以及两个工厂建立了实验研究、现场实验和工业实验等协作关系，进行了长效防垢剂、钻井堵漏剂、原

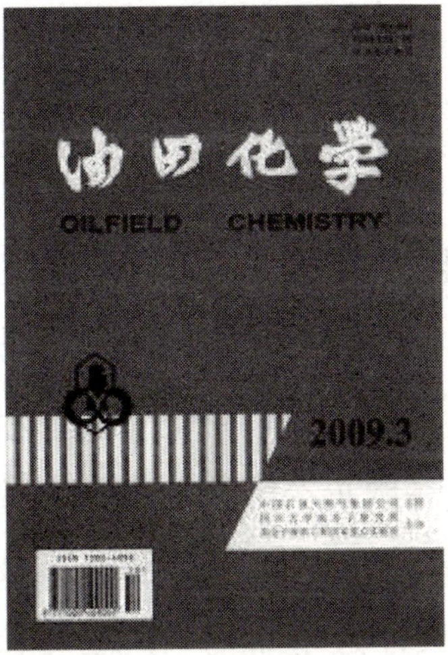

徐僖创办的《油田化学》杂志封面

徐僖创办的《高分子材料科学与工程》杂志封面

徐僖（前排正中）在齐鲁石化公司参加并主持中国化工学会中国石油化工学会塑料加工应用技术研讨会（1986年 山东淄博）

油减阻剂、压裂液流变性能、油田高分子材料的测试评定方法、力化学等方面的研究。高分子研究所还与石油部合作，创办了《油田化学》杂志，徐僖任主编。

1985年，高分子研究所与中国石化总公司合作建立了“高分子复合材料研究室”，决定合作创办一本刊物，徐僖亲自为刊物取名为《高分子材料科学与工程》。当时大家觉得这个名字太长，排版也不方便。如今，各大高校的高分子专业几乎都采用了这个名字，该杂志被列为核心期刊，并于2008年被评为精品期刊，这与徐僖的努力分不开。1986年12月3日，高分子研究所与齐鲁石化总公司建立“高分子材料研究开发站”，公司在学校投入135万元，修建了高分子研究所大楼和开发站大楼。

四川大学高分子研究所与高分子材料工程国家重点实验室，继续与中国石油天然气集团公司、中国石油化工集团公司、齐鲁石油化工公司、吉林化学工业集团公司、岳阳（巴陵）石化总厂、云天化集团公司、四川维尼纶厂、兰州石化公司等企业联合组建油田高分子材料研究室、高分子复合材料研究室、高分子材料研究开发站、聚烯烃材料应用研究室、高分子结构材料研究室、工程塑料研究室、聚乙烯醇研究开发中心、橡塑材料研

徐僖（前排左4）在兰州石化公司生产车间（2006年 兰州）

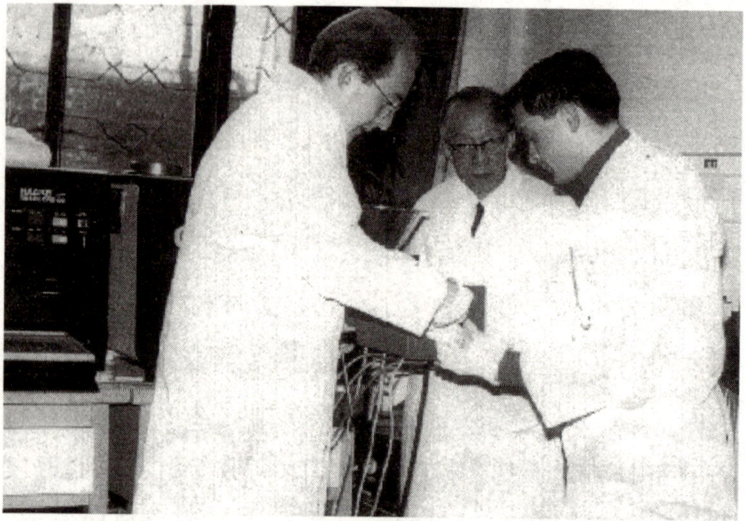

徐僖指导捷克留学生（2001 年 成都）

究室等，与这些企业的密切合作，协助解决企业生产中的一些关键技术问题，产生了良好的经济效益。

徐僖十分重视国际合作与学术交流，在徐僖的主持下，四川大学高分子研究所和高分子材料工程国家重点实验室与英、美、法、德、日、韩、俄、澳、荷兰、加拿大、瑞典、捷克等 12 个国家的 26 个研究机构、高校和企业签订了合作协议，并展开了卓有成效的学术交流与科研合作，如与德国 Haake（哈克）仪器公司联合建立了技术和人员培训中心，与福特汽车公司、荷兰 BSM 公司等众多国际大公司展开项目合作。通过这些合作，促进了我国科技进步与经济发展，为提高我国高分子材料科学的国际声誉和地位做出了重大贡献。

此外，徐僖非常重视利用高分子材料技术为地方经济建设服务，长期担任四川省和成都市科技顾问团顾问，为地方经济发展献计献策。早在20世纪70年代，成都大规模建设东郊工业区，建设四川军事工业基地也被提上日程，新工厂在川西地区一个接一个地落成，徐僖经常与他们合作，帮助这些工厂解决实际工作中遇到的各种技术难题，其中既有民用项目，也有国防科研项目。徐僖特别关注高分子研究所与高分子材料工程国家重点实验室与成都市相关单位在产、学、研方面的合作情况。这位德高望重的老人计划进行一系列新材料课题的研究工作，为成都高新技术产业发展服务，他说："我还是想多为成都高新技术产业做点实在事儿。"在他看来，"在高新技术领域，新材料就如同打仗时士兵们的粮草，成都在这个领域起步较早，能在这个领域有所突破。"

四、关注民生　重视环保

徐僖积极倡导"学有所用"，强调要充分利用高分子材料工程国家重点实验室这一优势平台，结合高级专门人才的培养、高分子材料科学和我国国民经济发展的需要，他提出了高分子材料聚合物成型理论和技术研究、高分子材料生产与应用中的工程技术研究、高分材料高性能化新技术和新原理研究、高性能与功能高分子材料研究、油田开发用高分子材料研究、废弃高分子材料回收处理与再生利用研究等重大攻关课题，并利用国内外技术开发新的、高性能的高分子材料。尤其是徐僖特别重视开发高分子材料为国计民生、保护生态环境、发展西部产业经济服务。

2001年，在新疆召开的西部大开发技术交流会上，徐僖提出了“根据西部地区资源、经济特点，用高性能高分子材料助推西部农业现代化”的建议，引起与会政府官员和专家的高度重视。

徐僖认为，采用先进、高效、清洁的物理新技术，研制现代农用高性能高分子材料制成的塑料薄膜，用于渠道防渗，可使水的利用率提高15%，效果显著；且塑料薄膜质量轻，便于运输施工，造价低，采用改性、加工新技术制备力学性能好、加工性能优良的低压管路用薄壁塑料管代替明渠输水，渠水利用系数可达0.97，节水效果明显；采用共聚、交联、IPN、分子复合等先进技术研制的新材料，吸水凝胶强度高，可重复使用，保水能力强，可提高土壤的保水节水能力，对农业稳产高产意义重大。又如喷灌、滴灌是目前先进的灌溉技术，用高效紫外辐射加工新方法研制和开发以中密度聚乙烯为基础的高性能高分子材料滴灌管具对于节约用水、提高农作物产量、节省劳动力效果突出。徐僖还提出在畜牧业迁徙性强的干旱少雨的西部，发展节水农业最有效的途径是开发高性能的高分子棚架材料，这种材料与传统用镀锌管所做大棚框架相比，具有强度高、重量轻、耐老化、性价比高、综合性能优异等特点，可大大促进节水农业的发展。在此之前，他已向四川省等西部省、自治区农业部门建议采用高性能高分子骨架材料，开发竹纤维增强高分子材料和高分子浸渍竹材的建议。这些高性能的高分子材料，对实现我国西部农业现代化、带动相关产业的发展具有巨大的社会经济效益。

在环境保护方面，早在20世纪70年代，徐僖在重庆军工厂时就率领他的科研团队成功解决了枪弹底火壳钝化含铬废水严重污染环境等问题。随着改革开放以来我国经济的飞速发展，环境问题日益突出，成了制约我国经济社会发展的重要因素。尤其是随着中国汽车工业的迅速发展，轮胎工业也进入到极快的发展时期，以废旧橡胶尤其是废旧轮胎为主的“黑色污染”已成为我国环境的公害，由此所产生环境灾难已越来越引起人们的高度关注。以2003年为例，我国废旧轮胎的使用量超过300万吨，居世界第一。与此同时，我国又是橡胶资源短缺的国家，几乎每年有45%的橡胶依赖进口，废旧轮胎的回收利用已迫在眉睫。废旧轮胎是一种经过硫化处理的橡胶，也是一种高交联密度的高分子材料，具有高弹性和高储能性，在常温条件下难以粉碎，也不能用常规的熔融加工方法来回收。如果加以焚烧或填埋，会导致严重的二次污染，释放多种致癌物质。而我国在废旧轮胎的再生利用上与国外相比，在管理水平、资金投入、生产规模、产品质量、资源再生利用的认识等方面还存在很大的差距。有鉴于此，徐僖很早就提出开发环保、节能、高效的废旧橡胶粉碎和活化新技术，利用固相化学反应器的常温固相剪切和三维应力场作用，通过调控挤压、剪切力条件，便可在常温下将废弃橡胶粉碎成微米级的脱硫胶粉，再将脱硫胶粉与其他材料掺混，增强其表面活性和分散性，开发出高表面活性的胶粉系列产品，充分发挥和利用胶粉内在的优良性能，提高其附加值。目前正是我国公路大发展时期，尤其是高速公路建设每年要使用百万吨以上的高性能道路沥青，如果采用国产胶粉改性沥青，可为国家节约大量外汇。又如在对废旧轮胎再生利用方面，还可将胶粉与沙子、水泥混合，通过模压成型制成铁路轨枕，具有抗冲击和耐腐蚀等优点，并能减少火车行驶噪音和震动。再如将胶粉与聚丙烯或聚乙烯树脂按照一定比例混合，并加入适当改性助剂，所制成的新材料可广泛用于人行道地砖、高速道分离带、下水道管、内部装饰材料等。这样就可以将国际公害变成富有价值的工业原料和工程材料，解决大量废旧橡胶回收难题，其研究成果对缓解我国石油资源紧张局面、减少油气进口具有重要意义。

在低炭经济时代，徐僖还非常关注高分子材料的无污染处理和利用。在结合国外研究成果的基础上，指出了我国高分子材料绿色化技术的发展方向。他说，理想的绿色技术是在单体的选择、合成、材料的制备阶段即考虑到材料使用后的可回收利用性，制备易于解聚、降解、可循环再生利用的高分子材料，减少“白色污染”。在回收利用方面，理想的绿色技术是通过反应性加工、反应性增容以及采用高温、无污染的物理方法，改善混杂废弃高分子材料的相容性和加工流变性，制备有不同使用价值的废弃再生高分子材料。另一途径是通过聚合物的可控解聚和降解，从废弃材料中回收有经济价值的单体、低分子化学品。对于无毒、热值高的高分子材料可以考虑用以制备洁净的固体燃料，回收能量。一些发达国家在塑料废弃回收、加工、利用等方面的研究成果已成功得到应用，值得我们认真加以借鉴和学习。

五、成果丰硕　载誉学界

徐僖一生致力于高分子化学、高分子材料成型基础理论、高分子力化学、辐射化学等领域的研究。20多年来，徐僖先后主持、指导了30多个国家自然科学基金重点项目、国家“863”项目、“973”项目的研究，提出了一系列原创性思路。在国内外发表研究论文300余篇，撰写出版著作、译著4本，获国家发明专利30项等多项科技大奖。由于他在学术界的崇高威望，多次担任该领域国际国内学术职务。

早在1981年，成都科技大学组建了首届学位评定委员会，徐僖就开始担任主任，此后他连任三届。徐僖还是国务院学位委员会学科评议组、国家教委科技委员会、国家自然科学基金会学科评议组重要成员，多次担任国务院学位委员会和教育部学科评议组成员、国家自然科学基金委员会学科评审组召集人。任中国化学会理事、中国石油化工学会副理事长，中国材料研究学会和中国复合材料学会常务理事。1986年，徐僖担任国际聚合物加工学会（PPS）执委会委员，是中国唯一代表。1978年、1993年两次当选中国化工学会副理事长。1991年11月，徐僖被选为中国科学院化学学部委员，1994年改称为中国科学院院士。1996年，受聘为解放军总后军需部军需装备科技发展特邀顾问。

徐僖先后主持、指导了多项国家自然科学基金重大项目、重点项目、国家攀登计划项目、“863”项目以及国际合作研究项目，是国家重点基础研究发展规划项目（“973”项目）“通用高分子材料高性能化的基础研究”的积极倡导者。如1987年，徐僖承担的国家自然科学基金委员会重大项目《高分子材料结构成型和破坏的基础研究》，历时4年，取得多项重大成果。1991年由国家自然科学基金委员会验收为优秀。1991年，承担“八五”攻关项目《新型驱油剂的研制与评价》、《高分子表面活性剂探索》（1995年完成）。1994年，承担国家自然科学基金委员会重点基金项目《高分子材料的反应性加工及体系流变学研究》（1997年由国家自然科学基金委员会验收为优秀，认为达到国际先进水平）。1994年，承担“福特—中国研究与发展基金”第一期项目《汽车用聚烯烃塑料工程化新方法的研究》（1996年完成）。1997年，承担“福特—中国研究与发展基金”第二期项目《汽车用高强高韧聚烯烃塑料辐照加工技术的研究》（2000年完成）。1998年，承担总后勤部军需研究所项目《纺织品辐照改性加工技术研究》（1999年完成）。同年还承担了美国罗曼哈斯公司项目《超声辐照引发乳液聚合》（1998年12月完成）、荷兰DSM公司项目《汽车零件用增强尼龙的研究》（1999年12月完成）两个国际项目。1999年，承担美国DOW公司项目《用力化学方法制备聚乙烯-聚苯烯共聚物》（2000年10月完成）。

1987年，由徐僖等8人完成的研究成果《在超声辐射作用下聚合物的降解和接技（嵌段）共聚》被公认达到国际先进水平，荣获国家自然科学奖二等奖。2006年，徐僖《固相力化学反应器及其在高分子材料制备和加工中的应用》获国家技术发明奖二等奖。此外，徐僖还获得多项省部级和国家级大奖。如1981年，《枪弹底火壳无铬钝化新工艺》获国务院国防工办重大科技成果奖，1983年获国家科技发明奖四等奖。1983年，《用于冷挤压纯铁和低碳钢工件的高分子润滑剂》、《WSP-2》高分子防垢剂的研制和应用》获四川省重大科技成果奖。1993年，徐僖承担的《聚合物共混和复合新方法的研究》获国家教委科技进步奖二等奖。1994年，徐僖承担的《FMN-PFR高温抗盐堵剂》获中国石油天然气总公司科技进步奖二等奖。1996年，《新型驱油剂研制》获国家教委三等奖。同年，《胶粉细化设备活化技术及应用研究》获国家计委、国家科委、财政部重大科技成果奖。1999年，《高分子力化学与辐照增容研究》获教育部科技进步奖一等奖。2009年，《万吨级茂系氢化SBS

成套技术开发及工业应用》获中国石油化工集团公司科技进步奖一等奖。

在徐僖几十年科研生涯中，还获得过众多荣誉和称号，如 1985 年，国防科委、国家计委、国家经委、国家科委授予他“国防军工协作先进工作者个人”称号。1989 年，中国化学会授予他“高分子化学育才奖”。1996 年，获何梁何利基金科学与技术进步奖。2003 年，获第三届四川省科技进步杰出贡献奖。2005 年，获第三届“侯德榜化工科学技术奖”成就奖，这是目前我国化工领域最高科技奖励。同年，全国科学技术名词审定委员会在京召开了第五届委员会全体会议，向委员们颁发了中国科学院和国家科学技术部联合签署的聘任书，表彰了 20 年来为中国科技名词规范化事业做出突出贡献的专家，并颁发了奖牌，徐僖获得这一殊荣。2008 年 7 月 4 日，徐僖当选为英国皇家化学会会士（Fellow of the Royal Society of Chemistry，FRSC）。英国皇家化学会作为世界上历史最悠久的化学学术团体，成立于 1841 年，是国际上最有影响的学术团体之一和权威学术机构，只有在化学科学研究方面取得突出成就，或为推动化学科学发展做出过卓越贡献的科学家，才有资格被推选为会士。四川大学研究生获知这一喜讯，立即为徐僖院士发去了贺信：

敬爱的徐僖老师：

喜闻您当选为英国皇家化学会会士的佳音，四川大学研究生会谨代表我校全体研究生向您致以热烈的祝贺和诚挚的敬意。

从筹备组建我国高等学校第一个塑料专业，到率先在全国招收研究生，从获评为我国首批博士生导师，到建立高分子材料博士后流动站。68年的科学生涯中，您培养了各学历层次的学生上万名，您“夯实基本概念，紧随科学动向，积极创新，实事求是”的治学理念指导我们建立严谨的科研体系，您“人生的乐趣在于无私奉献，饮水思源，助人为乐”的博大情怀更为我们树立了高尚的人生标杆。“学贵得师，亦贵得友”，作为授业良师和传道益友，您深受我校全体师生的敬仰和爱戴。

此次您当选英国皇家化学会会士的佳音，引起我校研究生同学的广泛关注，同学们一片喜悦，倍感自豪，这是您又一次为我们严谨踏实地从事科研工作树立榜样，提供动力，也必将成为广大青年学子生命里程的又一次重要鼓舞。

最后，我们再次向您表示热烈祝贺，并衷心祝愿您及家人身体健康，工作顺利，生活幸福！

四川大学研究生会

2008年8月3日

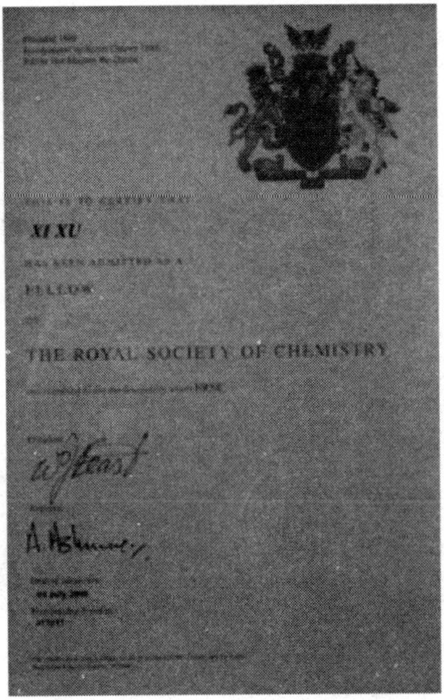

2008 年 7 月 4 日徐僖当选为英国皇家化学会会士

徐僖与成都结下了不解之缘，1953 年春，高教部授命他在四川化工学院筹建我国高等学校第一个高分子材料专业——塑料工学专业，培养国内首批塑料专业高等技术人才。从那时开始至今，徐僖与成都结缘 60 年，在这里辛勤耕耘了 60 年。2011 年，由成都传媒集团主办，成都广播电视台、凤凰网和成都商报承办的“中国骄傲·成都力量——2011 成都全球影响力人物评选”活动，放眼全球科学教育界、文化传媒界、商界、艺术界、体育界 5 大领域，评选出 50 位成都全球影响力人物，这是目前成都评选领域最全面、传播方式最广泛、评选规格最高端的人物评选活动，旨在弘扬成都城市精神，扩大成都的国际影响力，徐僖院士作为科学教育界杰出人士荣获殊荣，成为首届成都全球影响力人物。

徐僖除继续担任核心期刊《油田化学》和《高分子

徐僖（嘉宾左起第4）出席“成都全球影响力人物”颁奖大会现场（2011年 成都）

材料科学与工程》主编以外，还担任《塑料工业手册》主编，《高分子学报》、《化工学报》、《自然科学进展》、《高等学校化学学报》、《功能材料》、《功能材料信息》、*J. Mater. Sci. Technol*、*Lnternational Materials Reviewst* 和 *Progress in Polymer Processing Senies* 等期刊的顾问和编委，《中国塑料工业年鉴》编纂委员会名誉副主任，《中国大百科全书·化工卷》高分子化工分支主编，《中国大百科全书·化学卷》高分子化学分支副主编，《材料科学技术百科全书》高分子材料分支主编等。他还担任上海交通大学高分子研究所所长，被西安交通大学、浙江大学、北京化工大学、华南理工大学、华中理工大学、南京化工大学等十余所高校聘请为兼职教授，并担任众多科研机构和大型企业学术顾问。毫无疑问，在我国高分子材料科学与工程界，徐僖是当之无愧的第一人。

第十三章　生命之光

一、广育英才　德渥群芳

徐僖非常重视人才培养，最关心的是年轻技术骨干的成长，并积极从国外引进年轻学者，他说："科技竞争力最终还得依靠人才做支撑。"对于高分子学科来说，合成高分子材料始于20世纪20年代，至今有几十年的历史。高分子材料是材料领域的后起之秀，是尖端技术，广泛运用于航空航天、能源开发、电子信息、海洋勘探、生物医药、交通运输、工程建筑等相关部门，是国防建设和国民经济各个领域不可或缺的材料，人才培养迫在眉睫。一方面要继续在高分子材料领域寻求突破，另一方面则要让更多的年轻人参加进来。"我们在高分子材料领域要走向世界前沿，需要有一支技术过硬的创新人才队伍接着往下干才行。"

为了培养学术骨干，早在30多年前，徐僖就要求研究生积极参加国际学术会议，并在国际国内大型学术会议上发表论文。他千方百计提供各种机会让中青年学者走出去，接触国际大师，锻炼他们在国际科技前沿学术舞台上的交流能力，以早日成为推动高分子学科发展的栋梁之材。几乎重要的国际学术会议都能见到他带领的研究队伍。如1981年“国际石油工程会议”和1982年“中美化学工程学术会议”，本来组委会确定由徐僖做大会发言，而他让自己的学生上台宣读，自己却坐在台下听，从中可见徐僖甘为人梯、鼓励中青年学者快速成长的急迫心情。又如2007年2月27日，当2006年

徐僖在“2007年全国高分子学术论文报告会”上做报告

度国家科学技术奖励大会在北京人民大会堂隆重举行时，他把本该以国家技术发明二等奖第一获奖人出席大会接受国家领导人颁奖殊荣的机会给了另外一位年轻学者，而自己却在四川大学高分子材料工程国家重点实验室从事科研指导工作，只因为他经常所说的“年轻人就该出去见见世面”。

徐僖从教数十年来，亲自为研究生开设了《聚合物结构和性能》、《高分子化学流变学》、《多组分高分子材料的结构表征》等课程，还鼓励高年级本科生旁听研究生课程。即使有事缺课，他也要想方设法补上。由于徐僖身兼数职，事务繁多，在给学生上课时，他尽可能地给学生多讲几个课时。徐僖还经常给学生做学术报告，

徐僖和研究生在一起（1985 年 成都）

很多都是他主动要求的。本科生除了能听到徐僖的报告外，还能在每年的新生见面会上听到徐僖讲述自己的曲折经历。他鼓励青年学子们要珍惜光阴，奋发向上，为祖国的繁荣富强贡献自己的力量。

徐僖在教学方面首先要求学生必须掌握基本概念，注意观察学科发展的新动向，引导学生积极思维，努力创新，他随时用国内外本学科最新成就和自己的研究成果充实和更新教学内容。徐僖非常重视世界科学发展的新动向，强调要向边缘学科、交叉学科的方向发展。在研究生论文选题和写作过程中，徐僖自始至终严格监督各个环节，孜孜不倦地指导他们，学生有不懂的地方，他总是百问不厌，直到他们弄懂为止。他拟定的研究生学位论文题目大多数是当代高分子材料学科中的热点，完成的论文一般都参加了国际学术交流，刊登在国内外本学科的重要期刊上。徐僖在修改学生论文时，即使是博士生，给他们改起论文来，仍像给小学生批改作业一样一丝不苟，逐字逐句地看，无论是逻辑思维还是实验数据，徐僖都会仔细修改，甚至连一个标点符号都不会放过。他治学严谨，崇尚纯朴学风，丝毫不能容忍学术界的抄袭和弄虚作假等丑陋现象，对年轻教师和学生们的要求非常严格，他经常对师生讲的一句话是："说法不可靠的不说，拿不准的就删掉。"充分体现了徐僖严谨的治学风范。徐僖每次拿到别人要求修改的论文时，他总是开玩笑地说："又给我布置家庭作业了。"不论时间再紧再晚，他都会仔细修改。许多师生都说："经过先生修改的文章，自己再琢磨一遍总会收益良多。"他这种严谨求实的作风深深地感动和影响了众多学生，对青年学者成长也起到了很好的示范作用。他培养的博士生有的被国家教委、国家学位委员会授予"有突出贡献的中国博士学位获得者"称号，被评为国家级跨世纪优秀人才。

在培养研究生的过程中，他十分重视教学与科研相结合，重点培养学生提出问题、分析问题、解决问题的能力，启发学生的创新思维，他认为学生思想一定要活跃，学术视野一定要开阔，要始终站在学科的最前沿。他所指导的研究生大部分都承担了国家重大科研任务，而且有多人获奖，如曾获国家自然科学二等奖的《在超声波辐射作用下的聚合物的降解和接枝（嵌段）共聚》就有许多师生参加，并获得国家自然科学奖，曾获得国家发明奖的《底火壳无铬钝化新工艺》就有10余名本科生先后参与研究工作。

徐僖非常关心青年教师的生活和科研情况，如果他们遇到什么困难，徐僖总会主动提供帮助。高分子研究所有一位年轻的张晟老师从加拿大刚回国时，迫切徐僖不轻易批评学生，对于青年学子，他总是千方百计地加以鼓励。但对于有一定职位的领导干部，徐僖总是严格要求他们，他经常说：“你的地位越高，你的责任也就越大，对你的要求也就越高。”对于学生的学术道德，徐僖要求得非常严格。他常用自己的老师、著名高分子科学家王葆仁先生的话教导学生：“要做学问，首先要学会做人。”这是他对青年一代经常讲的一句话。他还教育学生要饮水思源，他跟学生们讲：“我们生为中国人，永远不能忘记祖国。”还常说：“一定要像爱护自己的眼睛一样爱护我们的祖国。”“我们要把全部的智慧能力无丝毫条件地贡献给人民。”

徐僖非常注重科研攻关的团队合作，教育学生要有虚怀若谷、协作互助的精神。他指导学生完成的学术论文，无论自己做了再多的工作、提出再多创新的学术观点，凡是参与过实验的年轻教师和学生，徐僖都会把他的名字列入其中，而自己的名字总是放在最后，体现了他对别人付出劳动的充分肯定和尊重。本来是徐僖负责完成的研究成果，在申请专利时，他常常是用学生的名义去申请。他常说：“我取得的成就都是大家的劳动成果，不是我一个人的。”他曾以《文人相助，齐心奋斗》为题向学生讲解为人处事的道理。他说：一个人纵然有很高的才华，其知识和能力也是有限的。因此，互

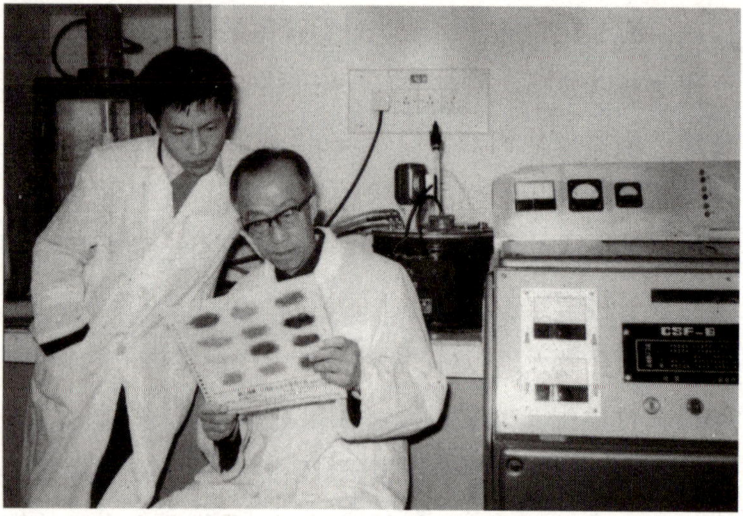
徐僖在实验室指导研究生（1991 年 成都）

需要组建一个实验室，无论在人员配置、科研经费还是在技术上都遇到很大困难。正当她无所适从的时候，徐僖在百忙中主动给予无微不至的关怀和帮助，令这位年轻教师十分感动。后来在她申请自然科学基金时，徐僖也是竭尽全力，大力支持。项目申请下来后，徐僖继续关心项目的进展情况。如果与项目和研究方向有关的专家来学校访问，徐僖总是不忘让张老师去见面。几十年来，他毫无保留地向学生和中青年教师传授他的科学思想和学术见解，不知疲倦地指导和帮助他们选择课题，争取项目，解决难点，把握方向，引导他们占领学术的制高点。

对于有发展前途的青年教师，徐僖更是寄予了极大的厚望。他常说："青黄不接是我们师资队伍的大问题。"因此，他有计划地把一些中青年教师送到国内外著名科研机构、高等院校以及大型企业进行合作培养。研究所有位青年教师90年代初获得出国深造的机会。临行前，徐僖不顾自己身在病中，仍坚持找她谈话，并以自己在国外的亲身经历再三叮嘱道："身在国外，一定不能忘记祖国。"徐僖就是这样一位爱国爱民、求真务实的科学家，他经常用自己的亲身经历教育学生要热爱祖国，祖国的荣誉高于一切，永远不能背弃它，要为它工作，要为它增光，使它早日富强起来。他鼓励这位老师在国外要好好学习，照顾好自己的身体，并语重心长地告诫她一定要回来，祖国的发展需要你们，学校高分子学科的发展更需要你们。这位老师深受感动，并铭记徐老的谆谆教导。后来这位老师从加拿大给徐老寄来了一张贺年片，当时徐僖正被邀请参加学校的庆典活动，在收到明信片后，便把参加庆典的事儿搁在了一边，立即回复了一封感人至深的信。在信中，徐僖十分关切地询问她在国外的学习和生活情况，并祝福她多多保重身体，最后再三叮嘱她："一定要记得回国啊！"多么朴实的语言，使这位远在大洋彼岸的青年老师激动得热泪盈眶。

相学习、互相切磋就可以起到取长补短、共同提高的作用。在科学史上的每一项成就，固然是科学家本人的心血和智慧的结晶，同时也离不开前人的积累和同代人的协助。正如牛顿所说，他之所以取得成就，是因为他“站在巨人的肩上”。现在科学又发展到一个新的阶段，其特点是各学科的相互交错、相互渗透和相互融合，不断拓宽加深，出现了许多新的边缘学科和跨学科研究领域，更加要求科学工作者在各领域内外加强协作和互助，才有可能促进科学更快的发展。“文人相助”必须要从思想上清除“文人相轻”的流毒。在科学史上，凡有成就的人，大都虚怀若谷。那些“相轻”的文人，恐怕不能算作真正的文人，他们的思想还没有摆脱愚昧的束缚，自己既裹足不前，也给科学发展造成损失。“文人相助”一是自己要有虚怀若谷的精神，虚心学习别人长处，虚心地听取不同意见。“三人行，则必有我师”，要不耻下问。我们搞自然科学的人，一生都在探索真理，我们就应当具有像大自然一样的胸怀。二是对别人的工作要诚恳相助，对待同志、处理协作关系要有热心，要有诚心。即便是有一孔之见也勇于献策，不怕有人议论讥笑，处处胸怀全局。三是当好伯乐，努力发现和寻找千里马。人才是第一生产力，是国家的宝贵财富，我们要非常珍惜人才，发现人才，发掘人才，热忱地帮助那些确有才华的无名之士是我们老一代科学工作者义不容辞的责任。只有这样，我们的事业才会后继有人，兴旺发达。“文人相助”这是科学的要求，也是时代的要求，我们要大力提倡这一精神，在建设社会主义物质文明的同时，建设好社会主义精神文明。徐僖正是以自己的实际行动为人们树立起了光辉的典范。

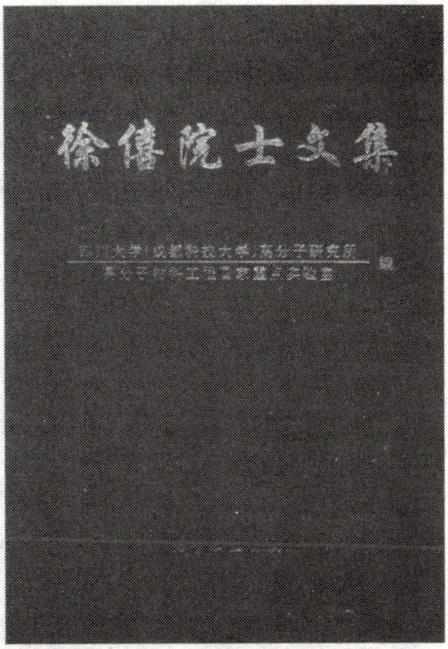

《徐僖院士文集》（化学工业出版社 2001 年出版）

在徐僖 80 寿辰的时候，许多学生打算从全国各地赶来为他祝寿，可徐僖坚决不同意，认为这是劳民伤财，耽误大家宝贵时间，为此徐僖写了一封语重心长、感人至深的信寄给每一位学生。学生们馈赠的各种贵重礼物，徐僖一概不接受，只收下了刚刚出版的《徐僖院士文集》，这是他接受的唯一一份 80 岁生日礼物，也是徐僖从教 50 周年最珍贵的礼物。这本文集汇集了徐僖多年来发表的学术论文、著作、译作和科研项目。徐僖翻完后高兴地说：“对我来说，这里面最珍贵的是 50 多年前我在美国李海大学完成的这篇硕士论文《用中国五

庆祝徐僖院士从教 50 周年大会（1995 年 成都）

在祝贺徐僖院士（主席台右4）归国60年暨90寿辰座谈会上（2010年 成都）

棓子制造塑料》。”直到现在，徐僖在看到这篇论文时，仍显得十分兴奋。他说：“正是这篇论文，引导我从此走上了科学的漫漫征程。”2010年，在徐僖90寿辰的时候，徐僖仍不肯接受学生们为他祝寿，学生们只好改成举办“徐僖院士归国60年座谈会”，四川大学校领导出席了这次会议。

徐僖数十年如一日、坚忍不拔地攀登科学高峰的精神以及所取得的成就，使他在国际高分子工程技术领域享有崇高的声望，美国、德国、法国、日本、加拿大、

徐僖在四川大学博士学位授位典礼上

瑞典、荷兰、韩国、印度等国家以及中国香港、台湾等地区的20余所大学、研究单位多次邀请他进行讲学和访问，并建立起了密切的科研合作关系。

由于徐僖在高分子教书育人方面做出了突出贡献，1989年，获国家教委“高分子材料学科建设及高层次人才培养”国家级优秀教学成果奖、四川省普通高等学校教学成果一等奖，1990年，获国家教委、国家科委授予“全国高等学校先进科技工作者”称号。1993年，国家教育部、人事部授予他“全国教育系统劳动模范”和“人民老师”称号。1995年10月17日，四川联合大学高分子学科为徐僖从教50周年举行了庆祝大会，表彰他为我国教育事业所做出的卓越贡献。2000 年，四川省政府授予他“优秀研究生指导教师”称号。2004 年，科技部授予他“国家重点实验室计划先进个人”称号。2006 年 9 月 8 日在“四川大学 2006 年教师节表彰暨新学期工作会”上，徐僖荣获“十大师德标兵奖”称号。

二、助人为乐　大爱无边

徐僖平时生活节俭，却乐于助人。在解放前的求学岁月中，虽然自己在经济上并不宽裕，但是每当同学有难处，他总是毫不犹豫地伸出援助之手，从物质上、精神上帮助他们度过难关。他对自己学生在生活、研究中遇到的各种困难，更是大力帮助。有一位 54 级的塑料工学专业毕业生，由于各种原因，生活境遇十分不如意。80 年代他在西安工作时，想要发表一篇学术文章，拿不出版面费，于是他写信向徐僖求助，徐僖大力给予帮助。类似的事情不胜枚举。

徐僖出身贫寒，对社会底层的疾苦有着深切的体会，而在他的一生中，始终有一颗关爱之心、同情之心。他认为人生应平等，没有高低贵贱之分。徐僖出差办事，每次用餐时，他总要和驾驶员一起吃饭。有一次他去省里参加一个会议，中午开饭时，他问主办方给驾驶人员准备饭菜没有，答复没有，他马上离席，与驾驶员一同回校。谈到此事，他说：“驾驶员也是一种社会分工嘛，社会主义难道还分高低贵贱吗？”对任何人，不管身份地位，他都一视同仁。而与此相对应，他对上级绝不盲从，敢于直言。如2000年博士论文答辩时，研究生处由于工作疏忽，没有履行相应义务，未派人前来组织答辩工作，徐僖非常生气。后来找到相关领导，对渎职人员进行了严厉批评。

徐僖身边有不少学生家庭困难，他的心里时常牵挂着他们。几十年里，他不断用自己的收入资助一些家庭困难的莘莘学子。2003年12月23日，徐僖获得第三届四川省科技杰出贡献奖，奖金50万元。2004年2月末，83岁高龄的徐僖因肺部感染住进了华西医院。在住院期间，省科技厅领导来到医院看望他，并给他带来了50万元杰出贡献奖的支票。徐僖当场表示，要把这50万元全部捐献给贫困学生，在场的人无不为他这一义举深受感动。

3月7日，徐僖不顾医生反对，从医院回到家中。第二天，身体还很虚弱的他提笔给省委、省政府写信，他在信中说：“我在四川生活了50年，对四川人民怀有浓厚的感情。我年纪已大，但没有风烛残年之感，也没

徐僖（右2）获四川省杰出科技贡献奖授奖（2003年 成都）

有仅能发挥余热的凄凉。人生的乐趣在于无私奉献，我将继续与科技教育界的同志共同努力，担负起科教兴国的重任。”信写好后，他叮嘱助手把信交给省委、省政府有关部门，选择捐助对象。捐款捐到什么地方才能保证贫困学子们得到实实在在的帮助呢？研究所里梁老师和另外一位老师对几家可以接受捐款的单位进行了了解。最后，征得徐僖同意，决定将30万元捐给四川省教育基金会，其中20万元直接捐给了100名在川的本科大学生，每人2000元，这些贫困学生分布在四川大学、西南交通大学、西华大学、西南科技大学、西南财经大学、西南民族大学、成都中医药大学、成都理工大学、成都体育学院、绵阳师范学院、乐山师范学院、西昌学院、内江师范学院、四川音乐学院、成都信息工程学院、西华师范大学、四川师范大学、四川农业大学、泸州医学院、四川理工学院、宜宾学院、西南石油学院、电子科技大学、川北医学院等省内20余所高校。10万元捐给广元朝天区和宜宾屏山县各100名贫困学生，每人500元。另外20万元捐给川大高分子材料工程国家重点实验室和高分子研究所设立的“攀登助学金”和“攀登奖学金”，分别资助和奖励高分子专业在读贫困研究生和品学兼优的研究生。该助学金和奖学金是徐僖在1993年捐献自己的科研节余经费和奖金5万元以及高分子研究所科技开发收入5万元而设立的，但他不同意用他的名字来命名，“攀登”奖学金在高分子领域代表着一种无比崇高的荣誉，每位获奖者都以此为荣，用人单位也非常看重这项奖学金。

受徐僖资助的学生绝大多数都是农村出身，有的学生是孤儿，有的父母或其他亲人意外受伤或病重，他们的境遇令人同情。受资助的学生纷纷给他写来了一封封充满感激的信，表示要学习徐爷爷无私奉献的高尚品德，刻苦学习，努力攀登，用实际行动回报社会。其中一位受资助的大学生这样写道：

尊敬的徐僖院士：

您好！得知您将30万元人民币捐献出来，用来资助四川高校的贫困生，我十分感动，而我又有幸获得这笔基金，我的感激之情更是溢于言表。

我是来自山西省长治市屯留县的一个小山村，现就读于西南交通大学软件学院，学习软件工程专业。我的家乡位于黄土高原，到处是丘陵，我们赖以生存的土地就是在这些丘陵上边的，而且土地又很贫瘠。但是贫穷没有压倒我，“穷人家的孩子早当家”，我更能体会到生活的艰辛和知识的重要。我从小就一直在努力，希望可以走出这个小山沟，走向广阔的天地！

2003年8月，我接到了西南交通大学的录取通知书，兴奋之余，却又不得不对着五六千元的费用犯难，对我的家来说是一个天文数字。父亲咬紧牙硬是东拼西凑地把我送到了学校，我很珍惜这个来之不易的机会。在学校努力之余，我加入了数学建模学会和我们学院的后勤部。正当我畅游知识海洋的时候，噩运突然降临了，去年中秋节这个全家团圆的日子，父亲却自己出了车祸永远地离开了我。母亲悲痛欲绝，受不了这沉重的打击，也很快病倒了。爷爷、奶奶更是年事已高，又经历了白发人送黑发人的痛苦，身体也一天不如一天，一贫如洗的家庭连维持正常的生活都很难了，更不用说我和妹妹的读书了。

正是在我不知如何是好的时候，是您伸出了援助之手。2000元对我来说无疑是雪中送炭，我真是不知道该用何种语言来表达我的感激之情，您的高尚人格更是无法用金钱来衡量的，用语言来描述的。

此刻，我只有真诚的说一句，谢谢，谢谢您对我们贫困生的关心，我会更加努力地学习，用实际行动来报答您和祖国的厚爱。

另外一位受资助的学生也写道："敬爱的徐僖院士，首先，我对您的资助表示最真诚的谢意！作为我国著名的教授，您在学术上取得了卓越成就。同时，您还心系人才培养事业，心系贫困学生，对于我而言，心中充满着无比的敬佩。对于每一位贫困学生来说，您的资助是无私的、慷慨的、伟大的，您的精神让我们这些贫困学生充满希望。"在信中，这位学生还表示："我会好好珍惜这份来之不易的资助，因为它充满了一颗关怀的心。在学校，我会好好地学习，不断攀登科学高峰，和您一样，长大了，我也向您学习，也为贫困学生捐款，让他们也能好好地学习，我不会辜负您对我的希望。"

徐僖在回信中深情地勉励学生："伟大的作家莎士比亚曾说：'苦难可以考验一个人的品格，非常的遭遇可以显出非常的气节。'顺境不傲慢，逆境不气馁。使我心里感到欣慰的是你们皆能不向困难屈服，人穷志不穷，依然乐观，奋发向上。相信你们在亲人和社会的关爱下，在学校和老师的教育下，通过自强不息的努力，会成长为祖国需要的人才，无愧于祖国人民的关怀和培养。……我梦寐以求的就是祖国富强，我希望我的愿望能在你们这一代人实现。"

而获得攀登奖学金和攀登助学金的研究生也同样表达了他们对徐僖的感激之情。2006 年度国家科学技术奖"技术发明奖"二等奖获得者卢灿辉博士曾于 2001 年得到"攀登"奖学金资助，他说："我一方面感到无比自豪和激动，因为这个奖学金是对自己研究、学习的一种肯定，是一种骄傲。另一方面，由于'攀登'奖学金是徐僖院士一手建立起来的，获得这个奖学金，深深体会到徐僖院士对年轻一代的深切关怀，更感到责任重大。特别想到徐僖院士平时省吃俭用，将钱奖给年轻的研究者，我的心久久不能平静，我感受到的是一位科学家崇高的人格魅力，他严谨的治学作风，淡泊名利的生活，深深影响了我，可以毫不夸张地说，这将会影响我一辈子。"教育部科技进步一等奖获得者刘渊博士曾经也以“无卤阻燃尼龙的开发”课题在Polymer Journal等著名学术期刊发表文章而获得“攀登奖学金”。他非常珍惜这个荣誉，认为：“攀登奖学金在高分子研究领域代表着一种崇高的荣誉，我感到非常荣幸！”并表示：“自己一定要以徐僖院士为楷模，虚怀若谷，淡泊名利，在高分子领域获得更大的成就。”其他获得这项奖学金的同学对徐僖院士的崇敬之情溢于言表，他们非常重视那份无价的荣誉，纷纷表示要以徐僖院士为榜样，刻苦钻研①。

1991年夏，江淮地区发生严重水灾，他捐款1万元。

1998年，长江流域发生洪灾，他捐款1万元。

2004年底，印度洋地区发生海啸，他捐助2000元。

2008年，四川汶川发生了历史上罕见的特大地震，徐僖除交纳5000元特殊党费和捐款给红十字会以外，还单独帮助一些家在灾区的学生。一名都江堰的研究生家中受灾严重，并在地震中痛失了亲人，徐僖主动代他交了学费，并再三叮嘱实验室老师们给予关照。

学校为一位白血病学生捐款，徐僖又捐出了数千元。

……

---

① 从1994年至2009年，共有33人荣获“攀登”奖学金。从1998年至2009年，共有152人获得“攀登”助学金。

像这样一幕幕感人的事迹不胜枚举。他正直，博爱，大公无私，他一生用实际行动诠释着人间的真爱。

三、高风亮节　无私无我

徐僖在学术界担任了不少职务，因此出版社及有关学术刊物、杂志请他审稿的人很多，有时一天甚至收到十几封来信请他审阅稿件，工作量相当大。但他怀着强烈的责任感，一丝不苟逐字逐句地进行审阅，甚至连一个标点符号也不放过。他在学术界享有崇高威望，但他总是淡然处之。徐僖是浙江大学、华南理工大学等知名高校兼职教授，为这些学校创立和发展高分子专业做出重要贡献。但徐僖与许多教授不同，他只要答应兼职，就必须常常前去指导工作，尽到自己的职责。

1998年，徐僖正式担任上海交通大学高分子材料研究所所长，成为上海交大高分子材料学科发展的培育者、建设者、领导者和见证者。交大高分子材料研究所刚刚创办时，徐僖每年有两三个月到上海去，帮助申请科研经费，聘请专家学者，培养青年教师，组织项目攻关，为此付出了大量心血。2003年，上海交大向教育部申请建立高分子材料学科博士点，在徐僖大力支持下获得批准。20多年来，在徐僖的关心、支持、帮助和

徐僖（前排右4）与上海交大高分子材料学科的教师们（1989年 上海）

带领下，上海交大高分子材料领域研究从无到有，从弱到强，在学科建设、人才培养、科学研究以及师资队伍等几方面都取得了跨越式持续快速发展，在全国同行中位居前列，表现出一定的国际影响力，正在向世界一流目标迈进，这其中凝聚了徐僖无数心血。在2010年徐僖教授90诞辰之际，上海交通大学高分子材料科学与工程系、上海交通大学高分子材料研究所在《辛勤耕耘六十载：贺徐僖先生九十寿辰》书中写了一篇热情洋溢的序言：

徐僖教授是中国高分子材料领域杰出的科学家，在为中国的高分子材料事业奠基和开拓的风雨历程中，数十年如一日地顽强拚搏，无私奉献。他热爱祖国，忠于人民，高瞻远瞩，高风亮节，是我们知识分子敬仰和学习的楷模。

在漫长的岁月中，徐僖教授先后与多所大学和科研机构结缘，上海交通大学是其中之一。上海交大的高分子材料学科是在徐僖教授一手扶持和悉心指导下成长起来的，他是我们的领路人。在改革开放时代的发展历程中，他一直与我们同伴同行，留下了不可磨灭的足迹，交大师生、交大学友深深感谢徐僖教授。

我们有幸从上世纪 80 年代以来经常零距离聆听他的教诲，他的巨大感染力经常鼓励、指导我们师生认真做人，出色工作。在庆祝徐僖教授归国工作 60 年和 90 寿辰之际，我们交大人向徐僖教授表达崇高的敬意和衷心的祝福。

尽管徐僖担任众多知名院校和科研机构兼职教授，但从不收取兼职报酬。上海交大聘请徐僖任高分子材料研究所所长，要付给他工资。1988 年，四川省城镇职工年平均工资是 1200 元，而上海交大付给他的报酬是每

在徐僖院士归国60年座谈会上路庆华教授代表上海交大祝贺(2010年 成都)

月1700元，但徐僖坚决不收这笔报酬，20多年一直分文未取。上海交大为了表达学校的心意，又在上海繁华的徐家汇区分给他一套100多平方米的房子，徐僖依然没有接受，而是向校方建议，自己来上海的时间很少，请将房子分给住房困难的老师。他到上海，就住在招待所里。其他单位寄来的兼职报酬成千上万，他都毫无例外地退还，有些不便退掉的就暂时存放在研究所里，作为资助学生或捐献社会之用。1982年4月8日，教育部任命徐僖教授为成都科技大学副校长，学校给徐僖分配了一间校长办公室，宽敞而舒适，但徐僖从来不愿使用这间办公室，直到他离开副校长职位。后来徐僖担任学校顾问，最后又从学校顾问的位置上退下来，在这期间，他始终没有进过那间办公室。

徐僖严于律己，公私分明，以身作则，从不搞特殊。凡属私人使用范围，一律自己支付。有一次徐僖出差归来，由于天气恶劣，乘坐的飞机被迫改在重庆降落。徐僖在机场，偶遇四川省委副书记杨超。当时，重庆市委派人到机场接待杨超，杨超便邀请徐僖一同前往。徐僖见航班已不可能飞往成都，天气情况又没有好转，便答应了，和同行人员一起暂留重庆。没想到第二天临走时，徐僖问接待人员："我们吃饭和住宿的费用是多少？"他一边说，一边从口袋里掏钱，在场的人都愣住了。徐僖说："我是一名普通教师，不能搞这种特殊化。"杨超也怔住了，本以为是朋友之间的一次盛意邀请，却没料到徐僖会这么认真，不禁对徐僖的为人更加敬佩。

徐僖作为一名我国著名的高分子材料科学家，丝毫没有高高在上的架子，他对待同事和学生都非常谦逊，平易近人。在日常工作中，他密切联系群众，关心群众生活，心中始终装着群众的利益。徐僖对身边的人从工作、生活、家里老人小孩，他都会一一过问。有一次徐僖到法国参加一个高分子国际会议，出发前单位同事曾委托徐僖办一件小事。徐僖开完会回来后，立即给那位同事回复事情办理的情况，使那位同事深为感动。而对他本人来说，自己的妻子儿女都很难顾上，以至到了忘我忘家的地步。他的夫人瞿光楣女士，来自美丽的江浙水乡，聪慧贤淑，勤劳善良，追随徐僖辗转西南，后来长期在四川大学图书馆工作，她把自己的一生默默无闻地献给了丈夫和他伟大的事业，陪着他一起经历各种艰辛和磨难。徐僖一家本来应该其乐融融地生活在一起，但在“文革”时期，整个家庭都没有逃脱这一劫难。徐僖的三个儿子都当过知青，在农村艰苦的环境中锻炼。后来大儿子徐光祝在成都红旗拖拉机厂当技术员，二儿子徐光祐在四川红旗柴油机厂当工人，三儿子徐光祉在四川链条厂当技术员，女儿徐光莹也仅是四川大学一名普通实验员，孩子们的处境与徐僖所取得的辉煌成就形成了鲜明的对比。尽管这样，徐僖对子女们仍然严格要求，从不利用自己的学术地位来为子女谋取私利，即使在他身处成都科技大学副校长的高位上，有人主动为其子女调动工作，他知道后坚决反对。他心爱的三儿子在20 年前不幸病逝，经历了白发人送黑发人的徐僖其内心的痛楚是常人无法想象的，但徐僖在悲痛之余仍然全身心致力于科研和教学工作。徐僖深爱着自己的孩子，更心忧天下所有的贫困孩子。即使在自家经济拮据的情况下，他一如既往地将所得的稿酬和科研成果奖金全部捐献出来，设立奖助学金，帮助更多需要资助的贫困学生，而全家人一起省吃俭用。“文革”时期，本来一家住在一套三室的房子里，但不久就被某校级领导下令强行夺去一间，一家六口从此住在更加拥挤的狭小房间里，家里最贵重的东西莫过于徐僖书房里他花了一生心血积累起来的堆满了的书籍。他对待自己吝啬克己，舍不得花费，而对于有困难需要帮助的人却慷慨解囊。每当他收到被资助学生寄来的感谢信时，就会感到莫大的欣慰和满足，这是他用最大的爱所换来的回报。

徐僖廉洁奉公，他为学校、为高分子研究所争取的科研经费上千万。从 1991 年开始到 1994 年，在徐僖的努力下，成都科技大学（现四川大学）高分子材料工程国家重点实验室共获得世界银行贷款 104 万美元，国家拨款 49 万元人民币，自筹 284 万元人民币，完成实验室大楼扩建面积 2980 平方米，购置了 101 万美元和 97 万元人民币的先进仪器和配套设备，科研、教学条件大为改善。但徐僖在平常工作中非常注意点滴节约，从不铺张浪费，哪怕小到一个废旧信封，一张用过一面的废纸他都要物尽其用。即使外出办公，除非会议安排，他从不住高级宾馆，尽量节省资金。每次出发前，他总是提醒身边的人要提前看好公交路线，耐心排队，等待公共汽车。20 世纪 80 年代，他在北京申请项目时，坐着公交车往来于各个部门之间。吃饭也很简单，不太忙的时候，要一份鱼香肉丝，忙的时候，就在小餐馆随便吃碗面条。跟随徐僖工作多年的梁春蓉老师说，徐僖坐飞机从来只坐经济舱。唯有一次向她发火，就是因为给他买了头等舱的机票，徐僖硬是坚持换成经济舱才走。2000 年在江西参加“高分子应用工程研讨会”，航班因为故障被取消了。4 个小时后，机场服务人员询问乘客，愿意选择哪一个后续航班。有一个航班马上就要起飞，但是飞机比较小；另一个航班的飞机宽大舒适，但需要再等几个小时。有位老师建议坐后一班飞机，徐僖不高兴了，他说：“我们不是来享受坐豪华飞机的，我要赶时间，我还有工作，你们留下来等吧！”后来这位同事主动向徐僖赔礼道歉。

徐僖十分重视添置先进的科研设备，建立高水平实验室，而自己则在一间很小的办公室内办公，不允许工作人员为他添置任何高档的办公用品。徐僖教授坚决抵制社会上“一切向钱看”的歪风，多次强调“我们知识分子应当在知识上先富起来”，并以身作则。寒暑假，他从来都是满勤上班，却从未领过一次加班费，而自己所得的稿费他都交到所里，作为捐助学生和社会之用。

徐僖自己的科研经费也从来都是交给实验室相关人员管理，自己一分不留，专款专用。

徐僖心地善良，待人真诚，重情重义。他无私帮助别人，但从不求回报。他为老师和学生修改过的论文发表后，老师和学生拿着稿费来酬谢先生，都被他一一拒绝。但对于曾经在工作和生活中帮助过他的同志，徐僖却始终心存感恩。如中石油两位老总与高分子研究所建立起了长期的合作关系，对学校高分子学科的发展做出了重要贡献。即使退休的两位老总已不在其位，但徐僖始终保持着与他们浓厚的情谊，时常邀请他们来川做客。曾经中石油两位老总来到川大，体弱多病的徐僖仍然对他们的行程和食宿关怀备至，热情周到地为他们安排，并不因为他们不在其位而疏远彼此的联系。徐僖虽然是江苏人，但在四川已工作了数十年，他说："是四川人民养育了我，我对四川有着浓厚的感情寄托，一直都在努力把对四川的热爱化为工作的动力，对创立高分子学科的'川军'贡献出自己的一份力量。"更难能可贵的是徐僖胸怀宽广，宅心仁厚，从"反右"到"文革"，虽然受到莫大的打击，但他从不记仇，宽容地对待曾经"陷害"过他的人，而把自己的不幸深深地埋在心底。

徐僖主张实事求是，从不弄虚作假。在"文革"时期，大会上批斗这个、揭发那个，但他从不轻易举手表态，因为他自己没有亲眼看到。别人在会议上听到“请某某做重要讲话”时一般要鼓掌，但他从来不那么做，他说：“还没听到，怎么知道他讲的话重不重要？”但对于自己校友被打成“右派”，徐僖则在危难之际及时伸出援助之手，帮助校友澄清事实。20 世纪 80 年代某部门与另一单位因专利权发生争执，对簿公堂，请徐僖从学术角度评判是非。由于某部门与徐僖有长期科研合作关系，按照一般人的想法，徐僖应该站在某部门的立场，而徐僖却实事求是，秉持良心办事，不徇私情，他说：“人情归人情，学术归学术。”对于 20 世纪 90 年代各地搞得如火如荼的“借脑”之风，徐僖也不盲从，表达了自己的看法，他说：“科研人才就是应该多与社会接触，这样才能最大程度地促进科学技术的进步，体现自身价值。我这个人就是比较喜欢做实事，不喜欢说空话。‘借脑’也好，交流也罢，重要的在于怎样踏踏实实地做人，怎样踏踏实实地做事，把想法切切实实地落到实处，这才是我们院士最应该做的。”

进入 21 世纪，徐僖已是年过八旬的老人，身体状况大不如前，但他依然忘我地工作。2003 年 7 月，徐僖脊柱压缩性骨折，被迫到门诊接受治疗。2004 年 2 月，徐僖又患严重肺炎，不得不住进医院接受治疗。当大病初愈，身体尚未完全康复，他又出现在研究生面前，忙碌在实验室里，活跃在国内外学术论坛上。2004 年 12 月，他在广州出席国际学术会议期间不慎摔伤，股骨粉碎性骨折，不得不再次住进医院接受治疗。骨折迫使他暂时不能走进实验大楼，他就把办公室挪到家里，继续工作。没有任何压力和打击可以使徐僖倒下，他一直孜孜不倦地为发展祖国科教事业顽强地工作着。

四、热爱祖国　维护尊严

20 世纪 90 年代，徐僖曾经自言："我现已年逾八旬，尚未脱离教学和科研第一线。我没有风烛残年之感，也没有仅能发挥余热的凄凉，人生的乐趣在于无私奉献。我现在考虑的是如何与国内同行、海外华人共同努力，树立我们中华民族在高分子材料与工程领域的声誉和地位，继续帮助中青年同志迅速成长，担负起科教兴国的重任。祖国是我心中永恒的太阳，她的面貌正在发生巨大变化，成就卓著，前途辉煌。"他说："为祖国的富强鞠躬尽瘁。"这是他一生的座右铭。

1989 年 5 月在日本召开的国际聚合物加工学会（简称 PPS）第五届学术年会上，学会执委会宣布，1991 年亚澳地区 PPS 会议在中国上海举行，委托徐僖教授负责筹备。为此，徐僖和国家自然科学基金委、中国化学会、上海交通大学、上海市科协等做了大量的准备工作。1990 年 4 月，徐僖应邀出席在法国尼斯举行的第六届 PPS 年会，向大会执委会汇报了有关 1991 年亚澳地区会议的筹备情况。出乎意料的是，他刚汇报完，少数不友好的人士以 1989 年发生的“六四”风波为借口，攻击中国局势不稳定，不安全，反对 1991 年会议在中国召开。一些人认为中国高分子研究水平不高，年会没有必要在中国召开。还有一些人指责中国是个穷国，想借主办会议之名赚钱。各种反对意见交织，会场秩序顿时陷入混乱。一个已经被确定的会议眼看就要被否定，这对国家的尊严无疑是极大的损害，强烈的爱国心和民族自尊心使徐僖迅速冷静下来，他毅然走上讲台作答，列举了大量事实反驳所谓中国不稳定、不安全的挑衅言论，他说：“据我所知，在中国召开的所有国际会议都没有发生过代表受到威胁的事件，在去年事件期间和前后，在安全方面没有发生过任何问题。本届学会主席、德国弗瑞兹（Friz）教授 1989 年 9 月曾到中国几个城市讲学、旅游，可以请弗瑞兹教授谈谈他的见闻和感受。今年 6 月，在座的加拿大国家科学研究院乌查斯基博士也将到中国，我想请他也谈谈他的看法。”短短几句话，自信而有力，立刻缓和了会场气氛。接着，他又向代表们介绍了中国高分子科学迅速发展的状况，而且针对代表们提出的经费问题做了详尽的解答，消除了部分代表的误会。接着弗瑞兹教授上台发言，他愉快地回忆了 1989 年 10 月难忘的中国之行。乌查斯基博士发言时，衷心感谢徐教授的热情帮助，使他能实现自己多年的愿望——到中国进行学术访问。徐僖在关键时刻维护祖国尊严的言行感动了许多与会代表，之后加拿大、韩国和其他许多国家的代表先后在会上表达了对徐僖的尊敬、信任和支持。其中一位韩国代表走上讲台，他说："我知道徐僖教授是一位很有威望的学者，他的话完全可信。"他坚决支持会议在中国召开。最后执委会通过决定，1991 年会议仍按原计划在中国上海召开。也就在这次 PPS 年会上，发生了一件突如其来、让徐僖非常生气的事。会议中间休会时，大家都到会议厅休息。在这里，徐僖遇见了许多高分子研究同行好友，大家聚在一起愉快地聊天。此时一位日本东京大学的学者起身，毕恭毕敬地给在座的人发名片，当他刚要发到徐僖面前时，却从另外一处开始，最后才给徐僖单手递上名片。徐僖拿起这位教授的名片，看都没看一眼，轻蔑地将它扔到地上。日本教授才发现这位中国人不好惹，连忙捡起来，毕恭毕敬地再次递给徐僖，在场的人无不对徐僖肃然起敬。日后谈及此事，徐僖显得非常严肃，他说：

“这可不是对我个人尊重不尊重的问题，而是对我的祖国的蔑视，我必须要争这口气！”徐僖为我国赢得了尊严，提高了我国高分子研究在国际学术界的地位。国家教委国际合作司教育外事简报专文刊发《为了祖国的尊严》的报道，表彰了徐僖捍卫祖国尊严的事迹。

1991年10月，由他承办和主持的PPS亚澳地区会议在上海如期举行，这次盛会不仅有大批亚澳学者参加，也吸引了北美和西欧的一些知名人士出席，徐僖在大会做了题为The Structure and Propertics of Polyolefine/Ionomer Blends的报告，会议取得了空前成功。正是由于亚澳地区会议的成功举办，国际聚合物加工学会委托徐僖教授承办该学会第十六届学术年会(PPS-16)。2000年6月18～23日，国际聚合物加工学会第十六届学术年会又在上海隆重举行，来自全球24个国家和地区的334名专家学者出席了会议，共收到交流论文367篇。会议由上海交通大学、四川大学主办，主要负责人为徐僖、王宗光等，国际上该领域学术权威和知名专家绝大多数都出席了这次盛会，徐僖在大会上做了题为Stress-Induced Reactions of Polymers的报告。PPS学会执委会主席事后称赞，这是多年来举办最成功的一次全球年会。同年，徐僖还成功组织了国际聚合物改性和复合材料会议（ISPMC’2000)。

徐僖在四川大学和上海交大共同承办的第16届国际聚合物加工学会年会（PPS–16）开幕式上致辞（2000年 上海）

徐僖还多次担任国际、国内学术会议主席、组织委员和大会特邀报告人。如1962年，徐僖在成都主持召开了第四次全国高分子学术会议，会议取得了圆满成功。1989年11月14-18日，在成都召开第11次全国高分子学术会议，成都科技大学徐僖教授主持会议。2000年，徐僖在全国高分子材料工程应用研讨会上担任主席。2004年8月，徐僖应在韩国召开的PPS亚澳地区会议邀请，在大会做学术报告。同年10月，徐僖应中国人民解放军总参谋部举办的“百名院士讲坛”邀请，到部队院校讲学。2005年9月18～23日，高分

徐僖在国际聚合物加工学会亚澳地区学术研讨会宴会上致辞
(2004 年 韩国庆州)

徐僖受聘中国人民解放军总参谋部举办的“百名院士讲坛”讲学
(2004 年 重庆)

子材料工程重点实验室、四川大学高分子研究所与上海交通大学在上海共同筹办高分子材料工程国际会议，徐僖担任大会主席，并在大会上做了题为 Effect of Shear Stress on Polymer Phase Separation/Chain Scission and Block (Graft) Copoly- merization 的报告。2006 年 10 月 15 ～ 18 日，徐僖应邀出席在绵阳召开的全国高分子材料科学与工程研究会议，担任大会主席，在大会上做了《废弃橡胶的常温超细粉碎和脱硫新技术》的报告。2007 年 7 月 7 ～ 9 日，受 PPS 委托，高分子材料工程重点实验室、四川大学高分子研究所与上海交通大学共同承办 PPS 亚澳地区学

徐僖（左起第 2）与国际聚合物加工学会（PPS）亚澳地区学术会议组委会主要成员合影（2007 年 上海）

术会议，徐僖主持并担任大会主席，在大会上做了题为 Reactive Modification of Polymers through Stress-Induced Reactions in Solid State 的报告。10 月 10 ～ 13 日，徐僖应邀出席在成都召开的 2007 年全国高分子学术论文报告会，致开幕词，并在大会上做了题为 Reactions Modification of Olefine Polymers through Irradiation 的报告。12 月 19 ～ 20 日，徐僖又应第四届中日化工学术研讨会（The 4th Joint China/Japan Chemical Engineering Symposium, CJCES）邀请，出席在成都召开的第四届中日化工学术研讨会，担任大会荣誉主席，并在大会上做了题为 Reactive Modification of Olefine Polymers through Irradiation 的报告。2009 年 10 月 26 ～ 27 日，徐僖应邀出席在成都召开的第四届分子集成 / 材料工程国际研讨会（The 4th International Symposium on Intergrated Molecular/Materials Engineering, ISIMME 2009）开幕式，并致开幕词。2010 年 5 月 6 ～ 7 日，徐僖应邀出席在成都召开的第三届国际化工新材料峰会，以《实现科学发展观，把握战略性发展机遇》为题，在大会做了有关高分子材料科学研究动向及发展展望的大会报告。在应邀出席该会举办的“嘉宾访谈”时，徐僖特别强调人才培养与产、学、研三结合是

徐僖在“高分子论坛”为研究生做学术报告（2011 年 成都）

新材料产业创新的关键。

2011 年，徐僖虽已年过九十，但仍坚持在四川大学高分子论坛做学术报告。四川大学高分子论坛是徐僖亲自创办起来的高水平学术论坛，徐僖曾给论坛的贺信中满怀激情地说：“科技创新已成为主宰人类社会进步的灵魂，新的世纪，人们更关注的是科学技术的发展。材料是现代科学技术和社会发展的支柱，高分子材料在尖端技术、国防建设和国民经济各个领域正成为不可缺少的重要材料。高分子材料科学涉及面广，重视学科交叉才能不断创新，丰富新的学术思想和想象力。我校高分子材料科学与工程系与研究所主办的‘高分子论坛’数年来已开展了数十次学术活动，为大家提供了一个没有条条框框的约束、针对学科国际前沿、结合国内需求、畅所欲言的场所，深受本学科师生的欢迎和赞赏，坚信这一论坛将越办越好。”2011 年 4 月 13 日上午，由高分子科学与工程学院研分会主办的第 200 期高分子论坛纪念活动在高分子材料工程国家重点实验室 320 报告厅拉开帷幕。本次纪念活动由徐僖主讲，高分子科学与工程学院党委书记张熙教授等出席了本次纪念活动。在活动开始，精心制作的高分子论坛纪念宣传片带领大家翻开了厚重的历史，从 1996 年 9 月 10 号首次会议的召开，高分子论坛开始了扬帆起航，15 年的风雨，15 年的沉淀，见证了它一步步的成长足迹。无论是国内的专家，抑或是国外的学者，也无论是学科的发掘，抑或是前沿的探索，高分子论坛以其独有的魅力吸引和鼓舞了无数的听众，成为了独树一帜的品牌学术活动。随后，在大家满怀的期待和热烈的掌声下，徐僖院士开始做精彩报告。他首先将本次论坛定位为“家庭会议”，他以一位长者的姿态和大家分享了自己在做人与做学术方面的见解。在报告中，他反复强调，要以“严于律己，求真务实”的态度做事情，要以正确的方式去爱国。结合自己的亲身经历与见闻，他为大家分析了当前的形势，提倡大家关注前沿科技，以国家的需求为出发点，把握各种机遇，要与劳动人民同甘共苦，为祖国的富强而奋斗，为民族的崛起而努力。在报告结束之际，徐僖院士引经据典，告诫大家要“饮水思源”，以感恩与欣赏的态度对待别人的学术成果，同时指出“苦难可以造就一个人的品格”，要从苦难中不断磨练自己。其间，他语重心长地教导大家树立正确的“四观”——世界观、人生观、价值观、科技兴国观，鼓励大家深入探索无止境的科学，争做“奉献型人才”。到场的同学也利用这次珍贵的机会向徐僖院士请教了一些问题，并得到了热心的回答。本次报告历时两小时有余，到场的同学收获的不仅是知识，更多的是做人、做事以及做学问的道理与原则。徐僖院士不愧为一个真正“为学生的未来负责，为民族的未来负责”的学者。

五、老当益壮　奋斗不息

在徐僖一生中，即使年过九旬，他仍以古稀之年和病残之身不断奋斗和进取，一如既往地战斗在教学和科研第一线，为高分子事业的发展倾注了毕生心血。高分子材料学术会上，常常活跃着他的身影；办公室里，他的电话时常响起，前来拜访的客人络绎不绝。他每天仍坚持到办公室上班，参加学术活动。2012 年 5 月 6 日，徐僖应邀出席了在成都举办的以“面向十二五，引领新发展”为主题的第三届国际化工新材料（成都）峰会并致辞。10日，徐僖还出席了成都新材料产业研究院举办的材料创新讲坛，为成都新材料产业研究院的发展献计献策，共谋成都新材料产业发展大计。2012年6月12日，徐僖出席了在北京召开的中国科学院第十六次院士大会，用老一辈科学家的实际行动认真践履科学发展观，弘扬科学文化，解放思想，开拓创新，唯实求真，努力推动我国科学事业的发展。2012年6月21日下午，在四川大学望江校区体育馆举行的2012年博士、硕士学位授位典礼上，92岁高龄的徐僖应邀出席了隆重的授位仪式，向博士学位、硕士学位获得者代表颁发学位证书，并扶正流苏。四川大学校长谢和平院士在

徐僖（前排左起第8）出席中国科学院第十六次院士大会（2012年 北京）

徐僖在研究生授位大会上讲话（2012 年 成都）

典礼上，以《坚守学术精神，做民族和社会的脊梁》为题做了重要讲话，并对徐僖院士给予了高度评价，谢校长说："我校老一辈科学家徐僖院士，就是在建国前毅然放弃美国的优厚待遇，突破重重封锁，回到祖国，在全国率先创办了高分子专业，成就了自己的求学报国之梦。虚荣的人注意着自己的名字，光荣的人注视着祖国的事业。在老一辈科学家身上，体现出来的是对祖国的无私奉献，对民族强大的不懈追求，世人尊重他们的不仅是他们的学术成就，更是他们的精神情怀。"并深情寄望同学们要继承和发扬徐僖等老一代科学家"献身祖国的高尚品质，常思强国富民之责任，常怀报效祖国之理想，把任何一个岗位都当作是奉献国家的机会，立报国之志、增建国之才、践爱国之行，在国家振兴发展的过程中，来实现个人的人生理想和抱负”。2012年6月28日，徐僖在得知《成都晚报》创刊56周年之际，连夜书写了一封饱含深情的贺信，表达对成都的热爱和对《晚报》的祝福。贺信中说：“我爱成都人民。温润富饶的天府滋养了成都人的性情和人品，成都人从容、仁厚、祥和，相处和谐，互助互爱。我爱成都深厚的文化底蕴。数千年的三星堆、金沙遗址、都江堰古迹，百年街市春熙路和宽窄巷子，吸引着国内外千千万万尊重历史、热爱文化的人们。我爱成都开放的胸怀。成都市科技顾问团开创先例，聘请国内外多位知名院士专家担任顾问，为建设现代化的新成都献计献策。”

徐僖虽年事已高，但仍密切关注着国际高分子科学发展的动态，思索着我国高分子材料工程学科如何发展，在西部大开发中如何发挥高分子材料的作用。正如他自己所说：“我虽然工作辛苦，但乐在其中。如果没有事干，比饿肚子还难受。怎样把祖国建设得更好，把环境建设得更好，这是很重要的。”他还说：“为了祖国的富强，在我有生之年，我甘愿做一支两头燃烧的蜡烛，为培养人才，为多出研究成果贡献出全部的光和热。如同爱因斯坦所说：‘真正的快乐，是对生活的乐观，对工作的愉快，对事业的兴奋。’”

徐僖治学严谨，一生倡导和坚持实事求是的作风。他胸怀开阔，甘为人梯，是一位求真务实、助人为乐的科学家和教育家，赢得了国内外同行的尊敬和广大师生的爱戴。他曾自己写道：“严于律己，求真务实，不断攀登，为祖国的富强而奋斗”，“饮水思源，助人为乐，让人间充满真诚的爱”。他风趣地对同事们说：“我虽然年事已高，但还想继续发挥余热。我今年已满 90 岁，如果按照市斤换算成公斤的方法，我也才 45‘公岁’而已。”

徐僖做事一丝不苟，勇挑重担，他说：“我要把全部的智慧和能力无丝毫条件地贡献给人民。”他经常带病坚持工作，对自己高标准，严要求。对他来说已没有寒暑假，节假日照常上班，平时工作争分夺秒，以跑代步，上午从外地回来，下午必定到单位上班。每天下班回家，他都要带一大包“家庭作业”。第二天清早，他交给助手的材料，是他一夜苦战的结果。同时，他对同事们也提出了更高的要求。正是在这种忘我精神的感召下，徐僖所率领的科研团队工作效率不断提高。

徐僖热爱祖国，忠于人民。他常常笑谈自己政治上很“落后”，但了解他的人都知道，徐僖是一个不折不扣的爱国学者。作为一名对国家有特殊贡献的科学家，他的名字已经和钱三强、谢希德等科学家一起被光荣地载入了历史。在日本京都第五届国际聚合物加工年会上，一位美籍华人科学家充满敬意地对徐僖说：“您从美国学成归国，为发展中国高分子事业立下了汗马功劳，您是真正的爱国者！”

即使在“文革”时徐僖遭受了很多不公正的待遇，但他对党和国家从来没有半句怨言，在逆境中从不放弃任何希望，学会在困境中苦中寻乐。他关爱社会，他的人生格言是“饮水思源，助人为乐，人生的乐趣在于无私奉献”，他夜以继日地工作，努力提高高分子材料工程领域在国际上的声誉和地位。他认真教学，帮助中青年学者迅速成长。所有这一切，都是为了实现他最大心愿：“我们的祖国富裕强盛，中国人能在世界上普遍受到尊重。”他经常语重心长地告诫学生：“不要总是问别人能给你什么，而应该想想自己能为别人做些什么，人与人之间要有一份真诚的爱，用一颗朴实的心去面对人生，要懂得饮水思源，回报社会，牢固树立人穷志不穷、奋力拼搏、艰苦创业的精神，这样的人生方才完美，才不算虚度。”

第十四章　一生的追求

一、加入学社　献身革命

早在 1951 年，就在徐僖刚开始筹建塑料工厂的时候，他的一位朋友、无线电专家谢立惠担任九三学社重庆分社负责人，专程来到重庆大学找到徐僖，希望徐僖能加入九三学社。谢立惠语重心长地说："我们是由知识分子组成的信仰民主和科学的团体。"在此之前，徐僖对九三学社知道得并不多，对于谢立惠热情的介绍，他非常感动。于是说："好吧，让我先考虑一下。"1951 年 4 月，徐僖在谢立惠与另一位社员、著名应用化学家谢秉仁的介绍下，正式加入九三学社。徐僖参加九三的初衷既不是贪图利禄，也不是为了名誉而去，只缘于对民主和科学的执着追求。

1953 年 8 月，徐僖辞去厂里所有职务、到泸州筹建高分子材料专业。在即将离厂之际，徐僖与胡厂长和重庆市三区周明书记握手言别，表达了争取进步、献身革命的坚定信念。1980年，徐僖被批准加入中国共产党。

二、肝胆相照　荣辱与共

九三学社的前身是“民主科学座谈会”。1944年底，一批进步学者为争取抗战胜利和政治民主，继承和发扬五四运动民主和科学精神，在重庆组成“民主科学座谈会”，讨论时局，发表政见。而后为纪念1945年9月3日抗日战争和国际反法西斯战争胜利这具有历史意义的日子，“民主科学座谈会”更名为“九三座谈会”，并筹备成立“九三学社”，充分表明九三学社具有强烈的爱国主义精神。1946年5月4日，在重庆青年会大厦举行“九三学社成立大会”，并发表成立宣言。

在解放战争时期，九三学社支持中国共产党的各项政治主张，在北平、上海、南京、重庆等地积极参加中国共产党领导的反内战、反饥饿、反迫害等民主运动，同国民党反动统治进行不屈斗争。1949年1月，九三学社发表宣言，响应毛泽东主席的八项和平主张，拥护召开新的政治协商会议。1949年9月，九三学社代表参加了中国人民政治协商会议第一届全体会议，参与了《共同纲领》的制定、中央人民政府的组成和中华人民共和国的成立。

成都九三组织创立始于 1952 年 10 月。当时有 8 名重庆九三成员调来成都工作，筹建“九三学社重庆分社成都小组”，1953 年 1 月 10 日正式宣布成立。随着九三学社影响逐渐扩大，作为隶属于重庆分社领导的临时性小组已经不能适应发展的需要。1953 年 3 月，九三学社中央电文批复将九三学社重庆分社成都小组更名为九三学社中央成都直属小组，改由社中央领导。根据九三学社“以文教、科技界的中上层分子为主体、以进步分子为骨干”的方针，在省、市委统战部的指导和帮助下在成都进行组织发展工作。随着九三学社组织的壮大，1954 年 9 月 12 日，九三学社成都分社筹备委员会正式成立。1956 年 5 月 13 日，召开九三学社成都第一次社员大会，自此以后，九三学社成都分社进行了发展和巩固组织、动员社员向科学进军和促进国家民主政治的工作，广大社员在科教、文卫等岗位上兢兢业业，无私奉献，成果斐然，为祖国建设事业做出了越来越大的贡献。

三、民主科学 “九三”楷模

徐僖很崇尚九三学社“民主、科学”的建社宗旨，认为这也是自己追求的理想。徐僖加入九三以后的几十年里，九三学社的会议和重要活动，只要能挤出时间，他都尽量参加。徐僖非常珍惜九三学社与中国共产党亲密合作的优良传统。他认为，要搞好多党合作，要充分发挥民主党派的作用，就必须加强学习，提高社员素质，搞好九三学社自身建设，接受党的领导，主动为党分忧，同心同德，荣辱与共。在纪念中共中央发布“五一口号”[①]60周年之际，徐僖发表了自己的内心感言，他说：“作为九三学社四川省委前领导之一，作为九三学社老一辈社员，我要真诚地告诉大家：在中国面临光明与黑暗两种命运决斗的关键时刻，我们九三学社义无反顾地选择接受中国共产党领导。在以后半个多世纪里，与中国共产党亲密合作，为建立新中国、建设新中国，发展中国特色社会主义事业并肩战斗，是极其正确的，是无尚光荣的。我从自己的亲身经历中透彻地感悟到，只有共产党才能让我们知识分子实现报效祖国的愿望，才能够领导中国人民实现科技强国的宏伟目标。

① “五一口号”特指中国共产党中央委员会于1948年4月30日发布的纪念“五一”劳动节口号。

徐僖（前排左起第5）参加九三学社成都分社第一届社员大会的合影

我们要继承和发扬民主党派老一辈与中国共产党患难与共、团结合作的优良传统，继续与共产党同心同德，为实现中华民族的伟大复兴而努力奋斗。”

自1951年徐僖加入九三学社以后，1956年5月13日，徐僖被选为九三学社成都分社第一届委员会委员。

1958年10月，徐僖被选为九三学社第二届委员会委员，并作为出席九三学社第二次代表大会代表。1962年1月31日，徐僖被选为九三学社成都分社第三届委员会委员。1978年4月，九三学社成都分社临时领导小组成立，正式恢复在“文革”中被迫停止的组织活动，徐僖被选为领导小组成员。1979年3月29日，九三学社成都分社召开领导小组扩大会议，徐僖出席了这次会议，就社的章程、性质、方针和任务进行了热烈而认真的讨论，将意见汇报给社中央。1979年10月，徐僖作为成都市九三学社代表出席了九三学社全国第三次代表大会。1980年1月20日，在九三学社成都分社第四届社员代表大会上，审议并通过了徐僖代表成都分社临时领导小组所做的工作报告，选举产生了九三学社成都分社第四届委员会，徐僖被选为副主任委员。自此以后，徐僖先后担任九三学社六、七、八届中央委员会委员、九三学社四川省副主任委员、九三学社成都分社主任委员、第八、九届名誉主任委员等职务。他认为九三学社不仅要积极发挥参政党的作用，还

徐僖（中排左起第3）与九三省代表会部分代表（1984年 成都军区）

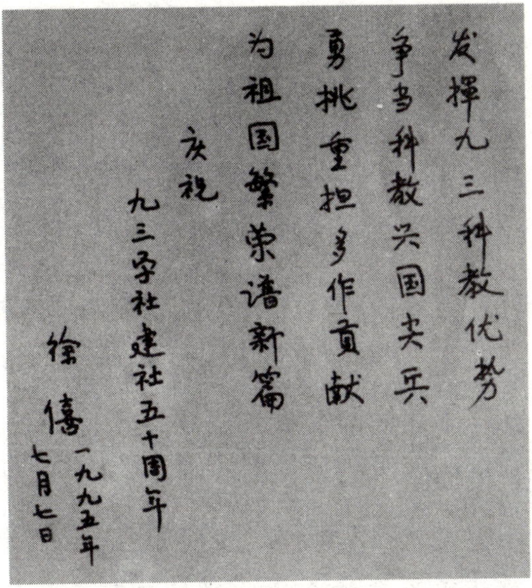

徐僖为成都九三学社建社 50 周年题词

要充分发挥其人才济济的智力优势，为国家和人民办实事、做好事。1995 年 7 月 7 日，他在祝贺九三学社建社 50 周年大会上题辞："发挥九三科教优势，争当科教兴国尖兵，勇挑重担，多作贡献，为祖国繁荣谱新篇。"

在徐僖的领导下，九三学社成都市委在成都市各民主党派中率先开展了科技咨询服务，并于 1983 年成立了九三学社成都分社科技咨询服务部，徐僖任主任，在工业、农业、能源、医卫、科研等工作中组织实施了近 152 个项目，利用自身人才优势为国家经济建设服务。徐僖还积极努力，为九三学社引进各类人才，注重学问和品德双重建设，时刻教导九三人要像亲人一样互相尊重，互相关爱，做学问首先要学会做人。他以身作则，为人师表，乐于奉献，始终严格要求自己，为九三社员树立起了光辉的典范。

徐僖除在九三担任重要职务外，从 20 世纪 50 年代初开始，他还担任过重庆市民主青联执委、重庆市三区人民代表、四川省民主青年联合会副主席，并先后当选为第三、五、六、七、八届全国人大代表、第一、二、三、五届四川省人大代表、第四届成都市人大代表、第六、七、八、九、十届成都市政协委员、第七、八、九、十届成都市政协委员会副主席等。徐僖每天都是在繁忙而紧张的工作中度过的，还有一些工作都是在出差途中完成的。即便是在参加全国人民代表大会期间，徐僖几乎不参加会议安排的各种文化娱乐活动，而是独自一人在宾馆里抓紧时间修改论文，处理稿件。一位曾与他同住一室的全国人大代表对人说："徐教授这样全国知名的权威学者，工作这样辛苦，这是我简直难以想象的。"

四、殷切希望　激励后学

大地回春，万物复苏。2011 年 3 月，在一个春光明媚的日子，为了写作《徐僖传》，我们怀着十分崇敬的心情特地采访了世界知名高分子材料科学家、我国高分子材料和工程技术领域开拓者和奠基人徐僖院士。

徐僖在办公室潜心工作（20世纪90年代 成都）

徐老的办公室不大，简朴而明净，办公室的书架是由废弃木箱做成的，办公桌上有一部普通电话，屋内摆放着两把椅子和一个老式沙发，一只红色暖水壶取代了现代的饮水机，看上去一切都是那样井然有序，已不需要太多的语言，一种从未有过的敬意顿时从我们心中油然升起……

徐老热情地招呼我们坐下，眼前这位慈祥的老人是那样的和蔼可亲。他开门见山，首先给我们讲起我国高分子发展历程和对未来的展望。他说：“高分子材料正广泛应用于我国国民经济建设和社会发展的各个行业，是现代人类社会生产和生活应用最广泛的基础材料之一，高分子材料的绿色化、环保化、可回收化是未来高分子材料的发展趋势，因此高分子材料的高性能化、功能化、环境友好化的发展方向为科学界和工程技术界提出了大量的研究课题和新技术、新工艺需求，社会对高品质高分子材料的巨大需求又大大促进了高分子工程化技术的提升和进步。”

接着他讲述了自己历经磨难和坎坷的人生历程："我的祖辈是农民，父亲是学徒出身，母亲是一位善良的家庭妇女……"

时间过得很快，不知不觉已过了一个多小时，徐老事务繁忙，电话不停地响起，我们不忍心再打扰他，而他却坚持要把话题谈完，从信念、道德、情操等各个方面向我们讲述了为人处世的道理，教导我们要爱国爱民，求真务实，绝不弄虚作假，要有严谨的治学态度和过硬的思想道德素质；要饮水思源，滴水之恩当涌泉相报，不管取得多大的成就，都不应目中无人、骄傲自满。透过他的谈话，我们深深感受到他念念不忘在童年时代曾经培养、教育过他的姐姐和姐夫，念念不忘为他成长播下科学种子的小学、中学和大学老师，念念不忘曾经和他并肩奋斗的同事们，念念不忘曾经关心过他工作和身体健康的人们。他语重心长地对我们说："在我一生中，让我感动的人实在太多，已经无法用言语来表达，他们在不同时期保护我、关心我、支持我。尤其在‘文革’期间，许多已经毕业的学生知道我的困境后，纷纷来信问候我，安慰我，不少学生给我寄钱寄粮，有的工厂里的工人还请我到他们家里避难，还有许多同志通过各种方式暗中保护我，多少次，我都被感动得流下了热泪。”

他略微停顿了一下，接着说：“尽管我现在年事已高，党和人民给予我的崇高荣誉仍然激励着我继续为祖国、为人民服务。有道是夕阳无限好，晚霞更灿烂。回顾自己的一生，我可以自豪地说：报效祖国，是我无悔的选择！”

徐老凝望着窗外，无限深情地对我们说：“你们看那明媚的阳光，只要它还在照耀着大地，花草树木就会茁壮成长。因为还有你们年轻一代，所以明天，我们祖国的明天，一定会更加美好。”他那坚毅的目光让我们深深地感受到一位饱经沧桑的科学家对事业的挚爱，对未来的憧憬，对年轻一代的殷切希望……

第十五章 永远的怀念

一、猝然长逝 我痛何如

2013年春节后，正当我将“九三人物传记丛书”《徐僖传》寄给学苑出版社刘丰、方晓喆编辑准备出版时，突然惊闻徐僖先生去世的消息，让我感到万分悲痛。徐僖因突发呼吸心跳骤停，经抢救无效，于2013年2月16日14时01分在成都家中不幸逝世，享年93岁。

徐僖逝世后，四川大学校长谢和平院士决定为徐僖举办隆重的追悼大会，并已开始着手准备。徐僖家属得知后，立即向学校领导表达了徐僖生前的遗愿，不希望大操大办。学校领导充分尊重徐僖家属的意见，改为举行遗体告别仪式。徐僖的学生和研究所的师生们为了寄托对徐僖的哀思，在高分子材料工程国家重点实验室大楼里临时设立了追思堂。四川大学高分子研究所门前摆满了一排排送别的花圈，门上悬挂起“沉痛悼念我们敬爱的老师徐僖院士”的条幅。追思堂里庄严肃穆，哀乐低回，徐僖先生遗像正上方的布幔上，悬挂着白底黑字的横幅“沉痛悼念徐僖院士”，遗像两边一副“慈祥至善乐施教铸长链惠佑后世，坚毅卓绝苦钻研凝单体彪炳中华”的挽联诉说着徐老一生不懈奋斗的历程。络绎不绝的人们带着无尽的哀伤，深切缅怀共同的老师和朋友——我国高分子材料学科的开拓者和奠基人、中国科学院徐僖院士。各界人士和亲友送来的花圈、花篮和挽联环绕大厅，中华人民共和国主席、中华人民共和国中央军事委员会主席胡锦涛，中央委员会总书记习近平，中央政治局原常委、国务院原总理朱镕基对徐僖院士的逝世深表悼念，对家属表示慰问；国务院总理温家宝，中央政治局常委、国务院副总理李克强，中央政治局常委、国务院副总理张德江，中央政治局常委、中央书记处书记、中央党校校长刘云山，中央政治局委员、国务委员刘延东，中央政治局委员、中央书记处书记、中央组织部部长赵乐际，中央政治局原常委、中央纪律检查委员会原书记吴官正，第十一届全国人大常委会副委员长、九三学社第十三届中央委员会主席韩启德等其他党和国家领导人对徐僖院士的逝世表示哀悼，对家属表示慰问，并送了花圈。中组部、教育部、九三学社中央委员会、中国科学院、国家自然科学基金委、中国科协、中国化学会、中国化工学会、四川省委、省政府、省科协、成都市委、市政府、市人大、市政协、市九三学社、上海交通大学等240余家单位也送了花圈。教育部部长袁贵仁，中国科学院院长白春礼，中国科协党组书记、常务副主席陈希，四川省委书记王东明，四川省委副书记、省长魏宏，四川省政协原主席陶武先，四川省委常委、组织部部长柯尊平，四川省委常委、宣传部部长吴靖平，四川省委常委、成都市委书记黄新初，成都市委副书记、市长葛红林等领导送了花圈。四川省政协副主席、九三学社四川省委主委黄润秋、成都市政协副主席、九三学社成都市委主委戴晓雁对徐僖院士逝世表示哀悼，对家属表示慰问，并送了花圈。其他以个人名义向徐僖院士送花圈的共有500余人，对徐僖院士的逝世表示深切的哀悼！

22日清晨7时，天刚蒙蒙亮，川大高分子材料工程国家重点实验室外已经停靠了一长列扎着白花的车队，前往吊唁的人们一起到东郊殡仪馆向徐僖先生做最后的告别。云山苍苍，江水泱泱；先生之风，山高水长。9时整，徐僖院士遗体告别仪式在成都市东郊殡仪馆隆重举行，徐僖先生家人、朋友、学生、校友、普通市民以及社会各界人士上千人纷纷赶来，聚集在成都东郊殡仪馆悼念大厅，怀着十分悲痛的心情依依送别这位高风亮节、德高望重的科学家、教育家。悼念大厅里哀乐低回，气氛庄严肃穆。正厅上方中央悬挂着“沉痛悼念徐僖院士”横幅，横幅下是徐僖先生遗像，两侧挽联高挂。徐僖先生遗体安卧在鲜花翠柏丛中，面容安详，身上覆盖着鲜艳的中国共产党党旗。黄白相间的菊花、散发着淡淡清香的百合，犹如一只只依依不舍的手臂，想要挽留住老人远去的脚步。

遗体告别仪式由四川大学常务副校长李光宪教授主持，党委书记杨泉明教授首先宣读了党和国家领导人

徐僖院士遗体告别仪式现场

的悼念和慰问电函以及部分送花圈的个人和单位，校长谢和平院士介绍了徐僖先生生平事迹，徐僖的学生和亲人代表也在仪式上分别致词，沉痛悼念敬爱的导师和徐爷爷。校长谢和平院士动情地说："徐先生，当您就这样永远地离开了我们，永远离开您难以割舍的心爱的科研事业和校园，作为敬您爱您的学生，我们是多么的不舍。直到此时此刻，我们仍然不愿相信，您就这样走了。"谢校长用"一代宗师光耀人间，先生风范千古流传"来表达对徐僖的钦佩。"徐僖先生视校为家的奉献精神，爱生如子的高尚品格，必将铭记在全体川大人的心中。""徐僖先生的不幸逝世，是我国科教界的重大损失，更是四川大学的巨大损失。"来宾代表、徐僖先生学生、中国工程院院士、华南理工大学瞿金平教授怀着沉痛的心情发言，缅怀恩师徐僖先生的丰功伟绩："徐先生是我国高分子领域杰出的科学家和教育家，是我国高分子材料事业的奠基人和开拓者，被誉为'中国塑料之父'和'学科领路人'"，"他六十余年如一日，勇于开拓，无私奉献，追求真理，鞠躬尽瘁，成果丰硕，桃李满天下，为我国高分子材料工业从无到有并发展成为国民经济和国防建设的重要支柱做出了卓越贡献，为推动高分子材料及相关学科的教学与科研、研究生教育发展等做出了卓越贡献"，"不愧为高分子学界的泰山北斗、一代宗师”。瞿金平代表徐先生的弟子们表达了对徐老的深深哀思和依依不舍之情：“能够成为徐先生的学生是我和所有师兄弟一生的荣幸，我们不会忘记先生严师慈父般的谆谆教导，不会忘记办公室里他奋笔疾书的身影，不会忘记他不知疲倦地指导和帮助我们选择课题、解决遇到的科学难题，并逐字逐句地审阅我们的论文，更不会忘记他虽单眼失明，只剩一半肺，年逾九旬仍活跃在教学科研第一线的执着与坚持。先生一生光明磊落，正直无私，淡泊名利。他的人生格言是‘人生的乐趣在于无私奉献，饮水思源，助人为乐’。他的最大心愿是‘中国人能在世界上普遍受到尊重’。他时常教育我们做学问要先学会做人，一定要实事求是，不能弄虚作假；他身兼多职，从不收取兼职报酬，却无私地把自己的奖金捐献出来设立研究生奖学金；他生活节俭，痛恨以权谋私、铺张浪费。徐先生无私奉献的精神，认真负责的工作态度，处处是我们学生的表率。他把自己的一生都奉献给了我国的教育、科研和人才培养事业。桃李不言，下自成蹊，先生为中国高分子材料事业培育了众多杰出的科学技术人才，他的弟子已经遍布五湖四海。”先生“永远地离开我们，永远地离开您深爱的学校，离开您为之奋斗了一生的高分子事业的时候，作为敬您爱您的学生，我们是多么的不舍啊！直到此时此刻，我们仍然不愿相信您就这样走了，您的音容笑貌，您的言传身教，都是我们继承您留下的宝贵的精神财富”。我们将化悲痛为力量，永远传承您的精神，铭记您的功勋，“秉承您的遗志，继承您的事业，为中国高分子学科的发展，为国家的繁荣、中华民族复兴努力奋斗”，“将先生用毕生心血开创的高分子事业发扬光大，将先生亲手建立的高分子学科基地发展壮大，才能慰藉先生的在天之灵！”徐僖先生家属代表、徐僖先生长孙徐晗博士在仪式上沉痛地怀念爷爷：“爷爷是一位慈爱的长者”，“爷爷是一位勤勉治学的科学家”，“爷爷是一位品行高洁的导师”，“爷爷是一位意志坚强的探索者”，“爷爷是一位充满生命激情的引路人”，“现在敬爱的爷爷永远地走了，我们再也无法亲耳聆听他的教诲，再也无法亲眼面对他的音容笑貌，只能在心中深深地缅怀、敬爱我们的爷爷，这怎能不让我们感到无比的哀痛和永久的思念？爷爷已离我们而去，留给我们正直善良、勤恳做事、踏实做人的品格，教给我们坚持勤奋的立身安命之本。”徐晗博士几度哽咽，表示一定牢记爷爷的教诲，照顾好长辈，教育好后代，维护家族的荣耀，无论身在何处，都要做好楷模，“让中国人能在世界上普遍受到尊重”。随后，上千名社会各界人士脸上写满难以掩饰的哀伤，依次缓步走到徐僖先生遗体前肃立默哀，在深深的鞠躬中与这位备受爱戴的科学家、教育家做最后的道别，与其亲属一一握手，表示沉痛哀悼和亲切慰问。整个现场悲泪飞洒，无语凝咽。

中国工程院院士、中国人民解放军总后军需装备研究所周国泰将军，中国科学院院士、上海交通大学颜德岳教授，中国工程院院士、西安工程大学名誉校长姚穆教授，中国工程院院士、华南理工大学瞿金平教授，四川省政协副主席黄润秋，四川省委组织部副部长刘东，四川省委统战部副部长聂文强，成都市政协主席唐川平，上海交通大学原党委书记王宗光，原四川省人大常委会副主任、四川大学原党委书记饶用虞，原四川省人大常委会副主任、四川大学原党委书记、原校长卢铁城，四川省教育厅厅长朱世宏，四川省科技厅厅长彭宇行，上海交通大学副校长吴旦，西南交通大学党委副书记何云庵，贵州大学校长郑强，青岛科技大学副校长刘光烨，武汉纺织大学副校长徐卫林，北京服装学院常务副校长廖青，中国人民解放军总后勤部军需装备研究所所长张建春将军，中国科学院化学所副所长王笃金，吉林大学超分子结构与材料国家重点实验室主任杨柏，浙江大学聚合物反应工程国家重点实验室主任李伯耿，纤维材料改性国家重点实验室主任、中国科学院化学所研究员徐坚，中国科学院长春应用化学研究所高分子物理与化学国家重点实验室主任韩艳春，中国石化四川维尼纶厂副厂长赵寰，中国人民解放军总后勤部军需装备研究所施楣梧将军等领导及来宾，大连理工大学、北京化工大学、东华大学、东北大学、华中理工大学、深圳大学、香港理工大学等高校和中石油兰化公司、中石化巴陵公司、杰事杰集团等企业代表和徐僖先生亲属、乡亲、好友、同行同事及海内外学生，以及四川大学全体在校校领导，学校各机关部处、学院负责人和相关学院及单位师生参加了徐僖院士遗体告别仪式。

徐僖先生是九三学社四川省和成都市的重要领导人。他逝世后，九三学社成都市委主委、成都市政协副

在徐僖院士遗体告别仪式上。左1为戴晓雁主委，左2为四川大学党委书记杨泉明教授，左3为四川大学校长谢和平院士

主席戴晓雁代表九三学社成都市委及2186名社员，前往设立在四川大学高分子材料工程国家重点实验室大楼三楼的徐僖院士追思堂。在哀乐声中，戴晓雁主委手捧一枝白菊，在司仪的引导下缓步走到徐僖院士遗像前，向徐僖先生深深地三鞠躬，敬献白菊，驻足致哀，并以“学生戴晓雁”的名义向徐僖院士敬献了花圈。之后，戴主委走到徐僖院士生平及学术成就展板前，细细观看，缅怀徐老的丰功伟绩。随同戴主委悼念的社市委专职副主委兼秘书长张平及机关李竹海等同志依次来到徐僖院士遗像前，敬献菊花，沉痛悼念徐僖院士，表达九三学社成都市委机关对老领导的无尽哀思。22日，戴晓雁主委代表九三学社成都市委和社员参加了在东郊殡仪馆举行的徐僖院士遗体告别仪式，向九三学社成都市委杰出老领导告别，向他表达九三人无尽的哀思和怀念！

在遗体告别仪式现场，一幕幕感人的场景让人动容。自追思堂设立以来，每天都有许多徐老教导过的学生赶来吊唁。从徐老教导的第一届学生算起，有的学生甚至已经年过八旬，但是他们只为来送恩师最后一程，共同追忆先生高贵德行。一位白发苍苍、佝偻着背的老人站在来宾席的第一排，虽年事已高，仍强忍着悲痛，足足站立了一个多小时，静静地望着“沉睡”在党旗下的徐僖，神情肃穆。在向遗体告别时，更是长时间鞠躬。据治丧委员会相关负责人介绍，这位老人是中国工程院院士、西安工程大学名誉校长姚穆，今年83岁高龄，是赶来送别徐僖的专家学者中最年长的一位。“正月初一我刚给徐老师打电话拜年，没想到竟成了最后一次交谈。”与记者聊起徐僖，姚穆眼中饱含着泪花：“可惜了，实在是可惜了！”得知徐僖逝世的消息，2月21日，正在常州市参加学术会议的姚穆搭乘晚上的飞机赶到成都见徐僖最后一面。虽然与徐僖相差不过9岁，也没正式从师于徐僖，但这位同样在高分子材料研究领域德高望重的院士却亲切地称徐僖为老师。“1978年，我与徐老师在北方召开的一个科学研讨会上结识，一晃30多年过去了。这些年里，徐老师在学术上给了我很多帮助，在我心中，他就是我的恩师。”姚穆眼中的徐僖平和却又严格，“虽被称为‘中国塑料之父’，但徐老师对待后辈从来没有架子，总是那样和蔼可亲。在治学上，他却又格外严谨”。姚穆回忆，曾有几回，他请徐老师帮忙对一些学术报告提建议，徐老师总是欣然答应，并一字一句地加以修改，不漏掉任何一个数据。

著名材料和个体防护专家、中国工程院院士、解放军总后勤部军需装备研究所的周国泰少将也抵蓉为徐老送行。回忆起自己的良师益友，周国泰说，他和徐僖认识有20余年了，徐僖是他的良师益友，也是忘年交。

徐老的人格魅力、爱国情怀，永远是一面旗帜。“在军需装备发展方面，徐老绝对算是做出了卓越贡献。”军需装备的研发，是事关军队战斗力的大事，也是铸就祖国钢铁长城的关键一环。历来主张“科学报国”的徐老，在周国泰的邀请下，投身到了火热的军工科技战线，成为解放军总后军需部军需装备科技发展特邀顾问。徐僖曾指导研发某款防弹头盔，不仅获得了当年国家科技进步一等奖，时至今日，综合性能仍处在世界前列。“祖国、人民、军队失去了一位伟大的科学家，但他也留给了世人巨大的财富和力量。”对于徐僖的离去，周国泰很是惋惜，“他从来不拐弯抹角，我们在一起时，他喜欢叫我‘国泰’。徐老的逝世，是国家高分子学科的重大损失。”“所以，”周国泰少将顿了一顿，“我一定要来送他最后一程！”

远在广州的中国工程院院士、华南理工大学副校长瞿金平专程从广州坐飞机来，参加徐僖的遗体告别仪式。就在大年初一，瞿金平还和导师徐僖通了 15 分钟电话，没想到这竟然是生前最后一次聆听恩师的教诲。他说：“徐先生是我做学问和做人的引路人，他自我要求非常严格，也时常教导我们，还经常资助家境贫困的学生。大年初一跟他通电话时，徐老一直告诫我，现在当了院士了，应酬多了，要学会避免一些不必要的应

左为徐僖学生郑强，右为徐僖院士

酬，沉下心专心做学术。”

长江学者、贵州大学校长郑强从1985年到1995年的10年间师从徐僖学习和工作，他说：“徐老是对我一生影响最大的恩师，这种影响几乎深入骨髓。”今年正月初三，郑强独自一人开车700多公里，从贵阳驱车千里到成都给恩师拜年，买了他最喜欢吃的猕猴桃。“没想到，我可能是他生前见到的最后一个弟子。”在老师家里，他用手机拍下了一张合影。几天后，郑强闻知老师过世的噩耗，再次赶回成都。在追思堂前，这位大学校长跪倒在地，向老师长揖作别。他们那张留存在手机里的合影，没想到竟成了老师留给世人的最后一张影像。他长叹道:“这可能是徐先生生前最后一张照片。”

在追悼会现场，79岁高龄的吴盛全一大早就从九里堤赶到了东郊殡仪馆。“无论有多远，我都要送恩师一程。”他眼含泪光哽咽地说。“老师的第一批学生有32人，我是其中一个。”吴盛全清楚地记得，尽管当时生活条件艰苦，但老师还是经常邀请他到家里做客。“恩师爱生如爱子，我们和他的小孩都成了好朋友。”“恩师最大的心愿就是让中国人在世界上普遍受到尊重。”吴盛全说，老师是为人师表的楷模，对他一生的影响很大。

还有一位川大原高分子研究所党支部书记潘孝臣先生与徐僖是40年的好友。在徐僖的遗体告别仪式上，潘孝臣先鞠了一躬，然后缓缓地举起右手敬了个标准的军礼。“我现在还是接受不了”，82岁的潘孝臣眼眶红了，送别老搭档，对他来说很不易。20世纪80年代，10多岁就当兵的潘孝臣从部队转业，后来到成都科大高分子研究所担任党支部书记，与时任所长的徐僖共事。两人既是同事，又是好友。徐僖到外地出差返蓉，潘孝臣多次去接送他，两人利用车上的时间进行交流，“他有什么事都会给我说”。直到1992年退休，潘孝臣都保留这一习惯。十多年来，潘孝臣和徐僖都住在川大南苑教师宿舍相邻的两个单元楼里，不时会碰面，“我有时候不忍心找他，他很多时间都在工作”。“他就像一支透明的蜡烛，燃尽自己的生命，一心扑在工作上。”潘孝臣说，他以军礼送别徐僖，也是向老友致敬。

在告别现场，北京服装学院王锐教授双眼通红肿胀，她是徐老98届博士生，专程赶来看老师最后一眼。“本打算初五上成都拜年的，但老师非要我过了春节高峰期再来，没想到再也见不到了。”王锐教授说，相处的十几年中，老师对学生的关爱和帮助给她留下了极其深刻的印象。

在追悼会上，还有曾经接受过徐僖帮助的学生拿着早年徐僖信件专程前来悼念，谈到自己在最困难的时候得到过徐僖的帮助，至今仍感动得热泪盈眶。

连日来，社会各界人士纷纷以各种方式寄托对徐老的哀思，自发前往学校追思堂吊唁徐僖的科技界、教育界等人士以及川大师生、校友和不少普通市民络绎不绝，有的从省外飞抵蓉城，只为送徐老最后一程。毕业于西南交大的市民张先生说，徐僖曾在唐山交通大学（西南交大前身）任教，“不仅是因为校友的原因，而是发自内心尊敬这样一位德高望重的科学家！”据介绍，不少在外地的徐僖学生也陆续抵蓉祭奠恩师。许多网友和川大学子还通过贴吧、微博，甚至在网上开设“四川大学‘中国塑料之父’徐僖院士天堂纪念馆”来纪念这位高风亮节、德高望重的科学家和教育家。人民网、新华网、光明日报、中国日报、中国青年报、新浪网、搜狐新闻、网易新闻中心、凤凰网、四川新闻网、四川日报、成都日报、华西都市报、天府早报等众多新闻媒体连日来对徐僖先生逝世及各界缅怀悼念活动做了大量报道。

二、先生之风　山高水长

徐僖的突然离去，徐僖家人、同事、学生、学界朋友无不沉浸在巨大的悲痛之中，深切缅怀他的一生。在师生和亲友的眼里，徐老不仅是我国高分子领域杰出的科学家和教育家，我国高分子材料事业的奠基人和开拓者，更是一位真正的人生导师。

在同事眼中，“工作是徐老最大的爱好”。徐僖虽已年逾九旬，他仍活跃在教学、科研第一线，坚持每天早上 9 点准时到办公室工作，2013 年春节前都要到办公室工作，直到 2 月 8 日除夕前一天才给自己“放假”，春节期间徐僖也还在处理工作信件。徐僖的小女儿徐光莹回忆说：“父亲每天早上 5 点 30 分准时起床，会穿戴得整整齐齐，打上小领带，他说‘为人师表，一定要干净整洁’。收整完毕，吃完早饭，9 点钟准时去办公室，风雨无阻。遇上事情多的时候，下午还去上班。就在徐僖去世的那天，2 月 16 日，徐僖本打算像往常一样去办公室上班，但因故没有去成。早上9点，中国工程院院士毛炳权还给徐僖电话拜年，电话那头声音高亢：“我们要保持联系啊！”然而令他没想到的是，中午徐僖在家中突发呼吸心脏骤停，经抢救无效不幸逝世，几十年来不变的习惯在那个中午戛然而止，他把一生奉献给钟爱的高分子材料事业，直至生命的最后一刻。徐僖的学生、长江学者王琪教授说，蛇年春节的前一天，老师还在办公室里。每年春节师生给他拜年的时候，他说得最多的还是工作。王琪还清晰地记得，就在2月16日那天早上，她还和老师通了电话，谈的是高分子材料工程国家重点实验室的建设问题。在王琪的回忆中，老师只要不出差，每天早上9点准会出现在办公室里，几十年如一日。63岁的王琪教授自1981年成为徐僖院士的研究生并在他的指导下工作至今。在王琪眼里，徐僖是“一位真正的大师，真正的泰斗！”提起老师，王琪总要提起他背着30公斤五棓子到美国求学的故事，“这是他一辈子最重要的事业”。徐僖去世后，所里工作人员打开他的办公室，前来悼念的人们看到徐老办公室内各类书籍、杂志、报刊和信件整齐摆放在用废旧箱子改成的书架上，写字台上还放着一本《中国科学技术前沿》。辞世前，徐僖仍然担任国内两个权威学术杂志的主编，每一篇论文他都坚持审看，并亲自修改文章中的英文摘要。徐僖最后的手迹是一封写给国际高分子协会的英文信，时间定格在2013年2月14日。

徐僖非常重视学术创新，早在20世纪50年代，徐僖在高分子材料领域独辟蹊径，提出了“用物理方法解决化学问题”的新理论，在国内开创了高分子力化学的研究工作，这一新思路在全球也属领先。1978年，向明考入当时的成都科技大学高分子材料系攻读本科，现在50岁的四川大学高分子研究所向明教授说，当时成都科技大学有3个在全国都是最厉害的强势专业——高分子材料、水力学、皮革化学与工程，“其中高分子材料科就来自徐老的领域！”徐先生逝世后，向明拟撰的挽联“聚良操美德为泰山北斗，合景行亮节成万世师表”被广泛传播。中国工程院院士施楣梧还记得徐老曾说过：“只能验证前人理论的学生只能得3分；能在前人工作基础上有所发展或修改前人理论的可以得4分；在前人的基础上可以提出自己的见解，通过自己的工作进行概念创新、物质创新、方法创新、理论创新的学生方能得5分。徐老培育学生的创新意识，在后来的几十年里一直激励着我们在教学科研征途中探索，是我们在事业上努力攀登、在人生道路上不断前进的动力。”在中国石化四川维尼纶厂，至今流传着一个颇有知名度的“米饭理论”，它正是拜徐僖所赐：做产品要像蒸米饭，要努力加大创新研发，提高附加值，“把白米饭做成蛋炒饭、扬州炒饭”。徐僖就是这样，用科学理论将“白米饭”不断烹制成具有高附加值的“蛋炒饭”和“扬州炒饭”。

徐僖严谨求实、一丝不苟的治学风范在学生和同事心目中留下了深刻印象，起到了良好的垂范作用。徐僖的学生、四川大学高分子学院雷景新教授依然记得有一次自己将一份论文的初稿交给先生审阅，徐老看到初稿未经认真校对打印，便随即撕掉扔给了他，这一幕深深地影响了雷教授之后的治学态度，让他再也不敢轻易在治学上马虎大意，用他自己的话讲：“受益匪浅，终身受益！”徐僖对学生的学术道德要求极其严格，他常用自己的老师、高分子科学家王葆仁的话教导学生：“要做学问，先要学会做人。”

徐老胸怀宽阔，毫无保留地对学生和中青年教师传授他的科学思想和学术见解，不知疲倦地指导和帮助他们选择课题，争取项目，解决难点，引导他们占领学术制高点。向明说，老师总是强调做学问要结合实际，一直探索把研究成果转化为生产力。位于重庆市长寿区的中石化四川维尼纶厂副厂长赵寰不无感慨地说，维尼纶厂是徐老“一手拉扯大”的特大型化工化纤产品企业，30年来，活跃在川维厂各条战线的中坚力量有许多是在徐老的指导、关怀下成长起来的，“没有徐老，就不可能有中国今天蓬勃发展的化工化纤产业”。徐僖一直站在高分子领域的船头瞭望，王琪教授感叹道，老师的科研思维一直与国家的发展紧密相连。回忆这些年的实验室工作，徐老引入的高分子领域的绿色加工、废旧高分子材料的再生利用等课题，无一不对材料科学的发展产生深远影响。

徐僖为人光明磊落，坚持真理，实事求是。原中山大学校长曾汉民教授是徐僖多年的老朋友，早在20世纪50年代曾汉民在苏联攻读研究生时有幸与徐僖相识。1958年，当时徐僖参加我国高教部组织的赴苏联和东欧多国访问，重点进行高分子科学及教育考察。代表团到莫斯科后，曾汉民有幸参与考察团的部分俄语翻译工作，在异国他乡能与祖国前辈科学家相聚倍感兴奋。徐僖是考察团中年富力强的高分子材料科学学者，他与留学生交谈极为亲切，给曾汉民留下了深刻的印象。通过共同参加国内外学术交流活动，曾汉民教授深深体会到徐老严谨务实的学风和在学科前沿不断创新的精神，特别令人敬佩的是他非常关注和痛斥科技界和社会上出现的不正之风，在培养人才上特别重视以德为先，以业为重，强调团队的团结、协同、合作精神和创新能力。徐僖为人特别真诚，平易近人，对越是处于底层的人越客气、越礼貌，没有半点架子，但对做得不对的事，无论多大的官，徐僖都会毫不客气地直接批评。一位与徐僖共事的九三学社成都市委前副主委、秘书长涂泽伟说：徐先生脾气大，爱骂人，但是，并不是所有的人都有资格挨他的骂，他最爱骂的是官僚作风，“不到一定级别还不够资格挨骂”，而他对普通教工却显得格外随和、亲切。

徐僖一生无私奉献、淡泊名利。徐僖家人说，老人一生秉持“人生的乐趣在于无私奉献，饮水思源，助人为乐”的信条，他虽身兼数职，但从不收取任何兼职报酬。“流自己的汗，吃自己的饭。”这是徐僖的家训，也是安身立命的根本。徐僖是20世纪80年代教育部特批的唯一一位由成都科技大学和上海交大双聘为正式教职的院士，由此开始他为交大高分子学科的发展殚精竭虑，做出了巨大贡献。上海交通大学原党委书记、中国材料研究学会理事王宗光教授还清楚地记得：20世纪七八十年代正是中国科技事业百废待兴的年代，徐僖在上海科学会堂做完学术报告后，王宗光拦住了主讲人徐僖，“您是中国高分子材料学科的领路人，交大要恢复学科，想请您帮忙。”“好！”徐僖当即允诺，帮助建设上海交通大学高分子材料研究所。1985年，经国家教委批准，上海交通大学高分子材料研究所成立，徐僖担任所长。上海到成都两千多公里之遥，却没能阻隔30多年来徐僖对上海交大几代高分子人的关心和扶助。王宗光记得，徐老80岁之前，几乎每年都会有几次亲自从成都远赴上海，一出机场、车站，就开始与师生交流，给青年教师讲做人，给学生讲理想，每次都要忙碌一周多。用徐老自己的话说，他这是在“不断地完成交大人布置给他的家庭作业”。上海交通大学副校长吴旦闻讯徐僖去逝，一下飞机就奔赴追思堂吊唁徐老，哭红了双眼。他忍住泪水，说了一句话：“徐老是真正把交大当作另一个战场！”这十几年来，为了徐老身体起见，从沪来蓉给徐老汇报工作最多的就是吴旦。2012年，上海交大高分子材料研究所要办一个讲习班，听闻此事后，徐僖专门打电话给吴旦，说自己“一定要来，一定要来”。从王宗光到吴旦，再到更年轻的师生，徐僖的确是“影响了上海交大几代人”。很少有人知道，徐老当了整整30年的上海交大高分子材料研究所所长，却从没拿过一分钱，所有的工资、津贴、补助都原封不动地放在交大，交大几次分配给徐老住房也都被他强力退回。徐僖去逝后，上海交大累计发给徐僖的工资、津贴、补助近200万元，徐僖子女遵从父亲生前遗愿，拒绝领取。

徐僖特别关心生活贫困的人，逢年过节总惦记着实验楼里的门卫、清洁工和送信师傅，还拿出自己的工资给他们买礼品，大包小包，年年如此。在徐僖侄孙女徐女士记忆里，徐老是一个特别幽默的人，“特别能给别人正能量的人”。家人聚会，他会时常讲笑话逗大家开心。“他不会让你看到他的痛苦，但是你痛苦的时候，他总是比别人先发现。”在孙女眼中，“爷爷就怕别人担心他，很多疼痛都自己忍住了”。徐僖的儿子感叹，有时候觉得老爷子身体“发动机”转动得比自己还要好。但大家心里都明白，这台“发动机”的能量其实远远不仅是身体供给的，而是来自徐僖坚强的意志和执着的信念。

徐僖的办公室在高分子实验室大楼二楼219，许多同学都记得，每次他离开电梯时，总是要转过身来对电梯里的同学们挥手再见，笑着说“我到了！”那种亲切的感觉总让大家忘记了他是我国杰出的科学家、高分子材料事业的奠基人和开拓者，而特别像自己的爷爷。徐僖爱生如子，他把学生当成自己的孩子对待，从学习、生活、恋爱到结婚、工作、家庭总是关怀备至。徐僖的高尚品德和渊博的学识赢得了师生们的尊敬，学生亲切地称他为“老爷子”、“祖师爷”。微博名为“孤舟寂寥人”的网友写道：“看到徐僖老爷子去世的消息，想起某年在南园食堂门前下课了的我们正巧碰到老爷子，一大堆学生分列两旁，给老爷子让路，那份尊重是发自内心。大家笑言，老爷子是我们的祖师爷……”

桃李遍天下的徐老，却一生过着简朴的生活。大约

10 平方米的办公室简朴而整洁，一个陈旧办公桌上堆满了各种资料和书籍，放着一部老式电话、旧订书机、涂改液、钢尺子和一个放大镜。书桌上的玻璃写字板上还留有一道明显的疤痕，即使写字板边角破碎，徐僖也舍不得更新，亲自动手，用透明胶布沿着裂缝仔仔细细地粘连好。一套已经有些塌陷的老式沙发仍在使用，一面墙摆放着里面装满了书的书柜是 25 年前徐僖让人用包装仪器的箱子改装成的，后来搬办公室也一直不愿意换，更不准给他配“老板桌”。徐僖的学生徐闻教授说：“生活中的徐先生很节俭，他用过的信封也不会扔，每张都翻个面，当成新的信封使用。他用过的纸张，写完一面，另一面翻过来继续用。”徐僖住在川大南园一套

徐僖院士正在聚精会神地工作

非常普通的住宅里，在不大但十分整洁的客厅里，墙上贴满了他的儿孙们的照片，最多的是他的孙辈们获得各种学位时的照片。在他家里，几十年来家居简朴，客厅内挂着徐僖院士装裱的书画和题词，这些大多来自拜访他的学生。家中最大的房间几乎被书籍占满，书几乎是唯一的装饰，书籍从墙壁堆到地上，再堆到窗台旁的角落。徐僖几乎没有别的爱好，“除了看新闻和天气，就是读书”。有次中央电视台要拍摄徐老的镜头，记者看到他简陋的房子十分吃惊，连说真没有想到。徐老一心扑在工作上，把工作视为生命，年逾九旬，仍然坚持每天去办公室工作。徐僖大儿子买了一辆旧车，经常哄着父亲出门去晒太阳。徐僖逝世后，他用这辆车载着专门从重庆赶来悼念父亲的亲朋好友前往追思堂。熟悉他的人都知道，节俭朴实、清廉自律，这是徐僖一贯的作风。川大师生们说，他们都知道徐僖先生的“规矩”，绝对不允许送礼金礼物，只好送上花圈表达哀思。据高分子研究所的老师们回忆：“前几年徐僖先生的夫人去世，只是在家里面进行了悼念，同事送去的礼金，最后原封不动地全部退回。”徐僖去世后，家人遵照徐老遗愿，仅仅在家中设了个小灵堂，然而这并没有阻断大家对他无尽的思念。各级领导干部、科研院所、普通师生送来的花圈从设在学校高分子实验大楼里的追思堂一直堆到了实验大楼门口的道路两旁，上自中央领导，下至在校师生，深切地表达了人们对徐僖一生的追念。

徐僖为人正直，胸怀坦荡，重情重义，对老一辈杰出科学家是这样，对老同事们是这样，对后生晚辈的年轻人也是这样。徐僖老朋友曾汉民教授一提起徐僖先生，心底顿时泛起对先生的崇敬和无限思念之情。曾教授回忆起有一年参加年会前应邀一起到武汉访问，然后转乘飞机回成都参加年会。到成都后，夫人陆耘因水土不服生病了，徐先生马上派人送医院及时治疗和护理，很快恢复了健康，期间令曾教授更为感动的是“徐老先生多次来电话和到我住处亲自追踪询问护理全过程，并致以亲切慰问”。徐僖珍惜友谊的感人事迹不胜枚举。

马识途与徐僖院士在2006年川大校庆上的合影

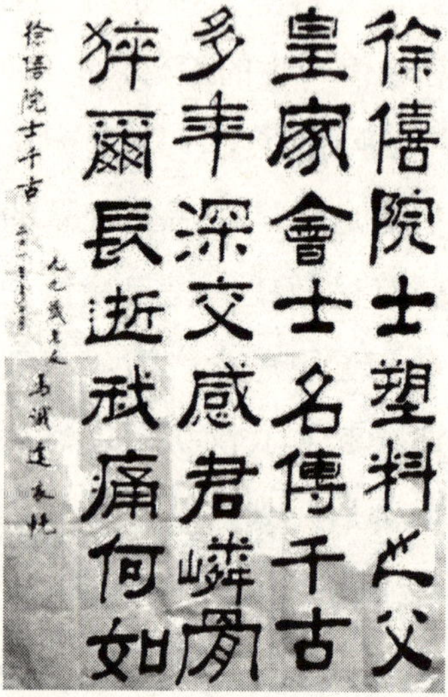

马识途为徐僖院士逝世亲笔写的悼词

徐僖的学生南开大学教授左榘从凤凰电视台在北京大学举行的杰出华人颁奖会上知道徐僖逝世的噩耗后，十分悲痛。左榘深情地回忆起当年上学的情景：“他老人家亲自去火车站接我入学，学习期间严格要求。我工作后，始终像慈父那样关怀，一幕幕感人的情景历历在目。”徐僖与原四川省文联主席、省作家协会主席马识途[①]交情深厚。99岁的马识途在成都家中翻看报纸，才偶然看到自己“多年深交，感君嶙骨”的挚友徐僖先生已经逝世两天了。而他的女

① 马识途（1915～）是我国著名现代作家，曾与巴金、张秀熟、沙汀、艾芜并称“蜀中五老”。新中国成立后，曾任川西区党委组织部副部长、四川省建设委员会主任、厅长及中国科学院西南分院党委书记、副院长、中共中央西南局宣传部副部长、科委副主任、四川省人大常委副主任，全国第六、七届人大代表，四川省文联主席、省作家协会主席，中华诗词学会副会长，中国郭沫若研究学会副会长，四川国际文化交流中心理事长，中国作家协会理事、顾问，2013年1月，获颁“首届东方文豪终身成就奖”。

儿马万梅早已知道了这个消息，但一直没敢告诉父亲。闻悉噩耗后，马老久久盯着与徐僖的合影，感觉“心口难受”，写下了32字的哀悼词追忆老友的一生：“徐僖院士塑料之父，皇家会士名传千古。多年深交感君嶙骨，猝尔长逝我痛何如。”催促女儿马万梅送到四川大学交予徐僖家人。马识途说，上世纪50年代末，自己与徐僖因工作关系成为好友。在马识途眼里，徐僖“是个特别讲情义的人，只要你支持他的研究，他就会把你当真朋友看。”

徐僖与九三学社也结下了不解之缘，他长期担任九三学社成都市主委，为九三学社的发展做出了重大贡献。卸任后，仍一直关心九三学社的发展。2011年社市委换届时，他不顾90岁高龄和寒冷的天气，坚持乘车50分钟赶到金牛，签名报到领资料，还开玩笑说：“我要来把材料拿回去，看看你们做了些什么。”并且和在场的年轻社员一一握手，久久不愿放手。每年社市委领导与机关同志都要一道去拜见他一次，在春节之前向他恭祝新春，祝愿他健康长寿。2012年1月16日，是徐老92周岁的生日。生日前一天的1月15日，现任九三成都市主委戴晓雁、副主委兼秘书长张平率机关同志专程到川大徐僖院士的办公室祝他健康长寿，戴主委还私人敬赠了一幅蜀绣作为贺礼。在展示给他看时，徐僖对这幅精美的蜀绣表示非常喜欢。徐僖不时开玩笑说：“千万不要祝我长命百岁，那不是咒我没有几年好活了吗？”他很高兴地说，过了年就是93了，九三人都要活93的“及格线”真的活到了。我们大家都为他开朗活泼的玩笑所感动。2013年1月15日，在徐僖院士生日即将来临之际，社市委主委、成都市政协副主席戴晓雁、张平副主委兼秘书长，机关宣传处李竹海、研究室刘浩林陪同戴主委一道前往四川大学，在四川大学高分子国家重点实验室徐僖院士简朴的办公室里看望并慰问社市委老领导徐僖院士。戴晓雁主委首先向徐僖送上九三学社中央编撰的《九三学社院士风采》一书。看到《九三学社院士风采》中对自己的介绍，徐僖说，自己这辈子对九三学社深厚的感情能够以这样的方式得到记载和表达，非常高兴。戴晓雁主委代表九三学社成都市委2000多名社员向徐老敬祝生日快乐，并送上新春祝福。戴主委仔细询问了徐僖院士的身体和生活情况，徐僖说，他现在每天在单位工作半天，其余时间在家里工作。戴主委希望他少安排一点工作，保重好身体。戴主委说，社市委现在的发展势头很好，这是全体九三学社成都市委干部、社员真抓实干、努力拼搏的结果，其中也凝结着历届老领导的心血和智慧，感谢徐老为社市委的发展奠定的坚实基础，感谢徐老多年来始终如一的

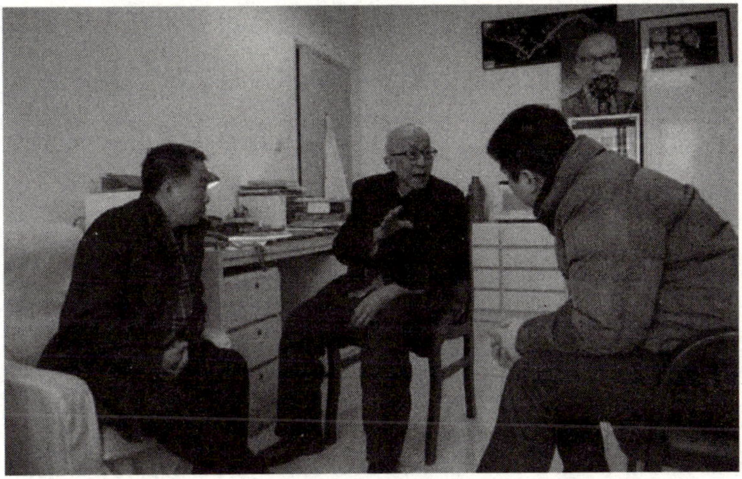

九三学社成都市主委戴晓雁等机关领导前往看望徐僖院士

关心爱护。在新的一年里，希望徐老一如既往地关心社市委的工作，继续对社市委的发展给予大力支持。徐僖对社市委全体社员对他的关心表示感谢，对社市委近年来取得的成绩给予充分肯定。他表示，过去的一年，面对新的形势，社市委新一届领导班子高屋建瓴，审时度势，下功夫抓各项工作的落实，实现了思想建设、组织建设、参政议政、社会服务和机关建设的全面进步。他希望社市委在新的一年里把握机遇，乘势而上，实现中国民主政治的更大发展。他表示，自己深爱九三，坚定信仰“民主与科学”宗旨，今后也将继续为九三的建设和发展做贡献，为国家的繁荣昌盛积极建言献策。不知不觉中，戴晓雁主委已与徐僖院士兴致勃勃地畅谈了一个多小时，徐老深情回顾了他在社市委担任主委的时光和充满艰辛的求学、创业和学术发展之路。现在，徐僖还承担着重要的研究项目，他还向戴主委展示了他近期的主要研究成果，特别是与上海交通大学的合作，并赠予社市委一些珍贵资料。与徐僖一起在九三学社成都市委共事的前副主委、秘书长涂泽伟谈起徐僖院士，总是有讲不完的故事。他说，徐僖院士百忙之中十分关心九三工作，他与领导班子成员相处从不指手画脚，从不发号施令，他总是从更高的视角来审视和评判九三的工作。他看到一个个科技人员退休，感慨这些学者正当知识和经验积累丰富、精力充沛、身体尚好的鼎盛时期，把他们闲置起来既是个人的损失，更是国家人才的浪费。他认为人才浪费是最大的浪费，他希望九三把退休科技人才组织起来为社会再做贡献，所以他极力支持成立具有法人资格的“科技咨询服务部”，让九三的人才为国家建设、经济发展服务。在徐僖的鼓励下，成都市九三学社开展了154项科技服务项目，受到社会广泛赞誉，获得社中央的大力表彰。

三、一代宗师　光耀千古

徐僖先生与世长辞，使我们失去了一位伟大的科学家、杰出的领导、学者，这是我国学术界、教育界的重大损失，更是四川大学和九三学社的巨大损失。徐僖为中国高分子材料事业培育了众多杰出的科学技术人才，他的弟子已经遍布五湖四海。先生逝世后，他们从世界各地发来唁电唁函，很多人不远千里专程赶回母校悼念，社会各界也纷纷发来唁电，对徐僖先生的去逝深表哀悼，对徐僖先生崇高品德和学术成就给予了极高评价。

徐僖生前是中国科学院院士，他逝世后，中国科学院院长、中国科学院学部主席团执行主席白春礼发来唁电："惊悉徐僖院士不幸逝世，甚感悲痛！我谨代表中国科学院、中国科学院学部主席团，并以我个人的名义对徐僖先生的逝世表示深切的哀悼，并请向其家属致以诚挚的慰问！徐僖先生是一位德高望重、深受大家尊敬和爱戴的高分子领域杰出的科学家，是我国高分子材料事业的奠基人和开拓者。建国初期，先生就满怀科学救国的热望，毅然回到祖国，全身心地投入到祖国的建设事业中。六十多年来，先生一直致力于高分子材料科学的科研工作，一丝不苟，严于律己，建树颇丰，特别是在高分子力化学、高分子材料成型基础理论、油田化学以及辐射化学等领域取得了独创性的科研成果，为我国高分子材料科学的发展做出了卓越贡献！先生还是一位卓有成就的教育家，一生从教，培养了大批优秀人才，桃李满天下！徐僖先生热爱祖国，崇尚科学，追求真理，淡泊名利，将全部心血奉献给了化学科研与教育事业，是我国化学界的一代楷模，为年轻后学树立了榜样，风范长存！”

早在20世纪60年代初出版过徐僖《高分子化学原理》的化学工业出版社在得知徐僖逝世后，第一时间发来唁电："惊悉徐僖院士仙逝，谨致悲痛哀悼。徐僖院士是我国高分子材料学科的开拓者和奠基人之一，为开创并推动我国高分子科学领域的科学研究、技术开发和高等教育殚精竭虑，学术成果丰硕，指导和培养了一大批科研、技术人才，为我国高分子材料工业的创立发展做出了卓越贡献。先生长期担任中国石油和化学工业科技图书编审委员会委员和名誉委员，为传播化工科技知识著书立说，建言献策，虽届耄耋犹以伏枥之心笔耕不辍，令人景仰。先生之学，薪火相传；先生之风，垂范后世。”得到过徐僖大力支持和帮助的中国石化北京化工研究院燕山分院也发来唁电："徐僖先生生前为我院同四川大学的合作做了许多有益的工作，为我院科研工作提供了大量无私的帮助，对我院科研事业的发展做出了重要贡献。徐僖院士的逝世，是我国石油化工领域的重大损失，我们将永远怀念他！”徐僖长期担任《高等学校化学学报》和《高等学校化学研究（英文版）》的编委及顾问编委，为两刊的发展付出了极大心血，做出了重要贡献。徐僖去逝后，高等学校化学学报编辑部唁电评价："徐僖先生是我国高分子领域杰出的科学家和教育家，是我国高分子材料事业的奠基人和开拓者。他一生奋斗在中国高分子材料学科的教学和科研领域，为中国高分子材料学科的发展做出了巨大的贡献。他真诚无私地提携后学，培养了很多优秀人才。他的不幸逝世，是我国学术界、教育界的巨大损失。"徐僖大学毕业于浙江大学化工系，是化工系杰出的系友，始终关心浙大化工系的发展，对化工系的学科建设给予了悉心指导和帮助。徐僖逝世后，浙江大学化学工程与生物工程学系发来唁电，向徐僖先生的家属表示沉痛悼念和诚挚慰问："他一生致力于高分子科学研究，是我国高分子领域杰出的科学家和教育家，是我国高分子材料事业的奠基人和开拓者。他的逝世，是我国教育界的巨大损失。"徐僖生前帮助、指导或紧密合作过的企事业单位、高等院校如中国石油四川石化有限责任公司、清华大学高分子研究所、中山大学高分子研究所、中国塑料加工工业协会等也纷纷发来唁电，对徐僖的逝世表示沉痛哀悼。

徐僖生前任上海交通大学教授、高分子材料研究所所长，为上海交通大学高分子材料及相关学科的教学与科研、研究生教育发展等做出了卓越贡献。在唁电中，上海交通大学对徐僖的贡献给予了极高评价：“徐僖同志是我国高分子领域杰出的科学家和教育家，是我国高分子材料事业的奠基人和开拓者，被誉为‘中国塑料之父’和‘学科领路人’。他热爱祖国、忠于人民，忠诚党的教育事业，六十余年如一日勇于开拓、无私奉献，追求真理，鞠躬尽瘁，成果丰硕，桃李满天，为我国高分子材料工业从无到有并发展成为国民经济和国防建设的重要支柱做出了卓越贡献，为推动高分子材料及相关学科的教学与科研、研究生教育发展等做出了卓越贡献。近三十年来，徐僖同志倾注大量精力推动上海交通大学高分子学科的发展，取得了令人瞩目的成就。徐僖同志一生光明磊落，正直无私，公正廉洁，淡泊名利，德高望重，深受敬爱。他身兼多职，从不收取兼职报酬。他的人生格言是‘人生的乐趣在于无私奉献，饮水思源，助人为乐’。他的最大心愿是‘中国人能在世界上普遍受到尊重’。年逾九旬，他仍活跃在教学科研第一线。他把自己的一生都奉献给了我国的教育、科研和人才培养事业。徐僖同志的一生是革命的一生，是奋斗的一生，是无私奉献的一生，是公忠体国的一生。他的不幸逝世，使我们失去了一位伟大的科学家、学者，是我国科学界、教育界的损失，也是上海交通大学的损失。他的高尚人格、严谨学风、科学精神和无私奉献是全体交大人宝贵的精神财富，必将激励我们为中国科学和教育事业的发展而努力奋斗。”

徐僖逝世后，遍布海内外的学生也纷纷发来唁电。徐僖学生南开大学左榘教授在唁电中说：“老师的一生是为科学、为教育献身的一生。他成果辉煌，不愧为我国‘塑料之父’，他严师爱徒，桃李满天下！我会永远记住您的教诲，您的容颜！”正在美国工作的高分子材料研究所 94 级研究生周晖、隋长平惊悉徐僖先生仙逝，十分悲痛，“往日在高研所的历历往事又浮现在眼前，徐先生对我们的谆谆教诲，虽然历经近二十年的沧桑，仍然铭记在心。作为我国著名的科学家和教育家，他把一生的智慧贡献给了祖国的高分子科学事业，让我们无比敬佩。我们对徐先生的逝世表示深切的哀悼，并向家属表示亲切慰问”。徐僖 1950-1953 年任重庆大学化工系副教授，是重庆大学杰出校友。徐僖逝世后，重庆大学师生深感悲恸，在唁电中高度评价徐僖一生“是光辉的一生，是为人民事业无私奉献的一生，他的杰出成就永远是我们倍加珍惜的宝贵财富，他的崇高品质永远值得我们学习和怀念！”“他的离去，是整个中国科学界和教育界的巨大损失”。

徐僖院士经常主持和参加国际学术会议，结识了许多外国同行专家。徐僖逝世后，他生前的许多外国朋友也发来唁电，如国际聚合物加工学会主席 Petr Saha 教授说：“听到徐僖先生的突然离世，我感到十分悲痛。我怀着深深的沉痛写下这段文字，想对徐僖先生的家人，四川大学的研究工作者，上海交通大学的研究工作者表达最深切的安慰。你知道的，我和徐僖先生私交甚久，他不仅仅是一个卓越的科学家，不仅仅是中国高分子领域的灵魂，更是一个和蔼的、值得尊敬的人。我不会忘记我们收获颇丰的会议交流和彼此的探讨，我不会忘记我们两所大学最初彼此的合作，同样不会忘记我们推广、建设国际聚合物加工协会的过程。”日本诺贝尔奖化学奖获得者白川英树、国际聚合物加工学会主席 Ica Manas-Zloczower 教授、国际聚合物加工学会前主席 Tadamoto Sakai 教授等国际知名专家纷纷发来唁电，对徐僖院士的逝世感到非常震惊和悲伤。Tadamoto Sakai 教授说：“我对徐僖教授的逝世感到非常的伤心。徐先生对国际聚合物加工学会和中国都做出了巨大的贡献，他的逝世是高分子学术界和工业界的一个巨大的损失。对徐僖教授的逝世表示沉痛和真诚的哀悼，真诚地为徐僖先生祈祷，愿他的精神长存！”印度著名科学家 Ashok Misra 教授说：“他生前是中国高分子学科领域的伟大领袖，并在四川大学和上海交通大学创建了两个顶尖的高分子研究所。”在2002年，Ashok Misra教授与他的妻子Rashmi应徐僖邀请访问四川大学，成为第一位正式访问四川大学的印度院士。

2014年2月16日，在纪念徐僖院士逝世一周年之际，四川大学高分子材料工程国家重点实验室和四川大学高分子研究所在成都召开“徐僖院士学术思想研讨会”，出版了《高分子材料科学与工程》（徐僖院士纪念专辑）。会议由高分子科学与工程学院党委书记、四川大学高分子材料工程国家重点实验室常务副主任、高分子研究所代所长张熙教授、高分子材料工程国家重点实验室主任王源升教授、高分子研究所副所长王琪教授等组织召开，共有来自高分子材料工程国家重点实验室、高分子科学与工程学院的70余位教师参加了此次研讨会。会议在庄严肃穆的气氛中隆重召开。王琪教授首先就《高分子力化学及高分子材料高性能化》做主题发言，系统地总结了徐僖先生所开创的高分子力化学所取得的重大成果、目前的最新进展及其重大意义，回顾了徐僖院士为我国高分子材料事业特别是四川大学高分子学科的建立和发展做出的突出贡献，表达了对徐僖先生深切的怀念和崇敬之情，让人很欣慰地看到徐僖所开创的事业蒸蒸日上，后继有人。接着，高分子研究所郭少云、雷景新、张爱民教授、高分子材料学院淡宜、杨鸣波、傅强教授先后发言，用自己最新的研究成果来告慰徐僖先生的在天之灵。在会议最后，淡宜、徐闻等教授与在座的每一位老师共同分享了徐僖生前的感人事迹，他的至理名言“做学问先要学会做人”、“要有一颗感恩的心，要饮水思源”、“让中国人在世界上普遍得到尊重”、“做学问要严谨”在高分子研究所和整个四川大学师生中早已深入人心。四川大学常务副校长李光宪表示，希望四川大学教职员工齐心协力，继承和发扬徐僖院士“奉献、科学、创新、爱国”的崇高精神，推进四川大学高分子学科的大力发展。

徐僖院士是我国高分子领域杰出的科学家和教育家、我国高分子材料事业的奠基人和开拓者，被誉为“中国塑料之父”和“学科领路人”，他把自己的一生都奉献给了我国教育、科研和人才培养事业，为高分子材料工业从无到有并发展成为国民经济和国防建设的重要支柱呕心沥血，为推动高分子材料及相关学科的教学与科研、研究生教育发展等做出了卓越贡献，不愧是高分子学界的泰山北斗、一代宗师。他高尚的人格魅力、孜孜以求的探索精神、锲而不舍的科学态度和无私奉献的崇高品德永远是我们学习的典范，激励着我们为实现中华民族伟大复兴的中国梦而不懈奋斗，他的事业和英名将永垂不朽，他的精神将光耀千古！

附 录

一、徐僖院士主要科研论著

（一）主要学术论文

1. Haiming Liu, Rui Wang, Xi Xu, Thermal stability and Flame Retardancy of PET/magnesium Salt Composites, Polymer Degradation and Stability, 95, 1466～1470, 2010
2. Haiming Liu, Rui Wang, Xi Xu, Xiaokai Sun, Xiaohui Zhou, Synthesis, Characterization and Thermal Properties of a Novel Phosphorus Containing Copolyesters Based on 2-carboxyethyl（ phenylphosphinic）Acid, 材料工程/2009年增刊2（SAMPE China 2009），420～426，2009
3. Shishan Wu, Haibo Sang, Zhimin Liu, Xi Xu, Effect of Reaction Temperature on HDPE functionalized Through Ultraviolet Irradiation, Polymer-Plastics Technology and Engineering, 44, 381～390, 2005
4. Hua-wei Zou, Wen Xu, Qing-fen Fng, Xi Xu, Effect Of Stress-Induced Reactions On Morphological Structure And Process-ability Of PVC During Pan-Milling, Chinese Journal of Polymer Science (English Edition), 23 (20), 227～234, 2005

5. 吴石山，徐僖，紫外辐照官能化HDPE及复合材料力学性能，复合材料学报，22（5），60～63，2005

6. 徐僖，高分子材料的应力诱导反应，高分子通报，（4），20～22，2005

7. Shishan Wu，Xi Xu，Effect of the Reaction Atmosphere on High-Density Polyethylene Functionalized by Ultraviolet Irradiation，Journal of Applied Polymer Science，91，2326～2329，2004

8. 徐僖，对开发用于西部地区农业现代化的高性能高分子材料的建议，中国科学院院刊，19（6），412～415，2004

9. 黄关葆，周英，武荣瑞，徐僖，PEN-PET共聚酯薄膜的性能研究，材料工程，（8），51～53，2004

10. 王锐，武荣瑞，张大省，徐僖，PET纳米SiO_2复合物的流变性及纺丝性能，北京服装学院学报，24（2），6～9，2004

11. Shishan Wu，Jun Zhang，Xi Xu，Studies On High Density Polyethylene（HDPE）Functionalized By Ultraviolet Irradiation And Its Application，Polymer International，52，1527～1530，2003

12. Shishan Wu，Xi Xu，Structure and Properties of Ultraviolet-Irradiated High Density Polyethylene at Different Environmental Temperatures，Journal of Applied Polymer Science，89，2966～2969，2003

13. Shishan Wu，Zhengnian Chen，Xi Xu，Study on structure and properties of HDPE functionalized by ultraviolet irradiation in air and O_2 atmosphere，Materials Letters，57，3495～3499，2003

14. 黄关葆，武荣瑞，徐僖，PEN-PET 共缩聚动力学研究，现代化工，23（5），36 ～ 38，2003

15. 曹亚，张熙，李惠林，黄荣华，徐僖，高分子材料在采油工程中的应用与展望，油田化学，20（1），94 ～ 98，2003

16. 徐僖，高分子材料科学研究动向及发展展望，新材料产业，(3)，12 ～ 17，2003

17. Hesheng Xia ，Qi Wang，Yongqin Liao ，Xi Xu ，Steven M. Baxter ，Robert V. Slone，Shuguang Wu，Graham Swift，David G. Westmoreland，Polymerization Rate and Mechanism of Ultrasonically Initiated Emulsion Polymerization of n-Butyl Acrylate，Ultrasonics Sonochemistry，9（3），151 ～ 158，2002

18. 徐僖，对开发用于西部地区农业现代化高性能高分子材料的思考，塑料，31（1），13 ～ 16，2002

19. 张爱民，李惠林，何其佳，徐僖，微波辐照增韧高密度聚乙烯共混材料的研究，高分子材料科学与工程，18（3），98 ～ 101，2002

20. 王锐，武荣瑞，张大省，徐僖，PET/ 纳米 SiO_2 复合材料的制备（Ⅱ）：纳米 SiO_2 在 PET 中的分散性研究，现代化工，22（9），34 ～ 37，2002

21. 吴石山，徐僖，高密度聚乙烯官能化和增容作用的研究，复合材料学报，19（4），14 ～ 17，2002

22. 王锐，武荣瑞，张大省，徐僖，PET/ 纳米 SiO_2 复合材料的制备 I 纳米 SiO_2 在 PET 单体 EG 中的分散性研究，高分子材料科学与工程，18（4），181 ～ 187，2002

23. 徐僖，王琪，聚合物纳米材料制备新技术，中国材料研究会主编：

2000年材料科学与工程新进展，冶金工业出版社，2001，7～14
24. 曹亚，李惠林，徐僖，羧甲基纤维素系列高分子表面活性剂的嵌段结构对其形态和性能的影响，高分子学报，(1)，3～7，2001
25. 吴石山，徐僖，HDPE紫外辐照改性及其与PVA共混体系的力学性能，材料研究学报，15 (6)，619～622，2001
26. 吴石山，徐僖，紫外辐照对高密度聚乙烯分子结构的影响，应用化学，18 (9)，758～760，2001
27. 张熙，黄荣华，徐僖，水解聚丙烯酰胺-柠檬酸铝体系成胶行为与形态结构的研究，高分子学报，(1)，8～12，2001
28. 陈哲，王琪，徐僖，超细聚酰胺6粒子增韧聚丙烯体系的研究，高分子学报，(1)，13～16，2001
29. Qi Wang, Hesheng Xia, Yongqin Liao, Xi Xu, Steven M Baxter, Robert V Slone, Shuguang Wu, Graham Swift, David G Westmoreland, Ultrasonically Initiated Emulsion Polymerization of n-Butyl Acrylate, Polymer International, 50 (11), 1252～1259, 2001
30. Yongqin Liao, Qi Wang, Hesheng Xia, Xi Xu, Steven M. Baxter, Robert V. Slone, Shuguang Wu, Graham Swift, David G. Westmoreland, Ultrasonically Initiated Emulsion Polymerization of Methyl Methacrylate, J. Polym. Sci., Part A: Polymer Chemistry, 39, 3356～3364, 2001
31. Huilin Li, Mingjia Zheng, Xi Xu, A Study on HDPE/Sulferated EPDM-Treated $CaCO_3$ Blends, J. Appl. Polym. Sci., 80, 2140～2144, 2001
32. Rong Guan, Xi Xu, Structure and Properties of Isotactic

Polypropylene Functionalized by Ultraviolet Irradiation, J. Appl. Polym. Sci., 79, 1456～1466, 2001

33. Wen Xu, Pengbo Liu, Hongbo Li, Xi Xu, Effect of Electron Beam Irradiation on Mechanical Properties of HDPE & Its Blends with STC, J. Appl. Polym. Sci., 78, 243～249, 2000
34. 雷景新，徐僖，辐照在高分子材料制备与改性研究中的新动向，现代塑料加工应用，11 (3)，33～35，1999
35. 徐僖，王琪，废弃高分子材料回收处理与再生利用新技术，工程塑料应用，27 (3)，30～31，1999
36. 辐照技术在高分子材料制备与改性研究中的新动向，《国际学术动态》，11，51～54，1998
37. 废弃高分子材料回收处理与再生利用新技术，《国际学术动态》，11，55～57，1998
38. 徐僖，王琪，聚合物在加工过程中预期结构化、可视化在线检测和计算机模拟－第13届国际聚合物加工会议述评，塑料工业，26 (1)，69～71，1998
39. 雷景新，徐僖，成型加工工艺对紫外线辐照HDPE/PA6共混材料形态结构和对有机溶剂阻隔性能影响的研究，高分子材料科学与工程，14 (4)，97～99，1998
40. Wen Xu, Wangdong Xiao, Xi Xu, A Study on Mechanical Properties of γ-Ray Irradiated HDPE Filled with Sericite-Tridymite-Cristobalite, Chinese J. of Polymer Science, 16 (4), 339～344, 1998
41. 曹亚，李惠林，徐僖，羧甲基纤维素系列高分子表面活性剂在溶液中胶束行为的研究，油田化学，14 (4)，361～364，1997

42. 曹亚，李惠林，徐僖，羧甲基纤维素系列高分子表面活性剂结构与表面活性的研究，油田化学，14（3），257～260，1997

43. 徐僖，雷景新，紫外线辐照HDPE/PA6共混物界面相互作用的研究，高分子材料科学与工程，13（1），38～42，1997

44. 徐僖，雷景新，紫外线辐照对HDPE结晶结构及化学结构的影响，高分子材料科学与工程，13（6），104～108，1997

45. 曹亚，李惠林，徐僖，羧甲基纤维素系列高分子表面活性剂在溶液中分子形态的研究，高分子材料科学与工程，13（3），106～110，1997

46. 郭少云，王泽琼，冯金茂，徐僖，HDPE/尼龙-6/EAA共混体系反应增容作用的研究，高分子材料科学与工程，13（5），114～118，1997

47. 倪秀元，刘白玲，徐僖，纤维素共聚物的酶降解研究，高分子材料科学与工程，13（4），125～129，1997

48. 孔瑛，杨金荣，徐僖，聚苯乙烯在应力作用下的降解动力学及降解机理研究，高分子材料科学与工程，13（4），59～63，1997

49. 郭少云，王泽琼，黎淳昭，徐僖，硼酸锌对PVC力学及阻燃性能的影响，高分子材料科学与工程，13（3），100～105，1997

50. 淡宜，王琪，徐僖，安英丽，左榘，聚（丙烯酰胺－丙烯酸）/聚（丙烯酰胺－二甲基二烯丙基氯化钠）聚电解质复合溶液动态光散射研究，高分子学报，（3），360～366，1997

51. 曹亚，李惠林，徐僖，羧甲基纤维素系列高分子表面活性剂超声合成的研究，高等学校化学学报，18（6），985～989，1997

52. 徐闻，肖望东，徐僖，经γ射线辐照的LLDPE与氢氧化铝体系冲击性能的研究，高等学校化学学报，18（1），140～144，1997

53. 王琪，徐僖，磨盘形力化学反应器及其在高分子材料制备中的应用，高等学校化学学报，18（7），1197～1201，1997

54. 徐僖，王琪，聚合物加工新技术新方法，国际学术动态，（11），62～64，1997

55. Qi Wang，Jizhuang Cao，Jingui Huang，Xi Xu，A Study on the Pan-milling Process and Pulverizing Effeciency of Pan-mill Equipment，Polymer Engineering and Science，37（6），1091～1101，1997

56. Xi Xu，Shaoyun Guo，Zeqiong Wang，Effect of Mechanochemical on Gelation and Mechanical Properties of PVC，J. Appl Polym. Sci.，64，2273～2281，1997

57. Xi Xu，Structure Development and Change in Properties of Polymers during Mechanical Degradation，Macromol. Sym.，118，189～194，1997

58. 反应性挤出加工的研究进展，现代塑料加工应用，8（6），1～3，1996

59. 张爱民，施楣梧，徐僖，微波技术在聚合物加工中的应用，塑料工业，24（5），55～59，1996

60. 郭少云，王泽琼，徐僖，在高速气流粉碎作用下PVC的力化学降解及形态变化的研究，高分子材料科学与工程，12（6），114～117，1996

61. 蔡文胜，朱清泉，徐僖，AM-DEAM-AA共聚物的合成及性能研究，高分子材料科学与工程，12（5），47～52，1996

62. 徐僖，雷景新，紫外线辐照HDPE与尼龙－6相容性的研究，高分子材料科学与工程，12（4），78～81，1996

63. 徐僖，雷景新，紫外线辐照 HDPE 与尼龙 -6 共混材料结构与力学性能的研究，高分子材料科学与工程，12（3），94～98，1996
64. 雷景新，徐僖，紫外线辐照对高密度聚乙烯结晶行为及热分解动力学参数的影响，高分子材料科学与工程，12（1），101～105，1996
65. 张毅，李惠林，徐僖，在振动磨中 PVC 的降解及与 MMA 共聚反应的研究，高分子材料科学与工程，12（5），42～46，1996
66. Xi Xu，Qi Wang，Xiangan Kong，Xiaodong Zhang，Jingui Huang，Pan-mill Type Equipment Designed for Polymer Stress Reactions，Plastics，Rubber & Composites Processing & Applications，25（3），152～158，1996
67. Xiangsheng Zeng，Huilin Li，Xi Xu，Melt Fracture of HDPE/Zinc-Neutralized Sulfonated EPDM/GR Blend，Polymer - Plastics Technology and Engineering，35（1），23～29，1996
68. Qi Wang，Jizhuang Cao，Guangjin Li，Xi Xu，Interactions between Titanium Oxide and Polystyrene during Pan-Milling Process，Polymer International，41，245～249，1996
69. 徐僖，蔡燎原，聚烯烃的改性方法和成型基础理论的研究进展（续前），现代塑料加工应用，7（2），1～6，1995
70. 徐僖，蔡燎原，聚烯烃的改性方法和成型基础理论的研究进展（待续），现代塑料加工应用，7（1），1～8，1995
71. 徐僖，董孝理，聚合物及其加工技术的一些新动向，塑料工业，23（1），3～4，1995
72. 何光波，陈克强，徐僖，超声波辐照下 PVC 的降解及与丙烯酸丁酯共聚反应的研究，高分子材料科学与工程，11（2），56～61，1995

73. 欧润清，李惠林，徐僖，超声波辐照作用下部分水解聚丙烯酰胺与甲基丙烯酸酯共聚反应的研究，高分子材料科学与工程，11（4），37～41，1995

74. 郭少云，徐僖，振磨降解制得的低分子量PVC对PVC增塑作用的研究，高分子材料科学与工程，11（2），81～85，1995

75. 徐僖，新技术在高分子材料科学与工程中的应用（摘要），化工进展，（4），10，1995

76. 徐僖，曾祥生，李惠林，郑明嘉，低分子量不饱和聚酯增塑EPDM磺酸锌盐机理的研究，化工学报，46（2），219～223，1995

77. Xi Xu，Shaoyun Guo，Zeqiong Wang，The Effect of Machano-chemical Degradation on Processability and Properties of PVC，J. Polymer Research，2（4），233～238，1995

78. Xi Xu，Shaoyun Guo，Study On Morphological Structure Of Low Molecular Weight PVC Prepared By Vibromilling Degradation，Polym. Plast. Techn. Eng.，34（4），621～632，1995

79. Guoming Zhou，Jiayao Zhao，Yumao Zhong，Xi Xu，A Water-Soluble Polymer Based Composite Lubricating Film，J. Society of Tribologists and Lubrication Engineers，USA，51（12），967～972，1995

80. Xi Xu，Xiangshen Zeng，Shaoyun Guo，Huilin Li，Ionomer Toughened Polyolefine，J. Mater. Sci. & Technol.，11（6），391～397，1995

81. Xi Xu，Shaoyun Guo，Plasticizing Effect of Low Molecular Weight PVC Prepared by Vibromilling Degragation on PVC，Polym. Plast. Techn. Eng.，34（5），679～688，1995

82. Xi Xu, Shaoyun Guo, A Study on Morphological Structure of Low Molecular Weight PVC Prepared by Vibromilling Degradation, Polym.-Plast.Techn. Eng., 34 (4), 621 ~ 632, 1995
83. 高技术新材料要览 第4.4节－高分子结构材料，科学技术出版社，1994
84. 曾祥生，李惠林，曹亚，徐僖，SBR磺酸锌盐形态结构和性能的研究，高分子材料科学与工程，10 (6)，89～93，1994
85. 徐僖，蔡燎原，聚合物加工流变学研究新动向，现代塑料加工应用，6 (6)，1～5，1994
86. 郭少云，徐僖，力化学降解对聚氯乙烯加工流变行为的影响，高等学校化学学报，15 (8)，1244～1247，1994
87. 郭少云，徐僖，振磨降解制备的低分子量聚氯乙烯形态结构的研究，高等学校化学学报，15 (1)，127～131，1994
88. Xi Xu, Weiwei Xiao, Keqiang Chen, Morphology and Crystallinity of Particles Formed from Dilute Solutions of Poly (vinyl alcohol-b-acrylonitrile), Poly (vinyl alcohol) and Polyacrylonitrile, Eur. Polym.J, 30 (12), 1439 ～ 1442, 1994
89. Weiwei Xiao, Xi Xu, Morphology of Fibers from Poly (phenylene sulfide) and Its Liquid Crystallinity, Poylmer International, 34 (1), 19 ～ 22, 1994
90. Weiwei Xiao, Xi Xu, Keqiang Chen, Spinnability of Ultrasonically Synthesized Poly (vinyl alcohol-b-acrylonitrile) Emulsions, Polym. Eng. Sci., 34 (12), 957 ～ 980, 1994
91. Shaoyun Guo, Xi Xu, Effect of Mechanochemical Degradation

on Rheologocal Behavior of PVC, Polym.-Plast.Techn.Eng., 33 (5), 605～614, 1994

92. 徐僖，蔡燎原，聚合物加工新技术和新材料，国际学术动态，(1)，60～62，1993

93. 蒋序林，郑邦乾，张洁辉，徐僖，吸水性HP (MA-VAC-MMA) / PVC共混物的合成及性能研究，高分子材料科学与工程，9 (2)，96～102，1993

94. 徐僖，蔡燎原，王琪，氢键键合对聚合物性能的影响，石油化工，22 (9)，630～636，1993

95. 孙杨宣，朱清泉，徐僖，EOR用AM-MA-VP共聚物的合成及性能研究，油田化学，10 (4)，336～341，1993

96. 肖为维，徐僖，聚苯硫醚纤维研究，高分子材料科学与工程，9 (2)，103～108，1993

97. 徐僖，郭少云，反应性聚合物挤出加工的研究进展，现代塑料加工应用，5 (6)，1～3，1993

98. 郭少云，徐僖，在应力作用下聚氯乙烯降解的研究，高分子材料科学与工程，9 (6)，106～110，1993

99. Xiangsheng Zeng, Huilin Li, Xi Xu, Structure and Properties of Zn-SEPDM/Modified Glyptal Resin Blends, Polym.-Plast.Techn. Eng., 32 (6), 543～549, 1993

100. 冯汉保，徐僖，高分子材料科学的发展及优先领域的建议，中国科学基金，(4)，262～265，1993

101. 徐僖，蔡燎原，聚合物加工新技术和新材料，现代塑料加工应用，4 (6)，1～3，1992

102. 郭少云，李惠林，徐僖，IPP/Zn-SEPDM共混物的DMA和SAXS研

究，高分子材料科学与工程，8（6），103～107，1992

103. 曾祥生，李惠林，徐僖，EPDM磺酸锌盐及其与HDPE共混物形态结构和流变行为的研究，高分子材料科学与工程，8（5），102～106，1992

104. 曹祥生，李惠林，徐僖，高密度聚乙烯与EPDM磺酸锌盐共混物结构与性能的研究，高等学校化学学报，13（2），274～277，1992

105. 徐僖，蔡燎原，高分子氢键复合物及其研究进展，功能材料，23（2），65～76，1992

106. 徐僖，高分子材料科学与工业进展，化工进展，（5），1，1992

107. 徐僖，郭少云，反应性聚合物加工技术的研究进展，化工进展，（1），49～50，1992

108. Keqiang Chen，Suming Chen，Xi Xu，Ultrasonic Degradation and Block Copolymerization of Polybutadiene with Acrylic Acid，J.Marcomol. Sci.-Chem.，A29（1），55～64，1992

109. Xiangsheng Zeng，Huilin Li，Xi Xu，A Study on Morphology and Properties of HDPE/Zn-SEPDM/GR Blends，Polym.-Plast. Techn. Eng.，31（9～10），821～833，1992

110. Xi Xu，Xiangsheng Zeng，Huilin Li，Morphology and Properties of HDPE/Zinc-Neutralized Sulfonated EPDM Blends，J. Appl.Polym.Sci.，44（12），2225～2231，1992

111. 郭少云，李惠林，徐僖，聚丙烯／丁基橡胶共混体系的研究，应用化学，8（2），60～64，1991

112. 王琪，徐僖，P（MMA-MAA）/PEO氢键复合物的增容效应，高等学校化学学报，12（3），413～416，1991

113. 王琪，徐僖，P（MMA-MAA）/PEO氢键复合物的FT-IR和XPS研

究，自然科学进展—国家重点实验室通讯，（1），45～56，1991

114. Xi Xu, Qi Wang, A Study on Ionic Conductivity of P（MMA-MAA）/PEO-$LiClO_4$ System, Chinese Science Bulletin, 36（14），1171～1173，1991

115. Xi Xu, Zhiwei Xia, Huilin Li, A Study on Morphology and Structures of PP/SBR Blends, Polymers and Biomaterials, Elsevier Science Publishers B.V., 79～84，1991

116. Xi Xu, Xiaoyi Gong, Effect of Dispersion of Mica in Matrix on Young's Modulous of Mica Filled Polyethylene, Chinese Journal of Polymer Science (English Edition), 9（2），108～112，1991

117. Shaoyun Guo, Huilin Li, Xi Xu, A Study on The Morphology and Properties of IPP/IIR Blends, Chinese Journal of Polymer Science (English Edition), 9（3），226～231，1991

118. Xi Xu, Qi Wang, Studies on Hydrogen Bonds in P（MMA-MAA）/PEO-$LiClO_4$ Intermacromolecular Complex through FT-IR and XPS, Progress in Natural Science, 1（2），146～153，1991

119. Xi Xu, Shaoyun Guo, Huilin Li, A Study on Morphology and Properties of IPP/Zinc Neutralized Sulfonated EPDM Blends, Polym.-Plast. Techn. Eng., 30（7），751～760，1991

120. Qi Wang, Xi Xu, Structure And Properties Of P（MMA-MAA）PEO Intermacromolecular Complex Formed Through Hydrogen Bonding, Science in China (Series B), 34（12），1409～1417，1991

121. 陈署明，陈克强，徐僖，超声波辐照下PB的降解及与AA共聚

反应的研究，高分子材料科学与工程，（1），96～100，1991

122. 王琪，徐僖，甲基丙烯酸甲酯－甲基丙烯酸共聚物／聚氧化乙烯氢键复合物-$LiClO_4$体系离子电导的研究，科学通报，（2），119～121，1991

123. 王琪，徐僖，P（MMA-MAA）/PEO氢键复合物的结构和性能，中国科学，B辑，4，359～366，1991

124. 张进，陈克强，刘启溶，徐僖，超声辐照下聚氧化乙烯与甲基丙烯酸己酯非均相共聚反应研究，高分子学报，（3），271～276，1990

125. 刘启溶，陈克强，许开天，徐僖，pH值对超声辐照下聚乙烯醇－丙烯腈体系共聚反应的影响，化工学报，41（2），249～252，1990

126. 李文端，李天华，张洁辉，徐僖，聚甲基丙烯酸癸酯溶液减阻性能和抗剪切性能的研究，油田化学，7（2），156～161，1990

127. 李文端，张洁辉，李天华，韦河，徐僖，聚丙烯酸高级醋煤油溶液的流动行为，材料科学进展，4（1），77～82，1990

128. 徐僖，王琪，P（MMA-MAA）/PEO氢键复合物的研究，成都科技大学学报，（1），88，1990

129. 徐僖，陈弦，李惠林，PVC/SMA共混物的研究，成都科技大学学报，（1），132～134，1990

130. 徐僖，王琪，第33届IUPAC国际高分子讨论会评述，功能高分子学报，3（4），318～319，1990

131. 郑强，毛维友，杜荣昵，徐僖，高密度聚乙烯／聚硅氧烷共混物熔体流变特性与结晶行为，高分子材料科学与工程，6（6），90～93，1990

132. 傅强，王贵恒，徐僖，HDPE/NBR共混体系熔体流变特性的研究，高分子材料科学与工程，6（5），90～93，1990

133. 付强，王贵恒，徐僖，HDPE/NBR 共混物结构和性能的研究，高等学校化学学报，11（11），1273 ～ 1277，1990
134. 徐僖，蔡燎原，高分子复合材料的研究进展，高分子材料科学与工程，6（6），107 ～ 109，1990
135. 宫晓颐，徐僖，等离子处理云母对填充聚烯烃结构影响的研究，高分子学报，（4），468 ～ 470，1990
136. 李惠林，王琪，郭少云，徐僖，PVC/EVA 共混物的研究，化工学报，41（6），732 ～ 739，1990
137. 郭少云，李惠林，徐僖，PVC/MBS/ACR 共混体系的研究，高分子材料科学与工程，6（5），72 ～ 75，1990
138. 徐僖，王琪，聚合物加工中的计算机辅助工程，现代塑料加工应用，1（4），66 ～ 69，1989
139. 胡俊明，沈埜，徐僖，解伯寿，郑明光，孟继忠，接枝改性纤维素及其对水泥浆降失水性能的研究，油田化学，6（2），100 ～ 104，1989
140. 代加林，李文端，徐僖，聚甲基丙烯酸己酯分子线团尺寸与减阻性能关系的研究，油田化学，6（1），58 ～ 64，1989
141. 宫晓颐，徐僖，经等离子体处理的云母粉在聚烯烃中的分散性，高分子材料科学与工程，（6），76 ～ 79，1989
142. 徐僖，郝明，聚酰亚胺 / 硅橡胶互穿聚合物网络的制备和流变行为，成都科技大学学报，（3），37 ～ 38，1989
143. 徐僖，李惠林，郭少云，聚丙烯 / 丁基橡胶共混物的形态与性能的研究，成都科技大学学报，（6），146 ～ 147，1989
144. 宫晓颐，徐僖，云母填充高密度聚乙烯的水扩散研究，复合材料学报，6（3），1 ～ 4，1989

145. 向明，徐僖，赵绩琏，部分乙酰化聚乙烯醇 FTIR 分析研究——谱图分析程序的应用，光谱学与光谱分析，9（1），27～31，1989
146. 徐僖，宫晓颐，刘学恕，乙烯等离子体处理的云母表面结构及表面性质，高等学校化学学报，10（1），97～100，1989
147. 张立武，徐僖，固定化酶技术进展固定化方法，成都科技大学学报，（5），109～114，1989
148. 朱清泉，姚军，蒲德华，徐僖，巨全义，管慧珠，任健，MA-VAc-AM 三元共聚物钡锶离子稳定剂的研究，高分子材料科学与工程，（4），54～59，1989
149. 宫晓颐，徐僖，刘学恕，填料表面等离子体处理对填充聚烯烃应力应变行为的影响，成都科技大学学报，（6），107～108，1988
150. 徐僖，李惠林，王琪，郭少云，PVC/EVA 共混物的流变行为和抗冲击强度，成都科技大学学报，（6），158～159，1988
151. 徐僖，陆华清，陈克强，羟乙基纤维素与聚氧化乙烯连续超声共聚反应及共聚产物性能，成都科技大学学报，（3），69～70，1988
152. 徐僖，俞义珊，李惠林，聚氧化乙烯与丙烯腈超声嵌段共聚，成都科技大学学报，（3），129～130，1988
153. 徐僖，宫晓颐，国际聚合物加工学会第四届年会概况，高分子材料科学与工程，（4），89～92，1988
154. 周晓奇，张开，邹明国，徐僖，半连续和间歇式丙烯酸酯三元乳液共聚物的形态及分子结构的研究，高等学校化学学报，9（11），1160～1163，1988
155. 蔡燎原，董孝理，刘光琳，徐僖，高密度聚乙烯／丁基橡胶共混物的熔体流变与结晶行为，高分子材料科学与工程，4（3），72～75，1988

156. 郭少云，李惠林，王琪，徐僖，PVC/MBS/ACR 共混体系熔体流变行为及断裂现象的研究，高分子材料科学与工程，4（4），60 ～ 68，1988

157. 王琪，徐僖，化学流变学，它的创新和发展，化工进展，（4），20 ～ 23，1988

158. 宫晓颐，徐僖，等离子体处理云母对填充聚烯烃熔体流变性的影响，高分子材料科学与工程，4（5），64 ～ 68，1988

159. 陆华清，陈克强，徐僖，羟乙基纤维素与聚氧化乙烯连续超声嵌段共聚及共聚物性能的研究，油田化学，5（2），81 ～ 87，1988

160. 沈埜，陈克强，王琪，李惠林，徐僖，在超声波辐照作用下聚乙烯醇的降解及与丙烯腈共聚反应的研究，化工学报，39（4），478 ～ 487，1988

161. Xiaoyi Gong，Xi Xu，Xueshu Liu，Stress-Strain Behavior of Polyolefine Filled with Plasma Treated Mica，Chem. J. Chinese Univ.，4（3），80 ～ 85，1988

162. 杨晓明，徐僖，聚酰亚胺共混材料的性能，工程塑料应用，（2），9 ～ 12，1988

163. 徐僖，郭少云，李惠林，PVC/MBS/ACR 共混体系的研究，成都科技大学学报，（4），14，1988

164. 徐僖，郝明，聚酰亚胺有机硅互穿聚合物网络的表征与形态，成都科技大学学报，（4），63 ～ 64，1988

165. 宫晓颐，陈克强，徐僖，在超声波辐照下甲基纤维素的降解及与丙烯腈共聚反应的研究，化工学报，38（3），318 ～ 327，1987

166. 俞义珊，徐僖，李惠林，在超声辐照作用下聚氧化乙烯和丙烯腈嵌段共聚的研究，高分子学报，（4），292 ～ 298，1987

167. 徐僖，董孝理，蔡燎原，刘光琳，高密度聚乙烯／丁基橡胶共混体系形态与性能的研究，高分子学报，(5)，337～341，1987
168. 徐僖，王琪，李惠林，聚氯乙烯的热分解动力学，高分子材料科学与工程，3 (5)，63～67，1987
169. 郑邦乾，朱清泉，徐僖，高吸水性 HPMA 的制备和性能，高分子材料科学与工程，3 (2)，68～73，1987
170. 郑邦乾，朱清泉，徐僖，蔡淑姜，WPE 复合长效块状防垢剂，成都科技大学学报，(2)，45～58，1987
171. 周晓奇，张开，邹明国，徐僖，聚烯烃复合薄膜用粘合剂研究 Ⅰ、丙烯酸酯共聚乳液粘合剂的合成，粘接，8 (5)，5～10，1987
172. 周晓奇，张开，邹明国，徐僖，董奇男，聚烯烃复合薄膜用粘合剂研究Ⅱ、烯酸酯共聚乳液粘合剂的结构与性能，粘接，8 (6)，1～6，1987
173. 宫晓颐，徐僖，热塑性塑料用填料的表面处理，塑料工业，(4)，44～48，1987
174. 徐僖，孟宪德，陈克强，对聚氯乙烯／氯化聚乙烯／聚乙烯共混体系的研究，成都科技大学学报，(4)，139～140，1987
175. 徐僖，张立武，李惠林，对聚氯乙烯／氯化聚乙烯／丙烯酸树脂共混体系的研究，成都科技大学学报，(4)，140，1987
176. 徐僖，王琪，聚合物加工的进展——国际聚合物加工学会第三届年会概况，高分子材料科学与工程，(3)，90～93，1987
177. 徐僖，王琪，李惠林，高速搅拌对聚氧化乙烯和聚丙烯酰胺相容效应的研究，成都科技大学学报，(2)，142，1987
178. 沈埜，陈克强，王琪，李惠林，许惠林，徐僖，在超声波辐照

下聚乙烯醇的降解及与丙烯腈共聚反应，成都科技大学学报，（2），156，1987

179. Xi Xu，Liwu Zhang，Huilin Li，A Study on Poly（vinyl chloride）Blended with Chlorinated Polyethylene and Acrylic Resin，Polym. Eng. and Sci.，27（6），398～401，1986

180. Xi Xu，Xiande Meng，Keqiang Chen，A Study on Poly（vinyl chloride）Blended with Chlorinated Polyethylene and Polyethylene，Polym. Eng. and Sci.，27（6），391～397，1986

181. 孟宪德，陈克强，徐僖，对聚氯乙烯/氯化聚乙烯/聚乙烯共混体系的研究，高分子材料科学与工程，（5），65～70，1986

182. 徐坚，沈埜，徐僖，超声辐照下PEO与NaMAA嵌段共聚反应的研究，高等学校化学学报，7（10），947～952，1986

183. 宫晓颐，徐僖，低温等离子体与高分子材料，粘接，7（5），1～8，1986

184. 王琪，李惠林，徐僖，高速搅拌对聚氧乙烯和聚丙烯酰胺相容效应的研究，高等学校化学学报，7（1），83～88，1986

185. 徐僖，赵家瑶，邓继轩，张肇熙，周国民，乙基纤维素固体润滑膜用于黑色金属冷加工的研究，固体润滑，6（1），1～6，1986

186. 朱清泉，郑邦乾，徐僖，MAc-VAc-AA三元共聚物的合成及防垢效果，成都科技大学学报，（2），19～26，1986

187. Keqiang Chen，Ye Shen，Huilin Li，Xi Xu，Ultrasonic Degradation and Copolymerization of Polyvinyl Alcohol with Acrylonitrile，J. Macromol. Sci.-Chem.，A23（12），1415～1431，1986

188. Xi Xu，Qi Wang，Huilin Li，Study on the Compatibilixing

Effect of High-Speed Stirring upon Poly (ethylene oxide) /Polyacryl-amide System, J. Macromol. Sci. -Chem., A23 (12), 1433 ~ 1441, 1986

189. 郑邦乾，朱清泉，徐僖，顺丁烯二酸/酐共聚物的合成、结构和阻垢机理，高分子材料科学与工程，(2)，61 ~ 72，1985

190. 陈克强，沈埜，李惠林，徐僖，羟乙基纤维素和聚氧化乙烯在超声波辐照下的降解与嵌段共聚的研究，高分子通讯，(6)，401 ~ 407，1985

191. 曹志强，徐僖，聚乙酸乙烯酯和部分水解聚丙烯酰胺在超声波辐照下的降解与嵌段共聚的研究，化工学报，(1)，56 ~ 64，1985

192. 王琪，李惠林，徐僖，聚氧化乙烯和聚丙烯酰胺在高速搅拌下降解和嵌段共聚的研究，高分子材料科学与工程，1 (1)，67 ~ 77，1985

193. 徐坚，沈埜，徐僖，在超声波辐照下PEO的降解及与NaMAA共聚的反应动力学，成都科技大学学报，(4)，1 ~ 8，1985

194. Xingqi Hu, Xi Xu, Studies On Ultrasonic Degradation And Block Copolymerization Of Polyacrylamide And Poly (Ethylene Oxide), Selected papers of J. of chem. Ind. And eng. (china), (4), 20 ~ 30, 1985

195. Keqiang Chen, Ye Shen, Huilin Li, Xi Xu, Studies on Ultrasonic Degradation and Block Copolymerization of Hydroxyethyl Cellulose and Poly (ethylene oxide), J. Macromol. Sci. -Chem., A22 (4), 455 ~ 469, 1985

196. Xi Xu, Delin Pu, Changmei Yang, Zhonghe Yang, Junjun Hao, Zhaoming Zhu, Shiqi Xiang, Shengjiang Lian, Rheo-

logical Properties Of Some Water-Based Gel Fracturing Fluids from Polymers, Science Press, 1084 ~ 1090, 1984

197. Xi Xu, Jiayao Zhao, Chihshing Teng, Zhaoxi Zhang, Guomin Zhou, Study On The Application Of Ethyl Cellulose Based Lubricant For Cold Pressure Working Of Ferrous Metal, ASLE Special Publication, 196 ~ 200, 1984

198. 徐僖，郑邦乾，朱清泉，油田阻垢剂及其筛选，大庆石油地质与开发，3（3），313 ~ 318，1984

199. 徐僖，李文端，夏长富，张洁辉，PDR-1 在煤油中减阻性能和抗剪性能的研究，油田化学，1（1），64 ~ 69，1984

200. 徐僖，夏长富，张洁辉，李文端，乙烯－醋酸乙烯共聚物降凝作用的研究，油田化学，1（2），232 ~ 237，1984

201. 朱兆明，向世琪，连胜江，徐僖，濮德林，霍军军，用于油气井增产的水基冻胶体系流变性的研究，力学与实践，6（4），18 ~ 21，1984

202. 徐僖，张肇熙，李惠林，邓继轩，采用热氧化聚乙烯作金属压力冷加工润滑剂和弹壳表面涂层的研究，工程塑料应用，（1），1 ~ 6，1984

203. 陈杨中，刘红星，徐僖，氧气和温度对聚甲基异丙烯酮抗蚀剂特性的影响，微细加工技术，（3），38 ~ 44，1984

204. 徐僖，邓继轩，李惠林，张肇熙，冷挤压纯铁和低碳钢的润滑剂，固体润滑，4（2），125 ~ 126，1984

205. 徐僖，郑邦乾，朱清泉，一些阻垢剂复配的协同效应，成都科技大学学报，（3），9 ~ 16，1984

206. 徐僖，濮德林，杨昌美，杨忠和，霍军军，水基冻胶压裂液的

可流变性，成都科技大学学报，(3)，17～24，1984
207. 陈扬中，刘红星，徐僖，陈世矩，用傅里叶变换红外光谱研究PMIPK的固相光化学反应，成都科技大学学报，(2)，31～36，1984
208. Wenduan Li, Xi Xu, Studies On Ultrasonic Grafting Of Poly (Vinyl Acetate) With Poly (Ethylene Oxide), Polymer communications, (1), 60～69, 1983
209. 徐僖，郑邦乾，朱清泉，顺丁烯二酸酐共聚物的结构与阻垢性能，成都科技大学学报，(4)，1～9，1984
210. 李文端，徐僖，聚氧化乙烯和聚醋酸乙烯酯在超声辐照作用下接枝反应的研究，高分子通讯，(1)，31～38，1983
211. 徐僖，朱清泉，郑邦乾，严文俊，蔡淑姜，水溶性马来酸酐－醋酸乙烯酯－丙烯酸甲酯共聚物的合成和防垢效果的研究，石油化工，12 (11)，685-692，1983
212. 徐僖，朱清泉，郑邦乾，水溶性马来酸酐－醋酸乙烯酯共聚物的合成和阻垢效果的研究，石油化工，12 (10)，599～604，(4)，599～604，1983
213. 徐僖，郑邦乾，朱清泉，水溶性马来酸酐－醋酸乙烯酯－苯乙烯共聚物的合成和防垢效果的研究，塑料工业，(1)，12～17，1983
214. 徐僖，朱清泉，郑邦乾，严文俊，蔡淑姜，顺丁烯二酸酐－醋酸乙烯酯－丙烯酸酯共聚物的合成和防垢效果，成都科技大学学报，(4)，1～12，1983
215. 徐僖，张肇熙，李惠林，邓继轩，热氧化聚乙烯干膜摩擦磨损性能的研究，固体润滑，3 (4)，205～208，1983
216. 徐僖，李惠林，邓继轩，张肇熙，热氧化聚乙烯做复铜钢压力冷加工润滑剂的研究，固体润滑，3 (1)，12～18，1983

217. Xingqi Hu, Xi Xu, Studies on Ultrasonic Degradation and Block (Graft) Copolymerization of Polyacrylamide and Polym (ethylene oxide), J. Chemical Industry and Engineering (China), 4, 20～30, 1982

218. 陈杨中，毛临渊，徐僖，深紫外正性抗蚀剂聚甲基异丙烯酮的增敏与改性，成都科技大学学报，(2)，55～60，1982

219. 徐僖，毛临渊，陈扬中，甲基异丙烯基酮在烷煌中的聚合反应及以其聚合物为基础的远紫外抗蚀剂，高等学校化学学报，3 (S1)，143～149，1982

220. 胡星琪，徐僖，聚丙烯酰胺－聚氧化乙烯在超声波辐照下的降解和嵌段共聚的研究，化工学报，(4)，319～326，1982

221. 徐闻，徐僖，在超声波辐照作用下部分水解聚丙烯酰胺和丙烯腈嵌段共聚反应的研究，成都科技大学学报，(1)，69～75，1982

222. 徐僖，沈埜，陈克强，李文端，胡星琪，徐闻，即在超声辐射作用下聚合物的降解和接枝（嵌段）共聚，成都科技大学学报，(3)，1～9，1982

223. 徐僖，李惠林，邓继轩，张肇熙，高分子润滑剂在黑色金属冷挤压中的应用，固体润滑，1 (2)，66～70，1981

224. 徐僖，高分子材料和能源的发掘，工程塑料应用，(4)，1，1981

225. 卓启疆，黄荣华，毛维友，李瑞霞，徐僖，水溶性丙烯酰胺－丙烯腈共聚物的合成与选堵性研究，成都科技大学学报，(4)，1～6，1981

226. 徐僖，何勤功，胡俊明，李秋莲，用于油田开发的水溶性聚合物溶液稳定性的研究，成都科技大学学报，(1)，27～37，1981

227. 徐僖，郑邦乾，醚化聚乙烯醇及其共混物凝胶性质的研究，成

都科技大学学报，(2)，41～50，1981

228. 徐僖，郑邦乾，由部分水解聚丙烯酰胺（HPAM）形成的锰冻胶性质的研究，成都科技大学学报，(3)，1～10，1981

229. 古大治，徐僖，高分子复合材料在成型加工中的某些流变行为，工程塑料应用，(4)，36～40，1980

230. 徐僖，聚合物结构与低温性能，工程塑料应用，(3)，50～53，1980

231. 徐僖，聚合物结构和导电性能，工程塑料应用，(2)，51～56，1980

232. 徐僖，聚合物的溶渗性、混容性和耐环境浸蚀性，工程塑料应用，(1)，50～64，1980

233. 徐僖，安智珠，耐高温聚合物的结构和热稳定性的关系，合成纤维，(4)，56～67，1979

234. 徐僖，高分子研究所，金属的表面处理和润滑试验报告，成都科技大学学报，(1)，1～10，1979

235. 徐僖，哌嗪芳环尼龙作为E.B级电机绝缘浸渍漆的研制与应用，《成都工学院学报》，1～2，51～61，1978

236. 徐僖，成都科技大学高分子研究所，重庆塑料四厂，重庆第二电机厂，哌嗪芳环尼龙电绝缘漆在H级冶金起重机上的应用，成都科技大学学报，(3)，39～43，1979

237. 徐僖，成都科技大学高分子研究所，重庆塑料四厂，重庆第二电机厂，重庆朝阳电机厂，重庆电器厂，成都630厂，哌嗪芳环尼龙的合成和性能的研究，成都科技大学学报，(2)，45～60，1979

238. 徐僖，改进塑料性能的机械－化学方法，化学通报，(4)，

1～5，1962
239. 徐僖，高分子物的溶解、溶胀及塑化作用，高分子通讯，3（6），303～308，1959
240. 徐僖，高分子物的弹回、回缩及抗冲击性能，高分子通讯，3（5），278～282，1959
241. 徐僖，从庄稼的杆、皮、壳提制糠醛，化学通报，（10），613～615，1958
242. S.W.Hawkins，徐僖，聚乙烯分子量的测定方法及涵义，高分子通讯，2（1），36～44，1958

（二）著（译）作

1. 五棓子塑料，重庆人民出版社，1954
2. 高分子化学原理，高等学校高分子专业教学用书，化工出版社，1960
3. 英汉高分子词汇（塑料部分，主编），科学出版社，1973
4. 中国大百科全书化工卷，高分子化工分支主编，中国大百科全书出版社，1987 年
5. 中国大百科全书化学卷，高分子化学分支副主编，中国大百科全书出版社，1989 年
6. 材料科学技术百科全书，高分子材料分支主编，中国大百科全书出版社，1995 年
7. 聚合物降解过程化学（译），中国工业出版社，1965 年
8. 聚合物加工流变学（译）科学出版社，1985 年
9. 徐僖院士论文集，四川大学高分子研究所，高分子材料工程国家重点实验室编，2001 年出版，内容涉及期刊论文 171 篇，国内会议论文 79 篇，国际会议论文 83 篇，共 333 篇

10. 辛勤耕耘六十载（贺徐僖先生九十寿辰）上海交通大学高分子材料研究所、高分子材料工程系编，报道了徐僖先生近25年（1985-2010）先后50次应邀出席或主持有关国内外学术会议所做学术报告内容

二、徐僖院士近25年（1985-2010）出席和主持的国内外学术会议

1985

1. 应IUPAC（国际理论化学和应用化学联合会）1985年8月在荷兰召开的第30届国际高分子研讨会的邀请，到会做邀请报告：Studies on Ultrasonic Degradation and Copolymerization of Polyvinyl Alcohol with Acrylonitrile

1986

2. 应Polymer Processing Society（国际聚合物加工学会，PPS）1986年4月在加拿大召开的第2届年会的邀请，到会做邀请报告：A Study on Poly（vinyl chloride）Blended with Chlorinated Polyethylene and Polyethylene

1987

3. 应IUPAC 1987年6月在德意志民主共和国（东德）召开的第31届国际高分子研讨会的邀请，到会做邀请报告：Studies on Ultrasonic Block Copolymerization of Poly（ethylene oxide）with Acrylonitrile

4. 应PPS 1987年4月在德意志联邦共和国（西德）召开的第3届年会的邀请，到会做邀请报告：Morphology and Properties of HDPE/Butyl Rubber Blends

1988

5. 应PPS 1988年5月在美国召开的第4届年会的邀请，到会做邀请报告：Rheological Behavior and Impact Strength of Poly (vinyl chloride) Blended with Poly (ethylene-co-vinyl acetate)

1989

6. 应PPS 1989年4月在日本召开的第5届年会的邀请，到会做邀请报告：A Study on Morphology and Properties of IPP/IIR
7. 1989年11月14-18日，在成都召开第11次全国高分子学术会议，成都科技大学徐僖教授主持会议。

1990

8. 应PPS 1990年4月在法国召开的第6届年会的邀请，到会做邀请报告：Compatibilizing Effect of P (MMA-MAA) /PEO Intermacromolecular Complex
9. 应IUPAC 1990年7月在加拿大召开的第33届国际高分子研讨会的邀请，到会做邀请报告：A Study on Hydrogen Bonds in P (MMA-MAA) /PEO Intermacromolecular Complex through FTIR and XPS
10. 应PPS 1990年9月在韩国召开的流变学和聚合物加工国际研讨会的邀请，到会做邀请报告：The Structure and Properties of IPP/Elastomer Blends

1991

11. 应PPS 1991年4月在加拿大召开的第7届年会的邀请，到会做邀请报告：A Study on Morphology and Properties of IPP/Zinc-Neutralized Sulfonated EPDM Blends

12. 受PPS 委托，1991年10月，高分子材料工程重点实验室、四川大学高分子研究所与上海交通大学共同承办在上海召开的PPS 亚/澳地区会议，徐僖担任大会主席，做大会报告：The Structure and Propertics of Polyolefine/Ionomer Blends

1992

13. 应PPS 1992年3月在印度召开的第8届年会的邀请，到会做邀请报告：Hydrogen Bonding Interactions between Polymer-Polymer Blends

14. 应中英1992年4月在北京召开的高分子研讨会的邀请，到会做邀请报告：The Rheological Behavior of PVC Oligomer Prepared through Stress-Induced Polymer Reactions

1993

15. 应PPS 1993年4月在英国召开的第9届年会的邀请，到会做邀请报告：Plasticizing Effect of Mechanochemically Pretreated PVC on PVC

16. 应中韩1993年9月在北京联合召开的中韩高分子研讨会的邀请，到会做邀请报告：Recent Advances in The Study of Stress-Induced Polymer Reactions

1994

17. 应IUPAC 1994年11月在台北召开的国际功能和高性能聚合

物研讨会的邀请，到会做邀请报告：Toughening of PVC by Mechanochemical Method

18. 应1994年9月在日本召开的太平洋地区流变学和聚合物加工研讨会的邀请，到会做邀请报告：Porperties of Mechanochemically Degraded PVC and Its Blends with PVC
19. 应PPS 1994年4月在美国召开的第10届年会的邀请，到会做邀请报告：The Structure Development of PVC during Vibromilling
20. 应中英1994年4月在英国联合召开的第二届高分子研讨会的邀请，到会做邀请报告：Effect of Mechanochemical Degradation on Morphology and Properties of PVC

1995

21. 应PPS 1995年9月在德国召开的欧洲地区研讨会的邀请，到会做邀请报告：A Study on An Innovative Equipment Designed for Polymer Reactive Processing

1996

22. 应IUPAC 1996年8月在韩国召开的第36届国际高分子研讨会的邀请，到会做邀请报告：Strcture Development and Change in Properties of Polymers during Mechanical Degradation
23. 应PPS 1996年5月在意大利召开的第12届年会的邀请，到会做邀请报告：The Interfacial Interaction of Ultraviolet Irradiated HDPE/PA6 Blend

1997

24. 应PPS 1997年6月在美国召开的第13届年会的邀请，到会做邀请报告：New Approaches for Improving The Properties of

Polyolefine

25. 应总后 1997 年 5 月在北京举办的军需装备科技发展研讨会的邀请，到会做邀请报告：高分子材料增强增韧和表面改性辐照技术的研究

1998

26. 应 IUPAC 1998 年 7 月在澳大利亚召开的第 37 届国际高分子研讨会的邀请，到会做邀请报告：Effect of Irradiation on Structure and Properties of Polyolefine

1999

27. 应 PPS 1999 年 5 月在荷兰召开的第 15 届年会的邀请，到会做邀请报告：Synthesis of Some Innovative Block/Graft Copolymers through Ultrasonic Irradiation

28. 应 PPS 1999 年 12 月在泰国召开的第 2 届亚 / 澳地区会议的邀请，到会做邀请报告：Enhancement of Compatibility of Polyolefine Based Materials through Irradiation

29. 应 1999 年 12 月在广州召开的第 6 届太平洋地区高分子研讨会的邀请，到会做邀请报告：High Performance Polymer Prepared through Stress-Induced Reactions

2000

30. 受 PPS 委托，2000 年 6 月 18 ～ 23 日，高分子材料工程重点实验室、四川大学高分子研究所与上海交通大学共同承办在上海召开的 PPS 16 届年会，徐僖担任大会主席，做大会报告：Stress-Induced Reactions of Polymers

31. 应中国材料研究学会 2000 年 11 月在北京召开的 2000 中国材料研

讨会的邀请，做大会报告：Irradiation Processing Technique and Stress-Induced Reactions Adopted for Making High Performance Polymers from Commodity Polymers

2001

32. 应 Europolymer Congress（欧洲聚合物联合会）2001 年 7 月在荷兰召开的研讨会的邀请，到会做邀请报告：Structure and Properties of Some Internoleculear Complexed Polymers Formed through Hydrogen Bonding
33. 应新疆 2001 年 8 月在新疆石河子召开西部大开发塑料论坛会议的邀请，到会做特邀报告：对开发用于西部地区农业现代化的高性能化高分子材料的思考
34. 应中国工程院 2001 年 9 月在西安召开的新材料发展现状及 21 世纪发展趋势研讨会的邀请，到会做邀请报告：高分子材料科学研究动向及发展展望

2002

35. 应 ICEEM（国际能源与环境材料学会）2002 年 12 月在广州召开的能源与环境材料国际研讨会的邀请，到会做邀请报告：Environmentally-Friendly Approaches for Reactive Modification of Polymeric Materials

2003

36. 应 PPS 2003 年 7 月在澳大利亚召开的第 19 届年会的邀请，到会做邀请报告：New Techniques Developed for Preparing Polymeric Nanomaterials

2004

37. 应2004年8月6日在成都召开的第二届世界华人高科技化学研讨会的邀请，到会做大会报告：Approaches Adopted for Enhancing the Properties of Some in Common use Polymers

38. 应PPS 2004年8月在韩国召开的PPS 亚/澳地区会议的邀请，到会做邀请报告：The Effect of Stress-Induced Reactions on Polymer Blend Phase Separation and Mixing

39. 应中国人民解放军总参谋部举办的“百名院士讲坛”邀请，2004年10月到部队院校讲学

2005

40. 应2005年8月泛太平洋地区在上海召开的第4届流变学会议（PRCR 4）的邀请，到会做邀请报告：Approach Adopted for Improving The Flowability and Properties of Polymers through Stress-Induced Reactions in Solid State

41. 2005年9月18～23日，高分子材料工程重点实验室、四川大学高分子研究所与上海交通大学在上海共同筹办高分子材料工程国际会议（IPMEC），徐僖担任大会主席，做大会报告：Effect of Shear Stress on Polymer Phase Separation/Chain Scission and Block（Graft）Copoly- merization

42. 应2005年10月在北京召开的中美日化工学术会议的邀请，到会做邀请报告：Polymer Nanomaterials Prepared through Stress-Induced Reactions

2006

43. 应2006年10月15～18日在绵阳召开的全国高分子材料科学与

工程研讨会议的邀请，担任大会主席，做大会报告：废弃橡胶的常温超细粉碎和脱硫新技术

44. 应 2006 年 10 月 29 日～ 11 月 1 日在北京召开的中国化工学会 2006 年年会暨全国第二届化工新材料学术技术报告会的邀请，做大会报告：固相力化学反应器在高分子材料制备和加工中的应用

2007

45. 受 PPS 委托，2007 年 7 月 7 ～ 9 日与上海交通大学共同承办在上海召开的 PPS 亚 / 澳地区会议，担任大会主席，做大会报告：Reactive Modification of Polymers through Stress-Induced Reactions in Solid State

46. 应 2007 年 10 月 13 日在成都召开的 2007 年全国高分子学术论文报告会的邀请，做大会报告：Reactions Modification of Olefine Polymers through Irradiation

47. 应 2007 年 12 月 19 ～ 20 日在成都召开的第四届中日化工学术研讨会（The 4th Joint China/Japan Chemical Engineering Symposium，CJCES）的邀请，担任大会荣誉主席（Honorary Chairman），做大会报告：Reactive Modification of Olefine Polymers through Irradiation

2008

48. 应 2008 年 4 月 17 ～ 18 日在重庆召开的中欧材料领域专家研讨会和新材料与可持续发展论坛的邀请，做大会报告：高分子材料绿色化技术探讨

49. 应 2008 年 10 月 30 日在天津召开的第二届国际化工新材料峰

会的邀请，到会做有关化工新材料和汽车轻量化技术的邀请报告：Reactive Modification of Some in Common use Polymers through Irradiation and Stress-Induced Reaction in Solid State

2009

50. 应2009年10月26～27日在成都召开的第四届分子集成/材料工程国际研讨会（The 4th International Symposium on Intergrated Molecular/Materials Engineering，ISIMME 2009）的邀请，到会出席开幕式，致开幕词

2010

51. 应2010年5月6～7日在成都召开的第三届国际化工新材料峰会的邀请，做有关高分子材料科学研究动向及发展展望的大会报告：实现科学发展观，把握战略性发展机遇。应邀出席该会举办的“嘉宾访谈”时强调了人才培养与产学研三结合是新材料产业创新的关键

三、徐僖院士主要科研获奖

获奖时间	获奖项目名称	奖项名称	奖励等级及排名	授奖部门
2007年	固相力化学反应器及其在高分子材料制备和加工中的应用	国家技术发明奖	二等奖，第一	国家科技部
1987年	在超声波辐射作用下聚合物的接枝[嵌段]共聚	国家自然科学奖	二等奖，第一	国家科委
1983年	枪弹底火壳无铬钝化新工艺	国家发明奖	四等奖，第一	国家科委
2003年		四川省科技杰出贡献奖	个人奖	四川省
1996年		何梁何利科技进步奖	个人奖	何梁何利基金会
1985年		国防军工协作先进个人	个人奖	国防科工委、国家计委国家经委、国家科委
1990年		全国高等学校先进科技工作者	个人奖	国家教委、国家科委
2004年		国家重点实验室计划先进个人	个人奖	国家科技部
2005年		侯德榜化工科学技术奖－成就奖	个人奖	中国化工学会
2002年	磨盘型力化学反应器及其在高分子材料制备中的应用	教育部提名国家发明奖	一等奖，第一	国家教育部
1999年	高分子力化学及辐照增容研究	科技进步奖	一等奖，第一	国家教育部

续表

获奖时间	获奖项目名称	奖项名称	奖励等级及排名	授奖部门
2009年	万吨级茂系氢化SBS成套技术开发及工业应用	科技进步奖	一等奖，第三	中国石油化工集团公司
1993年	聚合物共混和复合新方法的研究	科技进步奖	二等奖，第一	国家教委
1999年	高分子钻井液处理剂开发应用研究	科技进步奖	二等奖，	国家教育部
1994年	FMN-PFR高温抗盐堵剂	科技进步奖	二等奖，	中国石油天然气总公司
1997年	新型驱油剂研制及评价	科技进步奖，	三等奖，第一	国家教委
1992年	金属压力冷成形新型润滑剂的研究	科技进步奖	三等奖，	机械电子工业部
1988年	无氧化退火及高分子润滑剂联合在冷挤压工艺中的应用	科技进步奖	三等奖，	机械电子工业部
1981年	枪弹底火壳无铬钝化新工艺	重大科技成果奖		国务院国防工办
1996年	胶粉细化设备活化技术及应用研究	国家八五科技攻关重大科技成果		国家计委、国家科委、国家财政部
1970年	高分了润滑剂	全国科学大会奖		国家科委
1978年	金属冷挤压工艺的应用	全国科学大会奖		国家科委

续表

获奖时间	获奖项目名称	奖项名称	奖励等级及排名	授奖部门
1978年	哌嗪芳环尼龙的合成和性能研究	科学大会奖		四川省
1993年	全国教育系统劳动模范及“人民教师”称号	全国教育系统劳动模范及“人民教师”称号	个人奖	国家教委 国家人事部
1989年	高分子材料学科建设及高层次人才培养	国家级优秀教学成果奖	个人奖	国家教委
1989年	高分子化学育才奖	高分子化学育才奖	个人奖	中国化学会
1999年 2000年 2004年 2006年 2008年 2012年	《高分子材料科学与工程》期刊	优秀期刊奖等	教育部1999年全国优秀期刊二等奖，1999年四川省优秀科技期刊一等奖，2000年四川省优秀期刊二等奖，2004年全国高校优秀科技期刊二等奖，2006年第6届全国石油和化工行业优秀期刊二等奖，2008年12月中国科技期刊精品奖，进入全国科技期刊300强行列，2012年被评为“中国国际影响力优秀学术期刊”	国家教育部、四川省政府等

主要参考文献

1. 中国大百科全书编委会：《中国大百科全书·化学卷》。中国大百科全书出版社，1989 年

2. 舒宁：《满目青山夕照明：记四川联大一级教授徐僖》，载《中国教育群英谱》，中国教育学会等编，1994 年

3. 中国科学院院士自述编辑委员会：《中国科学院院士自述》。上海教育出版社．1996 年

4. 卢嘉锡：《院士思维》（卷一）．安徽教育出版社，1998 年

5.《徐僖院士传略》，载《徐僖院士文集》卷首，化学工业出版社，2001 年

6. 兰杨萍：《徐僖：爱她就要有行动》，《钱江晚报》，2001 年 6 月 11 日第 7 版

7.《我做你们的人梯——记高分子专家徐僖》，载《师德全书》，倪益琛主编，同心出版社出版，2002 年

8. 徐僖：《爱我中华》，手稿，2002 年 10 月

9. 若乔：《院士 50 万奖金捐给贫困孩子》，《成都商报》，2004 年 3 月 20 日第 5 版

10. 李荫华：《徐僖院士 50 万元贡献奖捐助贫困生》，《四川大学报》，2004 年 4 月 27 日

11. 白聪颖等：《“攀登”奖学金塑造人格魅力的高峰》，《四川大学报》，2004 年 4 月 27 日

12.《徐僖院士资助贫困学生名单受助学生登记表》，四川省教育基金

会办公室，2004 年 6 月
13. 徐僖：《为祖国的富强鞠躬尽瘁》，《初中生》，2004 年第 29 期
14. 路甬祥：《科学的道路》，上海教育出版社，2005 年
15. 中国科学院院士工作局：《科学改变人生》，光明日报出版社，2005 年
16. 黄寰、罗子欣：《满腔热血，献身事业：记中国高分子材料学科奠基人之一徐僖院士》，《中国高校科技与产业化》，2007 年第 4 期
17.《辛勤耕耘六十载：贺徐僖先生九十寿辰》，上海交通大学化学化工学院编印，2010 年
18. 李晓东、危兆盖：《毕生情系高分子，追记“中国塑料之父”徐僖院士》，《光明日报》2013 年 2 月 22 日第 1 版
19. 陈鹏、王鑫昕：《徐僖：“聚合物里最重要的那颗分子”走了》，《中国青年报》2013 年 2 月 23 日第 3 版
20. 李渝、彭超：《中国塑料之父”徐僖因病辞世》，《中国日报》2013 年 2 月 22 日第 3 版
21. 葛维樱、董仁成：《“中国塑料之父”徐僖院士的跌宕一生》，《三联生活周刊》2013 年第 10 期
22.《马识途悼挚友徐僖：“猝而长逝，我痛何如”》，《华西都市报》2013 年 2 月 19 日第 5 版
23. 杜灿：《千人送别徐僖院士，初一他还告诫院士弟子：避免应酬，沉心学术》，《华西都市报》2013 年 2 月 23 日第 3 版
24. 吴晗：《中国“塑料之父”徐僖逝世，中科院院士、川大教授徐僖先生因病在成都辞世，享年 93 岁》，《成都商报》2013 年 2 月 18 日第 1 版
25. 董亮、黄海英：《“中国塑料之父”徐僖院士去世》，《成都晚报》

2013 年 2 月 18 日第 5 版
26. 周波：《市民自发前往祭奠徐僖》，《成都日报》2013 年 2 月 19 日第 7 版
27. 李后强：《一代宗师，光照人间——沉痛悼念四川大学教授徐僖院士》，《四川经济日报》2013 年 2 月 20 日第 5 版
28. 王鑫：《中国塑料之父徐僖逝世，曾在渝任教建厂》，《重庆晨报》2013 年 2 月 19 日第 5 版
29. 曾汉民：《深切缅怀尊敬的良师益友徐僖先生》，2014 年“徐僖院士学术思想研讨会”纪念文章

后 记

徐僖院士是我国高分子材料事业的奠基人和开拓者，是我国高分子领域杰出的科学家和教育家。他数十年如一日，兢兢业业，无私奉献，在学术界享有崇高的威望。他热爱祖国，忠于人民，为人师表，高风亮节，是广大科技工作者敬仰和学习的楷模。同时，徐僖院士作为九三学社成都市委卓越领导人，为成都九三学社的创建和发展做出了突出贡献。

2007 年，九三学社中央为加强社史资料的搜集整理，积极开展重要社史人物研究，宣传九三学社的光荣历史和重要人物的先进事迹，充分发挥社史工作资政育人的重要作用，以马克思主义、毛泽东思想、邓小平理论、“三个代表”重要思想和科学发展观为指导，更好地履行参政党职能，加强自身建设，为坚持和完善中国共产党领导的多党合作和政治协商制度服务，专门成立了以韩启德主席为主任的“九三人物系列丛书”编委会，将本社创始人、早期著名人士、历任社中央主席和副主席、在本人所从事的领域里取得突出成就的旗帜性人物纳入到九三学社人物传记丛书中。

受九三学社中央委托，九三学社成都市委负责将徐僖院士的感人事迹写成传记，列入“九三人物传记丛书”出版。九三学社成都市委主委戴晓雁教授非常重视《徐僖传》的撰写工作，并为此举行了多次编撰工作会议，就资料搜集、编撰体例、传记内容等进行全面指导，其中九三学社成都市委副主委兼秘书长、四川大学管理学院张平教授、九三学社四川大学主委、四川大学商学院院长、长江学者徐玖平教授、九三学社成都市委宣传处副主任科员李竹海做了大量工作，这是《徐僖传》得以顺利完成的根本保证。

在《徐僖传》资料搜集过程中，现任高分子科学与工程学院党委书记、四川大学高分子材料工程国家重点实验室常务副主任、高分子研究所所长张熙教授多次召集徐僖院士的学生和研究所的教师王琪、李惠林、黄荣华、陈克强、赵一雯、李坤福、徐闻、范英、梁春蓉、曹亚、夏和生、张晟等进行座谈，为《徐僖传》提供了大量富有价值的口述史料和文献资料。在此特别要感谢四川大学高分子研究所徐闻教授，她为《徐僖传》的撰写付出了辛勤劳动。在传记写作过程中，徐闻教授不仅提供了大量富有价值的资料，而且对书稿提出了许多宝贵意见。本书能顺利完成，凝聚了徐闻教授大量心血，在此表示最衷心的感谢。四川大学档案馆馆长党跃武教授及其工作人员、九三学社贵州遵义市委副组委李梓、遵义市湄潭县政协副主席、湄潭浙江大学西迁历史文化研究会会长黄正义、湄潭县文物管理所、浙江大学西迁历史陈列馆工作人员印丽、遵义师范学院宣传部部长、历史系教授陈季君、重庆合成化工厂有限公司综合管理部主任李首军、中国科普作家协会常务理事、四川省科普作家协会会长董仁威等为本书资料搜集和撰写提供了大量帮助，在此表示衷心感谢。此外，原九三学社成都市委副主任委员、成都监察局副局长涂泽伟先生长期与徐僖院士共事，成为徐僖院士九三学社工作的得力助手，为《徐僖传》提供了许多重要史料，在此亦表示衷心感谢。在传记写作过程中，四川大学历史文化学院研究生高羽、徐菲、李明凤、石芳等作为课题组成员一直参与《徐僖传》的资料搜集、整理和编纂工作，四川师范大学历史文化与旅游学院教授毛丽娅博士多次审读、修改传记初稿；在编审出版过程中，学苑出版社刘丰、方晓喆编辑非常认真地审读书稿，并提出了许多宝贵意见，在此一并表示衷心感谢！

需要特别说明的是，由于《徐僖传》所引用的资料大多来源于各类档案资料、口述史料、徐僖先生手写稿以及各种宣传材料，不便一一注明出处，我们在书后附录了主要参考文献。对于书中出现的重要人物、专有名词、特定用语等，我们尽可能地加以注释说明，但仍有部分词语因时代久远无法查找，未能做相应注释，敬请读者谅解。

《徐僖传》从项目启动到现在历时数年，在有关领导、学者、出版社编辑和项目组成员的共同努力下顺利完成。可以说，《徐僖传》的编撰出版是大家集体智慧的结晶，为弘扬九三学社“民主和科学”宗旨，发扬老一辈九三人热爱祖国、无私奉献的精神将起到十分重要的作用。

2014 年 4 月 20 日作者记于四川大学竹林村